세계사를 만든

30개

수도 이야기

언어학자와 떠나는 매력적인 역사 기행

세계사를 만든

30개

수도 이야기

History of 30 Capitals

김동섭 지음

미래의창

세계사를 만든 30개 수도 이야기

현재 지구상에는 198개의 국가가 있다고 한다. 각국의 정부가 자리 잡고 있는 도시를 수도라고 부를 때, 이론상으로 세계에는 198개의 수도가 있다. 대부분은 한 나라에서 가장 크고 역사가 오래된 도시가 수도다. 프랑스의 파리와 영국의 런던 등이 여기에 해당한다. 하지만 남아프리카공화국에는 3개의 수도가 있다. 입법, 행정, 사법의 수도가 각각 따로 존재한다. 물론 특별한 경우지만 한 나라당 하나의 수도라는 개념은, 최소한 남아프리카공화국에서는 통하지 않는다.

해외여행을 할 때에도 각국의 수도는 여행 후보지 중 1순위에 꼽힌다. 그런데 수도가 그 나라의 가장 중요한 도시가 아닌 경우도 있다. 세계 최대의 도시 뉴욕은 미국의 수도가 아니며, 브라질의 최대 도시 상파울루도 그렇다. 독일의 경우도 수도 베를린에 필적하는 다른 주요 도시들이 많다. 베를린이 수도로 확정된 것은 19세기 후반 독일의 제2제국이 성립된 이후다.

일본의 수도 도쿄 역시 특별한 역사를 지닌 도시다. 원래 일본의 명실상부한 수도는 1,000년 동안 천황이 기거하던 교토였지만, 1868년 메이지 유신 이후 천황이 도쿄로 거처를 옮기면서 도쿄가 지금의 수도가 되었다. 동유럽의 폴란드도 마찬가지다. 중세 폴란드 왕국의 수도는 크라쿠프였으나(1040-1596), 리투아니아 대공국과 동군연합을 하면서 수도를 바르샤바로 옮겼다. 크라쿠프는 두 나라의 영토가 합쳐진 새로운 통일 국가에서는 변방에 자리 잡고 있었기 때문이다.

수도는 한 나라의 역사가 층층이 쌓여 탄생하지만, 미국의 워싱턴 D.C.처럼 인위적으로 새로 만들어지기도 한다. 우리나라도 수도를 옮기려고 하지 않았던가. 하지만 수도 이전이 쉬운 일은 아니다. 기득권층의 반대는 수도 이전의 가장 큰 걸림돌로 작용한다. 러시아 제국의 표트르 대제가 수도를 모스크바에서 상트페테르부르크로 옮길 때 모스크바의 귀족들은 극렬하게 반대했었다.

이 책은 세계사의 중심에 있었거나, 지금도 그 자리에 있는 30개 수도의 역사를 기록한 책이다. 수도라는 개념이 과거에도 있었는지, 어떤 도시들이 수도의 지위를 차지할 수 있었는지, 그리고 수도의 위상은 시대에 따라 어떻게 변했는지 날줄과 씨줄을 통해서 세계사를 살펴보려 한다. 수도를 건설한 역사 속 인물들과 그들이 만들어낸 많은 이야기가 우리의 관심을 사로잡을 것이다. 그리고 그 역사를 통해 영원할 것 같았던 수도의 지위도 변할 수 있다는 사실을 확인하게 될 것이다.

자, 이제 역사를 만든 30개 수도 이야기를 시작해보자. 인류 문명이 싹텄던 중동 지방부터 유럽과 아시아, 그리고 신대륙의 수도까지, 함께 역사 여행을 떠나볼 것이다. 수도를 건설했던 주역들을 살펴보고, 그들이 만든 세계사 속으로 들어가 보자.

2024년 11월
와우 연구실에서
김동섭

30개 수도의 위치

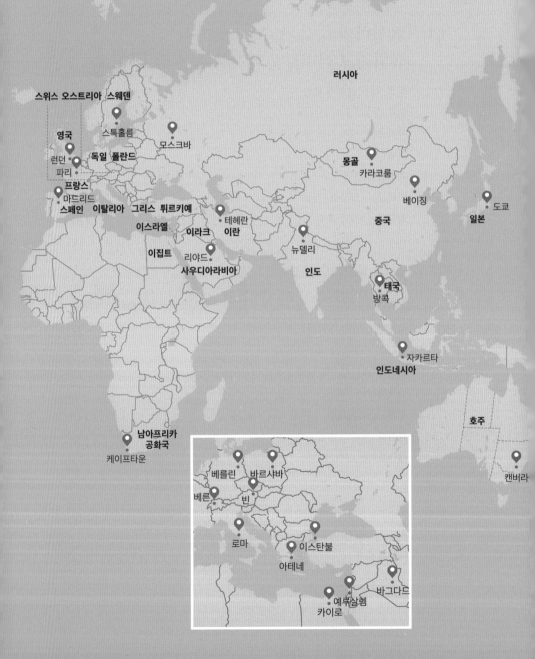

러시아

스위스 오스트리아 스웨덴

스톡홀름

영국
런던
파리
독일 폴란드

프랑스
마드리드
스페인 이탈리아 그리스 튀르키예

이스라엘

이집트

모스크바

몽골
카라코룸

베이징

중국

테헤란

이라크 이란

리야드
사우디아라비아

뉴델리

인도

일본

도쿄

태국
방콕

자카르타
인도네시아

남아프리카
공화국
케이프타운

호주

캔버라

베를린 바르샤바

베른 빈

로마

이스탄불
아테네

바그다드

예루살렘
카이로

1

수도를 보면
역사가 보인다

수도는 이동하는 권력이다

한 나라의 수도는 어떤 도시를 말하는가? 그 나라에서 가장 인구가 많은 도시라면 일본의 도쿄가 될 것이고, 정치와 문화의 중심 도시라면 프랑스의 파리가 수도라는 이름에 걸맞은 도시라고 할 수 있다.

그런데 각국의 수도는 이런 기준과 일치하지 않는 경우가 많다. 세계의 경제 수도 뉴욕은 미국의 수도가 아니고, 캐나다 제1의 도시 토론토도 마찬가지다. 알다시피 미국과 캐나다의 수도는 워싱턴 D.C.와 오타와다. 역사적으로는 이런 일들이 더 비일비재하다. 스페인의 수도인 마드리드의 경우, 1561년 펠리페 2세가 왕국의 수도를 마드리드로 정하면서 바뀐 것이며, 그전까지는 부르고스와 톨레도가 카스티야 왕국(스페인 왕국의 전신前身)의 수도였다. 이렇게 수도가 옮겨진 예는 여러 나라에서 확인할 수 있다.

프랑스어 사전《르 프티 로베르Le Petit Robert》에 따르면 수도는 "한 국가나 지방에서 제1열에 위치하고 있는 도시"로 정의되어 있다.《르 프티 라루스Le Petit Larousse》 사전에는 "국가나 정부의 확고한 위치를 점하고 있는 장소"라고 적혀 있다. 두 사전의 정의에 의하면 중세 유럽의 수도는 불완전하게, 간헐적으로, 그리고 뒤늦게 탄생했다는 사실을 인정해야 한다. 궁정이 이 도시에서 저 도시로 늘 이동했기 때문이다. 권력이 중앙에 집중되었던 프랑스와 영국은 예외에 속한다. 로마 제국의 멸망 이후, 근대 국가가 성립되기 전까지 유럽에서 수도의 위상은 이러했다. 그러므로 수도를 의미하는 'capital'이라는 말은 중세 역사를 다룬 사전에 실려 있지 않다.

수도의 어원

수도로 번역되는 영어 capital은 라틴어로 머리를 의미하는 caput에서 나왔다. 수도首都에 '머리 수首'가 들어간 이유가 여기에 있다. 그렇다면 중세 유럽에서 수도의 역할을 했던 도시는 어떻게 불렀을까? 프랑스에서는 'ville-tête(제1의 도시)', 'ville chef(우두머리 도시)', 'ville royale(왕의 도시)', 'ville supérieure(상급 도시)' 같은 표현이 보인다. 라틴어로는 sedes(자리, 소재지, 거처)와 caput을 결합하여 표현했다. 이탈리아의 파비아Pavia(6세기 동고트 왕국의 수도), 팔레르모Palermo(12세기 시칠리아 왕국의 수도), 스페인의 톨레도(7세기 서고트 왕국의 수도), 바르셀로나(12세기 아라곤 왕국의 수도), 독일의 레겐스부르크Regensburg(6세기 이후 바이에른 공국의 수도), 아헨Aachen(11세기 신성 로마 제국의 수도) 등이 수도의 역할을 했던 도시였다.[1]

파리같이 명실상부한 수도는 'Paris capitale'이라고 불렀다. 여기에서 capitale은 '중대한'이라는 의미다. 다른 유럽의 수도 역시 같은 방식으로 불렀다. 예를 들어 12세기에 신성 로마 제국의 연대기에는 레겐스부르크에 독일어로 'houbestat'(현대 독일어로 수도를 의미하는 hauptstadt)라는 수식어를 붙였다. 1394년에는 스톡홀름에도 이 수식어를 붙였다. 고대 영어에서는 수도를 'heafodstol'이라고 불렀는데, 'heafod-'는 head라는 뜻이다. 이후 15세기 초에 중세 프랑스어 capital이 영어에 들어와 'heafodstol'을 대신한다.

수도의 탄생

인류 문명이 비옥한 초승달 지역인 메소포타미아 지방(지금의 이라크)에서 탄생했듯이, 수도 역시 이 지방에서 처음으로 등장했다. 메소포타미아라는 지명은 그리스어로 가운데를 뜻하는 '메소'와 강을 뜻하는 '포타'의 합성어로, '두 강 사이의 땅'을 의미한다. 여기에서 말하는 두 강은 유프라테스강과 티그리스강을 가리킨다. 개방적인 지형의 이 지방에 여러 민족이 조우하게 되면서 많은 도시 왕국이 들어섰다. 그러자 왕이 거처하는 우두머리 도시가 등장하기 시작했다.

자주 범람하는 두 강을 활용한 대규모 관개 사업으로 많은 농경지가 만들어졌고, 농업의 발달은 교역의 촉발로 이어졌다. 그 결과, 징수한 세금을 안정적으로 보관할 도시들이 필요해졌다. 그렇게 세금을 보관할 항구적恒久的인 도시들이 태어났다. 특히 고대 왕국의 국왕은 자신만의 신이 있었는데, 그 신을 모시는 신전을 왕이 거처하는 도시에 건설했다. 고대 문명에서 수도가 탄생한 과정이다.

▶▶ 달의 신 난나에게 바쳐진 지구라트. 구약에 나오는 바벨탑이라는 설도 있다.

최초의 수도는 메소포타미아 지방의 우르Ur와 바빌론Babylon이었다. 우르는 메소포타미아 문명의 주춧돌을 놓은 수메르인들이 건설한 도시였다. 지금은 이라크 남부 지방에 그 유적이 일부 남아 있다. 우르를 대표하는 유적으로는 달의 여신 난나를 모시는 지구라트를 꼽을 수 있다.

많은 민족이 비옥한 초승달 지역을 거쳐 갔다. 수메르인에 이어 이 지방을 차지한 아무르인은 기원전 20세기 무렵 우르 북쪽(바그다드 남쪽 80km)에 새로운 도시를 건설한다. 이 도시의 이름이 바빌론이다. 바빌론은 기원전 18세기에 유명한 함무라비 대왕 치세에서 크게 번성하고, 고대 바빌로니아 왕국의 수도로 자리를 잡는다.

문명의 무게추는 중동 지방에서 그리스를 거쳐 로마로 옮겨갔다. 로마는 서양 고대사에서 누구도 부인할 수 없는 제국의 수도였고, 동로마 제국으로 분열한 뒤에는 콘스탄티노플(지금의 이스탄불)이 비잔티움 제국(동로마 제국)의 수도로서 명맥을 유지했다. 이 이야기는 로마 편에서 더 자세히 알아보자.

과거와 현재의 수도

수도는 이동한다. 생명체의 탄생과 소멸처럼, 수도 역시 역사의 전면에 등장하여 일정 기간 수도의 역할을 하다가 새로운 도시에 그 자리를 내어준다. 왕의 거처와 신전이 있는 도시를 수도라고 볼 때, 고대 이집트 왕국의 수도는 멤피스에서 테베로 옮겨갔고, 카이사르와 클레오파트라의 시대에 오면, 알렉산드리아가 명실상부한 이집트 왕국의 수도가 된다. 현재 이집트의 수도인 카이로가 수도가 된 것은 서기 7세기 무렵에 불과하다.

중국도 마찬가지다. 중국을 처음으로 통일한 진나라의 수도는 시안(한자로는 서안西安)이었고, 수나라와 당나라의 수도 역시 시안이었다. 시안은 중국의 역대 왕조에서 가장 많은 왕조가 도읍으로 정한 도시였다. 이후 송나라는 카이펑과 항저우를, 원나라와 청나라는 베이징을 중국의 수도로 정했다. 중국의 수도 이동을 지리학적인 측면에서 보면, 서쪽과 북쪽으로 수도가 이동했음을 확인할 수 있다.

일본의 수도 도쿄는 비교적 그 역사가 짧다. 원래 교토를 비롯한 간사이 지방의 도시들이 천황이 기거하는 도시였다. 그중에서도 교토는 영원한 천황의 도시였다. 하지만 메이지 유신(1868년) 이후 천황은 교토를 떠나 도쿄로 황궁을 옮겼다.

유럽에서도 다양한 수도들이 나타났다가 사라졌다. 일찍이 중앙 집권 체제를 완성한 프랑스와 영국을 제외하고, 확실한 수도를 가진 나라는 드물었다. 독일의 경우 역사적으로 파리나 런던 같은 진정한 의미의 수도를 찾아볼 수 없다. 신성 로마 제국에 속해 있던 독일에는 수많은 공후국이 있었기 때문에 핵심적인 수도가 존재하지 않았다.

이렇게 한 나라의 수도는 역사적 이유로 이 도시에서 저 도시로 옮겨간다. 이 책에서 소개하는 수도는 현재의 수도지만, 과거의 수도를 언급하지 않고 한 나라의 수도를 이야기할 수는 없다. 수도의 역사는 그 나라의 역사이기 때문이다.

이동하는 권력, 수도

중세 서유럽의 왕국에 진정한 수도가 존재하지 않았던 이유 중의 하나는 궁정이 늘 이동하고 있었기 때문이다. 파리가 프랑스 왕국의 수도였던 것은 사실이지만, 왕이 늘 파리에 머문 것은 아니었다. 예를 들어 프랑스의 프랑수아 1세(재위 1515-1547)는 치세 1만 1,778일 동안 8,000일 정도를 왕국을 순회하며 보냈다고 한다. 프랑스 왕이 한곳에 정착한 것은 1682년 루이 16세가 베르사유궁에 정착한 이후다. 그런 관점에서 파리는 '왕이 없는 수도'라고 부를 수 있다.

그렇다고 군주의 지방 순회에 꼭 부정적인 면만 있었던 것도 아니다. 순회 자체가 중앙과 지방의 관계를 유지해주었으며, 지방 도시가 수도로 변모하는 것에 제동을 걸고, 그런 현상을 사전에 차단하는 효과도 있었다. 왕이 거처하는 성은 권력과 관련된 기능이 집중된 공간이었고, 순회하는 수도의 역할을 했다. 제국이 여러 개의 중요한 도시를 거느리고 있었다면(신성 로마 제국이 여기에 해당), 그 외 나라들은 각각의 도시들이 서로 다른 기능을 수행했다(대관식, 제국의회, 황궁, 사법부의 도시가 달랐다). 그러므로 어느 한 도시를 수도로 천명할 수 없었고, 그 결과 도시 간의 경쟁도 촉발되었다.[2]

파리가 '왕이 없는 수도'라고 한다면, 신성 로마 제국은 '수도가 없는 제국'이라고 부를 수 있다. 신성 로마 제국에 확정된 수도가 없었던 것은 귀족과 고위 성직자들이 황제를 선출했기 때문이었다. 서로 경쟁 관계에 있던 공후公侯들은 권력이 특정 도시에 집중되는 것을 경계했다. 실제로 1495년 프랑크푸르트에 설치되었던 제국 최고 재판소가 2년 뒤에 이런 이유로 다른 도시로 이전했다. 제국의회도 마찬가지로 여러 도시를 순회하며 개최되었다.

수도의 네 가지 유형

이 책에서 수도 이야기를 할 때 확정된 하나의 수도를 이야기하는 경우는 거의 없다. 설사 그렇다고 하더라도, 수도가 정해지기 전까지는 항상 경쟁 도시가 존재했다. 이런 관점에서 앞으로 소개할 수도를 서유럽 유형의 기준에 따라 다음과 같이 정리해보았다.

이 분류는 역사 지리학자인 파운즈Pounds가 한 것이다. 그는 근대국가로 발전하는 유럽을 설명하기 위해 중핵지역core-area이라는 개념을 사용했다. 여기서는 '중핵'이라는 개념을 차용하여, 중핵 수도, 신중핵 수도, 이중핵 수도, 그리고 다중핵 수도로 수도들을 분류했다.

1. 불변의 중심 도시, 중핵 수도

중핵中核 수도는 유럽의 파리, 런던, 아테네 같은 도시를 가리킨다.

중핵이라는 용어가 '사물의 중심이 되는 중요한 부분'이라는 뜻이므로, 전통적으로 한 국가에서 불변의 위치를 점하고 있던 수도를 중핵 수도라고 부르고자 한다. 이 책에 실린 중핵 수도를 일부 소개한다.

로마

천년 제국의 로마는 전형적인 중핵 수도로 분류할 수 있다. 물론 서로마 제국 말기에 황제들이 황궁을 다른 도시로 옮기고, 수도 역시 동로마 제국의 콘스탄티노폴리스로 옮겼지만, 로마는 중세에도 기독교 제국의 수도로서 확고한 위상을 지켰고, 19세기 이탈리아 통일 전쟁을 통해 수도의 위상을 회복했다.

파리

메로빙거 왕조(프랑크 왕국)의 클로비스가 508년 파리를 수도로 정한 후, 파리는 여러 왕조(카페, 발루아, 부르봉)의 명실상부한 수도였고, 현재도 프랑스 정치 문화의 중심 도시다. 물론 루이 14세가 1682년 베르사유에 왕실과 정부를 두기로 공식적으로 발표한 때부터 프랑스 혁명이 발발한 1789년까지 프랑스의 수도는 베르사유였다고 할 수도 있다. 이 시기의 프랑스에는 예외적으로 2개의 수도가 있었다. 파리는 프랑스 경제의 수도였고, 베르사유는 정치와 문화의 수도였다. 하지만 이 기간은 파리가 갖는 수도의 역사 중 일부분에 지나지 않으므로, 파리는 중핵 수도로 분류한다.

런던

템스강 하구에 위치한 런던은 일찍이 북해 무역의 중심 도시로 성장했으며, 1066년 노르만 왕조가 잉글랜드 왕국의 수도를 윈체스터에서 런던으로 옮긴 이후, 영국 역사의 중심에 있었다. 특히 19세기 후반 대영 제국의 수도 런던은 세계 최대의 도시였다.

아테네

고대 그리스 문명의 발상지 아테네는 서양 문명의 기둥을 이루는 헬레니즘 문명의 발상지이자, 로마 제국이 성립되기 이전까지 서구 문명의 중심 도시였다. 근대에 들어와 오스만 제국의 지배를 받았지만, 아테네는 지금도 변함없는 중핵 수도로서 그 역할을 다하고 있다.

2. 새롭게 부상한 신도시, 신중핵 수도

전통의 중핵 수도가 있었으나, 여러 가지 이유로 새롭게 등장한 신도시가 수도로 부상한 나라들이 있다. 과거의 수도와 현재의 수도가 공존하는 나라가 여기에 속한다. 아울러 새롭게 건설된 신수도 역시 신新중핵 수도로 분류했다.

바르샤바

중세 폴란드 왕국의 수도는 크라쿠프(1040-1596)였다. 수도는 정치적 이유로 천도를 하는 경우가 많다. 1569년 폴란드 왕국과 리투아니아 대공국이 국가를 통합하여 동군연합同君聯合을 이루면서 통합 왕국의 수도를 바르샤바로 확정한다. 그런데 아이러니하게도, 제2차 세계 대전 때 폭격을 받은 바르샤바는 구도심의 대부분이 파괴되었으나, 과거의 수도 크라쿠프는 온전히 살아남았다.

뉴델리

수도명에 '뉴new'가 들어간 대표적인 신중핵 수도다. 1772년 인도가 영국령이 되었을 때, 식민지의 수도는 캘커타(현 콜카타)였다. 그런데 캘커타는 인도 독립의 구심점 같은 도시였다. 이런 이유로 영국은 식민지의 수도를 캘커타에서 멀리 떨어진 델리로 옮겼다. 하지만 델리는 광활한 인도 제국을 통치하기에는 낙후된 도시였기에, 델리 교외에 신도시를 지어 '새로운 델리'를 의미하는 뉴델리라는 이름을 붙인다. 그 당시 세워진 새로운 수도가 오늘까지 이르고 있다.

3. 경쟁하는 도시들, 이중핵 수도

이중핵二中核 수도란 한 나라에 수도의 지위를 놓고 경합을 벌였던 여러 도시가 있는 경우다. 이 책에서는 수도가 2개였던 국가를 가리킨다. 대표적인 나라가 러시아와 스페인이다.

모스크바

현재 러시아 연방의 수도. 과거 소련이 미국과 냉전체제로 대립할 때 공산 진영의 총본산이었던 도시가 모스크바였다. 러시아의 역사를 보면 키예프 공국에서 시작하여 모스크바 대공국으로 역사의 주무대가 바뀌었다. 그런데 역사는 정체되어 있는 유기체가 아니라, 끊임없이 진화하는 생명체다.

선진 유럽 국가를 동경했던 표트르 대제가 제국의 수도를 유럽과 가까운 상트페테르부르크로 옮겼다. 하지만 볼셰비키 혁명이 발발한 후

소련의 수도는 다시 모스크바로 돌아왔다. 지금도 모스크바와 상트페테르부르크는 서로 경쟁하는 라이벌처럼 러시아를 이끌고 있다.

마드리드

중세 스페인의 역사를 보면 이베리아반도에 여러 개의 기독교 왕국이 있었음을 알 수 있다. 그중에서도 중부 지방의 카스티야 왕국과 남동쪽 지중해 연안의 아라곤 왕국이 이베리아반도의 패권을 놓고 맞서고 있었다. 그러다가 카스티야의 이사벨 여왕과 아라곤의 페르난도 2세가 1469년 바야돌리드에서 결혼하여, 마침내 두 왕국은 하나가 된다. 마드리드가 통합 스페인의 수도가 되자, 아라곤 왕국의 수도 바르셀로나는 자연스럽게 통합 왕국의 수도 자리를 양보한다.

4. 여러 도시가 수도의 후보! 다중핵 수도

다중핵多中核 수도는 한 왕국이나 제국에 여러 개의 도시들이 수도의 역할을 돌아가면서 했던 경우를 가리킨다. 독일은 긴 역사 동안 여러 도시들이 수도의 지위에 있었고, 남아프리카공화국은 비교적 짧은 기간에 여러 개의 수도를 확정한 나라에 속한다.

베를린

프랑크 왕국의 샤를마뉴 대제는 왕국의 수도를 현재 독일의 아헨에 정하고, 황제의 대관식을 아헨의 대성당에서 거행했다. 하지만 이후 신성 로마 제국에 편입된 독일은 여러 개의 수도를 가진 기형적 국가가 된다. 샤를마뉴 대제 때부터 시작된 대관식은 1520년 아헨에서 있었던 카를 5세의 대관식을 마지막으로 프랑크푸르트로 옮겨갔다. 제국의 핵심 도시 프랑크푸르트가 수도로 급부상한 것이다. 그러나 입법부의 수도라고 할 수 있는 제국의회는 여러 도시를 순회하며 개최되었다. 현재 독일에 핵심 도시들이 많은 이유가 여기에 있다.

베른

스위스에는 현재 수도 베른 외에도 최대 도시 취리히를 비롯하여 제네바 같은 중핵 도시들이 존재한다. 스위스는 독일어를 사용하는 지역의 인구가 가장 많다. 제2의 도시 제네바는 프랑스어를 사용한다. 베른은 인구수로 볼 때 스위스에서 네 번째로 큰 도시다.

본격적으로 수도 이야기를 하게 될 제2부에서는 인류 역사에서 큰 획을 그은 제국의 수도 이야기를 시간의 흐름에 따라 할 것이다. 제국의 수도는 그 도시가 차지하고 있던 중요한 위상에 걸맞게 대부분 중핵 수도로 분류할 수 있다. 하지만 일부 수도들은 새롭게 탄생하기도 했고, 경쟁 도시와 양립한 경우는 이중핵 수도로 분류했다.

제3부부터는 대륙별로 수도를 소개한다. 제3부에서는 세계사의 흐름을 주도했던 유럽의 수도들, 제4부에서는 유럽 이전에 세계를 이끌었던 중동과 아시아의 수도들을 이야기할 것이다. 마지막 제5부 신대륙의 수도에서는 현재 세계의 헤게모니를 쥐고 있는 미국의 수도 워싱턴과, 아메리카 대륙에 위치한 수도 이야기로 마무리할 것이다. 그럼 이제 30개 수도로 역사 여행을 떠나보자.

2

제국의 수도
역사의 중심이 되다

로마,
영원의 도시

국가 이탈리아
도시 로마
유형 중핵 수도

서양 신화에는 쌍둥이 신들이 자주 등장한다. 그리스 신화에 등장하는 태양신 아폴론과 달의 여신 아르테미스는 쌍둥이 오누이이고, 게르만 신화에 나오는 풍요와 미의 신 프레이르와 프레이야 역시 쌍둥이 신이다. 로마의 건국 신화에도 쌍둥이 형제 로물루스와 레무스가 등장한다.

로물루스와 레무스는 군신軍神 마르스와 베스타 신전의 무녀 실비아 사이에서 태어났다. 많은 신화에 등장하는 기아棄兒의 모티브가 여기에서도 작동한다. 쌍둥이는 테베레강에 버려졌지만, 여느 신화에서 늘 그러하듯 어떤 조력자가 나타나 아이들을 거두고 양육한다. 그리고 통과의례의 과정을 거쳐 쌍둥이는 자기를 버렸던 숙부를 몰아내고 나라를 세운다. 하지만 하늘 아래 태양이 하나이듯이, 쌍둥이 형제는 우두머리 자리를 놓고 전쟁을 벌였고, 결국 로물루스가 레무스를 살해하고 로마의 초대 왕위에 오른다. 로마라는 지명은 바로 로물루스 Romulus에서 나왔다고 한다. 그런데 로마의 건국이 살인에서 비롯되었기 때문일까? 로마는 주변 국가들과 끊임없는 전쟁을 벌인다. 마침내 로마는 지중해의 패자가 되었고, 유럽의 대부분과 중동과 아프리카까지 세력을 넓혀 나갔다.

로마의 별명은 '영원의 도시'다. 독일의 문호 괴테는 이렇게 말했다.

"세계의 전 역사가 이 도시와 연관되어 있다. 내가 로마 땅을 밟게 된 그날이야말로 나의 제2의 탄생일이자 나의 진정한 삶이 다시 시작된 날이라고 생각한다."[1]

1,000년이 넘는 역사를 자랑하는 로마는 유럽의 수도 중에서 대표적인 중핵 수도에 해당한다. 유럽의 모든 역사가 로마로 흘러 들어갔고, 다시 로마에서 나왔다고 할 정도로 로마는 로마 제국, 아니 온 유럽의 수도였다.

팔라티노 언덕의 오두막

지금도 로마의 콜로세움 경기장은 보는 이를 압도하며, 판테온 신전의 토목 기술은 현대인의 상상을 뛰어넘는다. 그렇다면 로물루스가 로마의 일곱 언덕 중의 하나인 팔라티노 언덕에 자리를 잡았을 당시 로마는 어떤 모습이었을까? 로마의 시인 프로페르티우스가 《로마의 애가哀歌Élégie Romaine》에서 노래한 옛 로마의 모습이 어땠는지 살펴보자.

▶▶ 콜로세움에서 바라본 팔라티노 언덕. 로마 건국의 시조 로물루스의 본거지였다.

이방인이여, 지금 네가 보고 있는 로마는 위대한 모습이지만, 프리기아(트로이)
출신의 아이네이아스가 도착하기 전에는 수풀이 우거진 언덕에 불과했다네. 팔
라티노 언덕에는 해전海戰의 아폴론 신을 모시는 성소聖所가 있었고, 도망자 에
반드로스의 소들이 누워 있었다네. 지금은 금빛의 신전이 있지만, 태초에 진흙
으로 빚은 신들이 이곳을 위대하게 만들었고, 본래 신전은 장식도 없는 오두막
이었지만, 신들은 노여워하지 않았네. 유피테르는 거친 타르페이우스 바위 위에
서 벼락을 내려치고, 나그네가 그곳에 도착했을 때는 우리의 황소들만이 이상한
테베레강과 조우를 했다네.[2]

지금도 로마에 가보면 팔라티노 언덕에 남은 황궁의 흔적을 확인할
수 있다. 그런데 시인은 팔라티노 언덕에 오두막이 있었고, 소들이 한
가롭게 풀을 뜯고 있었다고 노래하고 있다. 아마도 타임머신을 타고 돌

아가면 천년 제국의 수도인 로마의 옛 모습은 이러했을 것이다.

고대 로마의 문명 수준은 주변국과 비교할 때 우수하지 않았다. 그러나 정복 민족의 선진 문명을 수입하여 자신들의 문명으로 녹여내었다. 지금의 토스카나 지방에 거주하던 에트루리아인들과 이탈리아 남부에 정착해 살던 그리스인들의 문명이 그 예다.

제국의 수도

도시 국가로 출발한 로마는 주변의 도시 국가들을 하나씩 정복해 나갔다. 주변의 라티움을 통합한 후 마침내 이탈리아반도를 통일하고, 명실상부한 제국의 수도로서 자리를 잡는다.

로마의 역사는 왕정에서 공화정, 그리고 제정으로 이어진다. 초대 황제인 아우구스투스는 "나는 진흙으로 된 로마를 물려받아 대리석의 로마를 만들었다"라고 말했다. 사실 그의 말은 전혀 과장된 것이 아니었다. 그의 치세 동안 로마 제국의 영토는 2배로 확장되었고, 새롭게 들어선 건물들이 로마의 경관을 바꾸어놓았다. 게다가 그는 제국의 구심점이 인구에서 나온다는 사실을 직시하고 있었다. 그런 점에서 3명 이상 자식을 낳는 부부에게 혜택을 주는 등 출산을 장려했다.

로마는 영원한 제국의 수도로 알려져 있다. 하지만 로마 역시 다른 유럽의 도시와 마찬가지로, 많은 부침을 겪었다. 기원전 753년에 창건된 이후 명실상부한 제국의 수도였으나, 개인의 운명이 그러하듯 도시의 운명도 흥망성쇠의 길에 접어든다. 오현제(로마 최성기에 가장 유능했던 다섯 황제)의 치세(96-180)가 끝나고 제국은 분열되었지만, 콘스탄티누스 황제(재위 306-337) 때 다시 부흥의 기회를 맞이한다. 하지만 내전을 종식시킨 콘스탄티누스는 서방의 황제였다. 동방에는 그의 라이벌 리키니우스가 버티고 있었다. 마침내 콘스탄티누스는 리키니우스가 점령하고 있던 비잔티움(지금의 이스탄불)을 함락하고 다시 로마 제국의 통합을 이룬다. 그리고 콘스탄티누스 황제는 서기 330년 5월 11일, 제국의 수도를 로마에서 비잔티움으로 옮긴다. 이후 비잔티움은 '콘스탄티누스 황제의 도시', 즉 콘스탄티노폴리스가 되었다.

콘스탄티누스 황제가 수도를 옮긴 배경에는 로마인들이 황제에 대해 가지고 있던 부정적인 이미지가 크게 작용했다. 로마인들은 황제가 동방의 전제 군주처럼 변해가는 것을 못마땅하게 여기고 있었고, 전통 신앙을 팽개치고 그리스도교를 공인한 것도 불만이었다. 다시말해 민심이 황제의 편에 있지 않았던 것이다. 그런 시기에 콘스탄티누스 황제가 수도를 천도한 것은 어찌 보면 당연한 귀결이었다.

수도 이전의 조짐은 이미 3세기에 보였다. 게르만족의 침략이 빈번해지자, 아우렐리아누스 황제는 수도 로마에 둘레가 19km에 달하는 성벽을 건설한다. 아우구스투스 황제 이래, 전全 속주가 로마 가도로 연결되었던 제국의 수도 로마는 그렇게 성벽 안에 갇히고 말았다. 결국 서로마 제국은 쇠락의 길로 접어들었고, 476년 멸망하게 된다.

밀라노, 디오클레티아누스 황제의 수도

현재 이탈리아의 수도는 로마지만, 수도의 위상을 지닌 제2의 도시가 있다. 천년 제국의 수도인 로마가 정치 수도라고 한다면, 북부 지방

▶▶ 밀라노의 산로렌초 바실리카 근처에 있는 신전과 대중 목욕장의 기둥. 밀라노가 로마 제국의 수도였음을 보여준다.

에 있는 밀라노는 경제 수도다. 본래 밀라노는 켈트족의 한 갈래였던 골족이 세운 도시였다. 기원전 222년 로마는 이 지방을 점령하고 '메디올라눔Mediolanum'이라고 불렀다. 지금은 롬바르디아주의 주도다.

밀라노는 지정학적으로 로마 제국의 중앙에 위치해 '평야의 가운데'라는 뜻의 '메디올라눔'이라는 지명을 얻었다. 밀라노가 제국에서 차지하는 위치가 그만큼 중요하다는 의미이기도 했다. 그런 이유에서 디오클레티아누스 황제는 서기 284년 제국의 수도를 로마에서 밀라노로 옮겼다. 402년 수도를 라벤나로 천도할 때까지 밀라노는 서로마 제국의 수도였다.

313년 콘스탄티누스 황제가 기독교를 공인한 '밀라노 칙령'을 밀라노에서 공포한 이유도, 당시 밀라노가 서로마 제국의 수도였기 때문이었다. 374년에는 암브로시우스가 밀라노의 대주교가 되면서 밀라노는 북부 이탈리아의 종교 중심지로 자리 잡았다. 암브로시우스는 예수의 신성神性을 부정하는 아리우스파에 맞서 기독교의 교리를 정립한 서방 4대 교부敎父 중의 한 명이다. 밀라노는 서로마 제국이 붕괴한 다음에도 그 지리적·경제적 위상을 유지하며 중세에도 백작령으로 남았고, 비스콘티Visconti 가문이 통치하는 강력하고 부유한 제후국으로 존속했다.

라벤나, 서로마 제국 최후의 수도

로마 제국이 멸망한 해는 서기 476년으로 기록되어 있지만, 그 날짜는 역사에 나오지 않는다. 다시 말해 서로마 제국은 이민족의 침입으로 어느 날 갑자기 멸망한 것도 아니고, 대전투도 없었다. 서로마 제국의 마지막 황제였던 소년 황제 로물루스 아우구스툴루스는 황제의 관을 게르만 출신의 용병 대장 오도아케르에게 바쳤다. 이날이 언제인지 모르지만 역사는 이 해(476년)를 서로마 제국이 멸망한 해로 본다. 이후 소년 황제는 나폴리에 은거하며 연금을 받고 살았다고 한다.

그런데 서로마 제국이 멸망할 때 황제는 이미 로마에 거처하지 않았다. 그는 로마에서 북쪽으로 약 280km 떨어진 작은 도시인 라벤나에 있었다. 콘스탄티누스 황제가 수도를 천도한 것처럼, 서로마 제국도 끊임없는 이만족의 침략을 피해 수도를 옮긴 것이다.

서기 395년 알라리크 1세가 이끄는 서고트족이 일리리쿰(현재의 크로아티아 지방)에서 반란을 일으켰고, 이탈리아 본토로 진격해왔다. 수차례의 침략과 협상이 반복되었지만, 결국 410년 8월 27일 로마는 알라

▸▸ 서로마 제국이 멸망할 당시 제국의 수도였던 라벤나. 찬란했던 제국의 흥망성쇠를 보는 것 같다.

리크가 이끄는 이민족에게 함락되었다. 기원전 4세기에 골족이 로마를 약탈한 이래 두 번째 함락이었다. 골족의 침략이 제국의 성립 이전에 있었던 사건이었다면, 알라리크의 침공은 제국 성립 이후 최초의 함락이었다.

황제가 새로 거처를 옮긴 라벤나는 천혜의 성곽 도시였다. 베네치아처럼 습지에 말뚝을 박아 건설한 이 도시는 아드리아해를 끼고 있어서 유사시에 동로마 제국의 콘스탄티노폴리스로 탈출할 수 있는 곳이었다. 라벤나는 402년부터 서로마 제국의 수도였다. 그러므로 알라리크가 이끄는 이만족이 로마를 약탈할 당시에 황제는 로마에 있지 않았다.

라벤나 황궁에서 머물던 서로마 제국의 마지막 황제 로물루스 아우구스툴루스가 게르만 용병 대장 오도아케르에게 양위를 했지만, 오도아케르 역시 동고트족의 왕 테오도리쿠스에게 축출당한다. 그는 라벤나를 수도로 삼고 이탈리아 왕국의 왕임을 자처했다. 나중에 동로마 제국이 라벤나를 수복하지만, 라벤나는 다시 프랑크족의 침공으로 롬 바르드 왕국의 수도가 되었다. 이렇게 서로마 제국이 멸망한 뒤로 제 국의 수도는 로마에서 라벤나로 옮겨갔고, 정국은 한 치 앞도 예측할 수 없는 혼란에 빠졌다.

그런데 로마 제국의 성립과 멸망의 역사에서 기이한 우연의 일치가 하나 있다. 제국의 시조와 마지막 황제의 이름이 같다는 사실이다. 로 마를 건국한 이도 로물루스, 서로마 제국 마지막 황제의 이름도 로물 루스 아우구스툴루스다. 동로마 제국의 초대 황제는 콘스탄티누스 1 세, 1453년 오스만 제국에 의해 멸망한 비잔티움 제국(동로마 제국)의 마지막 황제 이름도 콘스탄티노스 11세다.

천도 이후의 로마

제국의 수도가 콘스탄티노플로 옮겨가자 로마는 수도로서의 지위를 상실했다. 주민들만의 힘으로는 포룸(공공 광장), 팔라티노의 황궁, 콜 로세움 같은 고대의 유적들을 관리할 수 없었고, 밀라노와 라벤나 등 으로 수도를 옮긴 황제들은 로마에서 가져간 부富로 새 수도를 치장했 다. 결국 로마는 공공의 쓰레기 하치장으로 변했고, 무성한 잡초만 우 거진 도시로 전락하고 말았다.

16세기에 로마를 샅샅이 돌아보았던 프랑스의 철학자 몽테뉴는 "완 전한 집들의 지붕 위"와 "고대 성벽의 꼭대기 위"를 걷고 있다고 적었 다.[3] 로마의 찬란한 역사는 땅에 묻혀 있었다. 기록에 따르면 5세기

▶▶ 고대 로마 제국의 건축물 중에서 원형이 잘 보존되어 있는 판테온. 치밀한 설계로 이루어진 이 신전은 당시의 탁월한 건축 수준을 잘 보여준다.

초 로마 제국이 멸망하기 전에 이미 도시는 초기 시대의 물리적 잔존물들을 찾아볼 수 없는 상태였다고 한다. 제국이 멸망한 뒤 1,000년이 넘어서야 고대 로마의 유적들은 자갈층과 18m가 넘는 두꺼운 흙더미 속에서 서서히 그 모습을 드러내었다.[4]

그렇다고 천년 제국의 수도 로마가 완전히 버려진 것은 아니었다. 일부 지배자들과 침입자들은 당시까지 존재하고 있던 기념물에 감명을 받아, 그것들을 보호하려는 시도를 했다. 콘스탄티누스 대제의 아들인 콘스탄티누스 2세는 로마를 순례할 때 트라야누스 황제의 기념주와 퀴리날레 언덕 비탈길에 있던 시장을 보고 감탄하는 등 도시의 유적에 압도되고 말았다.

11세기 초에 많은 고대 건물이 귀족 가문들의 손에 넘어갔고, 극장이나 신전 같은 건물들은 건축 재료의 보고로 활용되었다. 하지만 다행스럽게도 판테온 신전은 온전하게 보존되었고, 콜로세움도 상당 부분 원형을 유지할 수 있었다.

교황의 도시

콘스탄티누스 대제가 수도를 옮긴 후, 로마는 8세기 전반에 라벤나 총독부에 속한 공작령의 수도로 격하되었다.[5] 이 결정은 로마 제국의 진정한 수도가 콘스탄티노플이라는 것을 의미했다. 하지만 로마는 서유럽 기독교 제국의 성도聖都였다. 초대 교황 베드로 이후 기독교의 수장인 교황이 거처하는 도시였기 때문이다.

서기 800년 12월 25일 프랑크 왕국의 샤를마뉴는 로마의 성 베드로 성당에서 교황 레오 3세의 집전하에 서로마 제국의 황제로 등극한다. 476년 서로마 제국이 멸망한 지 약 300년 만에 일어난 상징적인 사건

▶▶ 바티칸의 성 베드로 성당. 교황이 거처하는 도시 로마는 서유럽 기독교의 성도가 되었다.

이기도 했다. 유럽의 헤게모니가 지중해를 떠나 중서부 유럽으로 이동했음을 대외적으로 알리는 중요한 사건이기도 했다. 하지만 로마 제국의 황제에 오른 샤를마뉴는 로마에 거주하지 않았고, 아헨(현재 독일)의 황궁에서 머물렀다. 로마에는 영적 세계의 수장인 교황이 있었기 때문이다.

이런 이유에서 로마는 중세에 이탈리아의 북부 도시들(피렌체, 밀라노, 베네치아, 제노바)이 경제적 번영을 구가하고 있을 때, 상대적으로 후발 주자의 위치에 놓일 수밖에 없었다. 게다가 로마의 귀족들은 교황과 황제의 대립 사이에서 갈등을 부추기는 역할을 했기 때문에, 로마는 다른 도시에 비해 반란과 전쟁이 자주 일어났다. 분쟁이 일어날 때마다 로마의 귀족들은 교황을 자신들의 편으로 끌어들이려고 했다. 자치 도시를 요구하는 시민들과의 충돌로 교황이 다른 도시로 피신하는 경우도 있었다. 남부 이탈리아로 피신한 그레고리오 7세, 프랑스로 피신한 우르바노 2세, 파스칼 2세가 그 예다.

그러나 11세기 중엽부터 14세기 말까지, 교황은 여행이나 유배를 가는 경우를 제외하고는 결코 오랫동안 로마를 비우지 않았다. 만약 로마에 없는 경우라고 해도 모든 행정과 사법 업무를 로마에 있는 것처럼 처리했다. 특히 성지 순례 등에서 나오는 경제적 이윤은 교황의 주요 수입원 중 하나였다. 13세기에는 1년의 3분의 2, 14세기에는 1년의 4분의 3 정도 교황이 로마에 부재한 적이 있었는데, 그 결과는 교황청에 치명적이었다. 왕이 왕도를 떠나면 제후들이 득세하는 법이다.

교황이 없는 기독교의 성지

교황은 위중한 내란이 있는 경우를 제외하고는 로마에 머물렀다. 하지만 남프랑스의 아비뇽으로 교황청을 옮기게 되면서 교황청 존립 자체가 위협받는 일이 벌어진다. '아비뇽 유수'로 잘 알려진 이 사건은 1309년부터 1377년까지 교황청을 로마에서 당시 프로방스 백작령에 있던 아비뇽으로 이전한 사건을 말한다. 왜 프랑스의 필리프 4세는 교황을 강제로 프랑스 왕의 영향권에 있던 아비뇽으로 유폐시켰을까?

당시 서유럽에서 가장 막강한 군주는 프랑스의 필리프 4세였다. 루이 9세(성왕 루이)의 손자였던 필리프는 왕국의 봉신들을 제압하고 중앙 집권 체제를 확립하려고 노력하였고, 실제로 그런 결과를 이끌어 냈다. 그러나 그는 왕실의 심각한 재정 문제에 직면한다. 결국 재정 적자를 메우기 위해 성직자들에게 세금을 징수하자 당시 교황인 보니파시오 8세는 필리프를 파면하겠다고 으름장을 놓았다. 하지만 여기에서 물러설 필리프 4세가 아니었다. 그는 교황이 머무르고 있던 아나니로 쳐들어갔다. 필리프 4세의 기사들은 교황을 폭행하고 모욕을 준 뒤에 생포했다. 결국 보니파시오 교황은 이 사건으로 한 달 만에 사망했다. 이후 교황은 아비뇽으로 거처를 옮기고 프랑스 왕의 꼭두각시로 전락한다. 이것이 아비뇽 유수의 배경이다. 이 기간(1309-1377) 중에 교황권은 쇠퇴하였고, 로마는 교황청이 없는 기독교의 성지가 되었다.

교황이 로마를 떠나자 로마는 세속 군주들의 각축장으로 변했다. 앙주-카페 왕조 출신인 로베르 당주Robert d'Anjou가 나폴리 왕으로서 로마를 통치했지만(1313-1328), 교황이 떠난 로마는 무주공산의 영지였다. 로마의 귀족과 민중들은 끊임없이 반란을 일으켰는데. 그 대상은 교황 그리고 세속의 황제, 즉 신성 로마 제국의 황제였다. 그런데 교황만 정치적인 이유로 로마를 비운 것이 아니라, 신성 로마 제국의 황제도 로마에 머무는 법이 거의 없었다.

황제가 있는 곳이 로마다

서기 800년 로마의 성 베드로 성당에서 프랑크 왕국의 샤를마뉴가 서로마 제국을 부활시킨 공로로 황제의 자리에 오르지만, 그는 로마에 머무르지 않았다. 이런 전통은 신성 로마 제국의 첫 번째 황제로 인정받는 오토 1세 이후에도 마찬가지였다. 로마 제국부터 내려오는 전통, 즉 "황제가 있는 곳이 로마다Ubi Imperator, ibi Roma"라는 전통이 신성 로마 제국의 황제에게도 전해지고 있었던 것이다. 그러나 황제가 로마를 떠난 진정한 이유는 사실 로마를 통치하는 사람은 황제가 아닌 교황이었기 때문이다.

물론 신성 로마 제국의 황제들은 자신들이 고대 로마 황제의 화신이라고 생각하고 있었을 것이다. 다시 말해 신성 로마 제국의 황제는 고대 로마의 황제가 겸직했던 여러 호칭 중에서 군대의 통수권자인 임페라토르Imperator 외에도, 최고 제사장Pontifex Maximus의 자격도 함께 가지고 있다고 생각했다.

하지만 현실은 그렇지 않았다. 로마는 신성 로마 제국의 황제가 교황의 축성을 받고 즉위하는 상징적인 수도에 불과했다. 실제로 오토 왕조의 황제들은 일부만 교황에 대해 우위권을 지켰을 뿐이다. 오토 1세(재위 962-973)부터 오토 3세(재위 983-996)까지만 황제가 교황을 압도했다. 이후 오토 가문의 지배는 약화되었으며, 11세기 중엽에는 교황권이 세속의 황제권을 압도하게 된다. 1059년 교황 선출 방식이 변경된 후에, 황제는 참칭 교황(비합법적으로 선출된 교황)을 부추기지 않는 경우를 제외하고는 더 이상 교황의 선출을 통제할 수 없게 되었다.

로마에서 대관식을 올리고 나면 황제에게 로마는 더 이상 필요한 도시가 아니었기에 황제는 거의 로마로 돌아오지 않았다. 특히 아비뇽 유수 기간에는 하인리히 7세(1312년), 카를 4세(1355년) 같은 황제들이 대관식 날 저녁에 로마를 떠날 것을 강요받기도 했다. 실례로 1336년 바이에른 출신의 황제 루트비히 4세(재위 1328-1347)는 교황과의 갈등 끝에 교황의 권한을 제약하는 모든 권한을 포기한다고 약속했다. 콘라트 3세(1138-1152)는 로마의 개입 요청이 여러 번 있었음에도 불구하고, 로마의 내정에 되도록 간섭하는 것을 자제했다. 마찬가지로 프리드리히 2세 황제 역시 교황들(그레고리오 9세와 인노첸시오 4세)과 갈등이 있었지만 로마를 침공하지는 않았다.

카를 5세의 군대, 로마를 약탈하다

신성 로마 제국의 황제가 로마를 침략하지 않는다는 전통은 근세 초입에 와서 깨졌다. 그 주인공은 신성 로마 제국 황제 중에서 가장 막강한 권력을 휘두르던 카를 5세(재위 1519-1556)였다. 가톨릭의 맹주를 자처했고, 실제로 신앙심이 누구보다도 깊었던 카를 5세가 성도 로마를 약탈한 이유는 무엇이었을까?

카를 5세가 로마를 약탈한 사건의 이면을 살펴보면, 그가 교황과 전쟁을 벌이지 않을 수 없었던 입장을 이해할 수 있다. 먼저 이 사건의 배후에는 코냑 동맹 전쟁(1526-1530)이 있었다. 이 전쟁은 프랑스, 교황령, 베네치아 공화국, 밀라노 공국, 피렌체 공화국 등 이탈리아와 관련 있는 국가들이 군사 동맹을 이루어 신성 로마 제국의 황제를 상대로 벌인 전쟁이다. 다시 말해 신성 로마 제국은 유럽 제국의 공공의 적 hostis publicus이었다. 이 전쟁에서 반反 신성 동맹 연합국은 4년 동안의 전쟁 끝에 패하고, 기독교의 수도인 로마를 신성 로마 제국에 내준다.

전쟁에서 승리한 신성 로마 제국의 군대는 1527년 로마에 입성했다. 교황의 도시 로마를 지키는 수비대는 제국 군대와 견줄 수준이 아니었다. 당시 로마를 지키는 수비대는 렌초 디 체리가 이끄는 5,000명의 병사와 교황의 스위스 근위대뿐이었다. 전투가 시작되기도 전에 이미 전투의 승패를 가늠할 수 있는 정도였다. 그런데 제국 군대의 지휘관인 샤를이 총에 맞아 죽고 만다. 가뜩이나 급료를 제때 지급받지 못해 불만이 가득했던 제국 군대의 병사들은 분노가 치밀었다. 규율이 무너지면서 흥분한 병사들이 교황궁을 향하여 밀물처럼 쏟아져 들어가기 시작했다. 교황청이 고용한 각국의 용병들은 싸움을 피하여 도주했다. 하지만 스위스 용병들은 달랐다. 베드로 대성당으로 가는 길목에서 벌어진 전투에서 스위스 근위대의 대부분이 몰살당했다. 교황은 살아남은 병사들에게 몸을 피하라고 말했지만, 500명 중에서 살아남은 42명의 스위스 근위병들은 끝까지 죽음으로써 교황을 지켰다. 교황은 다행히 베드로 성당과 연결된 비밀 통로를 통하여 탈출에 성공했다고 한다.

로마에 난입한 제국 군대는 닥치는 대로 도시를 약탈하기 시작했다. 무차별적인 살육과 약탈, 그리고 파괴가 이어졌다. 기독교 제국의 군

▶▶ 〈로마의 약탈〉, 프란치스코 아메리고Francisco Amérigo(1884).

대가 기독교의 성지를 유린한 것이다. 마치 십자군 전쟁 때 십자군이 기독교의 보루 비잔티움 제국을 약탈했던 것처럼 말이다. 하지만 이 약탈과 살육의 이면에는 가톨릭과 개신교의 갈등이 숨어 있었다. 제국 군대의 대부분은 독일 루터교였기 때문에 가톨릭의 심장인 로마를 철저하게 증오하고 있었다. 실제로 루터교 신자들은 제국에서 끊임없이 가톨릭으로 개종할 것을 강요받고 있었다.

코냑 전쟁 이후 로마는 도시 복원이 힘들 정도로 극심한 피해를 입었다. 이탈리아 르네상스 문명의 흔적은 철저히 파괴되었고, 교황은 7개월 동안 산탄젤로성에 감금되어 있었다. 1527년 산탄젤로성을 몰래 탈출한 교황은 이듬해 로마로 다시 돌아왔으나, 로마는 이미 황폐한 잿더미로 변해 있었다. 5만 명이 넘었던 로마 시민 중에서 전쟁을 피해 국외로 도피한 시민이 무려 4만 5,000명이었다고 한다.

이렇게 근대가 태동하던 시대에 로마는 황제와 교황이 벌인 권력 투쟁의 희생양이 되고 말았다. 코냑 동맹의 와해로 교황의 권위는 땅에 떨어졌고, 이탈리아 르네상스도 쇠락의 길로 접어들었다. 로마의 운명도 같은 길을 가고 있었다.

이탈리아의 수도로 재탄생한 로마

서기 476년 서로마 제국이 멸망한 뒤로 이탈리아반도는 많은 국가들로 분열되어 있었다. 북부 지방의 공화국과 남부의 왕국이 상존하는 와중에, 로마 교황청의 존재는 반도의 통일을 저해하는 핵심 세력이었다. 그런 상황에서 로마는 오랜 기간 동안 정체성이 분명하지 않은 도시였으며, 제국의 수도도 아니었고, 왕국이나 공화국의 수도도 아니었다.

하지만 시대가 사람을 만들 듯이, 로마에 새로운 기회가 찾아왔다. 19세기에 시작된 이탈리아반도의 통일 운동이었다. 1849년 이탈리아 전역에서 반란이 일어난 가운데 주세페 마치니가 로마 공화국을 선포했지만 결과는 실패로 돌아갔다. 이탈리아 역사 내내 수없이 개입한 외세, 프랑스와 오스트리아가 이번에도 개입을 한 것이다.

당시 이탈리아반도의 강국은 사르데냐 왕국이었다. 부왕을 이어 왕위에 오른 에마뉴엘 2세는 프랑스의 환심을 사기 위해 프랑스와 영국이 주도하는 크림 전쟁에 파병을 하고, 외교적 실리를 챙긴다. 사르데냐가 오스트리아의 속령인 롬바르디아와 베네치아를 공격하고, 프랑스가 사르데냐 왕국을 지원한다는 계획이었다. 프랑스는 밀약의 대가로 니스와 사보이 지방을 얻었다.

이후 본격적인 통일 전쟁이 시작되었다. 사르데냐 군대는 롬바르디아를 공격했고, 마침내 밀라노에 입성한다. 그런데 프랑스가 사르데냐를 배신한다. 그럼에도 사르데냐는 외교적 술수를 발휘해 한 걸음씩 반도의 통일을 향해서 나아갔다. 이때 혜성처럼 나타난 영웅이 바로 가리발디다. 그는 2차 이탈리아 독립 전쟁 때 '알프스의 사냥꾼'이라는 민병대를 조직하여 전쟁에 참전했다. 가리발디는 전쟁에서 연전연승을 하고, 에마누엘 2세에게 사심 없이 권력을 넘겨주었다. 가리발디를 '이탈리아 통일의 아버지'라고 부르는 이유가 여기에 있다.

1870년 마침내 로마의 성문이 열렸다. 로마 제국 멸망 이후 1,500년간 분열되어 있었던 이탈리아, 그리고 변변한 수도의 기능을 하지 못했던 로마는 새로운 통일 이탈리아의 수도로 재탄생했다.

콘스탄티노플,
최후의 로마

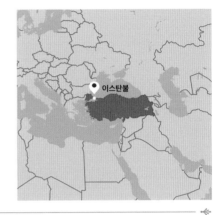

국가 튀르키예
(현재 수도 앙카라)
도시 이스탄불
유형 중핵 수도

최근에 튀르키예로 국명을 바꾼 옛 터키에서 가장 큰 도시는 이스
탄불이다. 이스탄불은 예루살렘, 로마와 함께 기독교 3대 성도 중의
하나로 꼽힌다. 이 도시의 랜드마크는 유명한 성 소피아 대성당이다.
1453년 비잔티움 제국을 멸망시킨 오스만 제국은 이 도시를 점령한
뒤에 소피아 대성당을 이슬람 사원으로 바꾸었다. 기독교 제국의 가
장 동쪽에 있었던 이 도시는 비잔티움 제국에서는 콘스탄티노폴리스
(영어명 콘스탄티노플)로 불렸고, 다시 이스탄불로 이름이 바뀐다.

1923년 튀르키예 공화국이 성립된 후 튀르키예의 수도는 이스탄불
에서 앙카라로 옮겨갔지만, 콘스탄티노플을 수도 이야기에서 뺄 수
없다. 이 도시가 로마 제국의 수도(330-1204, 1261-1453)이자, 한때 라틴
제국의 수도(1204-1261)였고, 이슬람 정복 이후에는 오스만 제국의 수

도(1453-1922)였기 때문이다. 가히 세계의 수도라고 불러 마땅하다. 로마와 더불어 대표적인 중핵 수도로 분류한 이유가 여기에 있다. 특히 서로마 제국이 멸망한 476년 이후, 콘스탄티노플은 1453년 멸망할 때까지 소아시아 지방에서 그리스 문명과 로마 문명을 지킨 유럽 최후의 보루였다.

콘스탄티노폴리스Constantinopolis

이스탄불의 역사는 멀리 그리스 시대까지 거슬러 올라간다. 기원전 667년, 그리스계 주민들이 이곳에 식민 도시를 건설하고, 트라키아 왕인 뷔자스Byzas의 이름을 따서 비잔티움Byzantium이라고 도시의 이름을 지었다. 일부에서는 뷔자스가 님프의 아들이라는 전설도 내려온다. 언어학적인 차원에서 보면 '뷔자스'는 그리스어로 '쪼이다'라는 말에서 나왔다. 이는 이스탄불을 가로지르는 보스포루스해협의 좁은 지형과 관련이 있다고 한다. 다시 말해 비잔티움이라는 지명은 '해협이 좁아지는 지형의 도시'라는 뜻이다. 실제로 이스탄불을 분할하는 보스포루스해협은 길이가 30km인데, 폭이 가장 좁은 곳은 750m에 불과하다.

앞에서 우리는 콘스탄티누스 대제가 제국의 수도를 로마에서 콘스탄티노플로 옮긴 배경에 대해 짧게 언급한 바 있다. 황제를 사사건건 견제하는 로마 원로원과 로마의 민심 등이 그 원인이었다고 말했다. 하지만 다른 이유도 있었을 것이다.

먼저 콘스탄티노플은 천혜의 요새였다. 보스포루스해협과 금각만(골든 혼)에 둘러싸인 이 도시는 절벽과 맞닿은 해안 쪽으로는 적들이

▶▶ 콘스탄티노플의 재현 상상도. 로마 제국 멸망 이후, 유럽과 아시아를 통틀어 가장 큰 도시였다.

공격을 할 수 없어 육지 쪽만 방어하면 되는 난공불락의 요새였다. 실제로 콘스탄티노플은 1453년까지 1,123년 동안 함락되지 않았던 철옹성이었다. 물론 1204년 제2차 십자군 원정 때 기독교도들에 의해 도시가 함락된 적은 있지만, 그 기간은 얼마 되지 않는다.

서기 330년 5월 11일, 콘스탄티누스 황제는 성 이레네 성당 축성 미사에 참여하여 비잔티움을 성모 마리아에게 봉헌하고, 로마 제국의 수도를 비잔티움으로 옮기겠다고 선언한다. 콘스탄티노플의 탄생을 알리는 역사적인 순간이었다. 이후 이 도시는 로마 제국의 수도가 되었고, 제국이 분열된 뒤에는 동로마 제국, 즉 비잔티움 제국의 수도로서 역사의 영욕을 지켜보았다.

라틴 제국의 수도

제4차 십자군 전쟁(1202-1204)은 십자군 전쟁 중 가장 순수하지 못한 전쟁으로 역사에 기록되었다. 그 이유는 다음과 같다. 1202년 12월 중순, 헝가리의 자라Zara(현재 크로아티아의 자다르)에 머무르고 있던 십자군의 수뇌부 막사에 한 젊은이가 찾아왔다. 비잔티움 제국의 황자 알렉시우스였다. 그는 자신의 아버지가 동생에게 황위를 빼앗기고 두 눈이 도려진 채 감옥에 갇혀 있다며, 십자군 지도부에게 행선지를 이집트에서 콘스탄티노플로 바꾸어달라고 탄원한다. 그리고 자신을 황제로 옹립시켜 줄 것을 간청하면서, 다음과 같은 보상을 약속했다.

첫째, 20만 마르크를 십자군에게 지불한다.

둘째, 십자군의 이집트 공격에 병사 1만 명을 제공하고, 1년간 모든 비용을 지불한다.

셋째, 황자가 황위에 있는 동안 팔레스티나의 그리스도교도를 방위할 500명의 기병을 지속적으로 제공한다.

넷째, 그리스 정교회를 로마 가톨릭 교회 아래로 통합한다.[6]

플랑드르 백작을 중심으로 구성된 십자군 진영은 흔들리기 시작했다. 그리스 정교회 역시 같은 기독교가 아닌가? 성지를 탈환하기 위해 원정길에 나선 십자군이 이교도가 아닌 기독교도를 어찌 공격할 수 있단 말인가? 게다가 콘스탄티노플은 당시 유럽과 중동에서 가장 큰 도시였으며, 그리스 정교회의 본산이었다.

십자군의 주류를 이루고 있었던 프랑스의 제후들과 기사들은 황자가 제안한 여러 조건 중에서도 특히 네 번째 조건에 마음이 끌렸다.

그들이 주저하고 있을 때, 이 원정을 실질적으로 주도한 베네치아 공화국의 도제(베네치아 공화국의 최고 지도자 명칭) 엔리코 단돌로는 이 계획에 찬성한다.

십자군 전쟁의 총사령관은 교황이었다. 비록 세속 제후들이 전쟁의 당사자들이었지만, 교황의 결정권은 절대적이었다. 십자군이 행선지를 이집트에서 콘스탄티노플로 변경했다는 소식을 들은 인노첸시오 3세는 격노했다. 하지만 역대 교황 중에서 최고의 권력을 행사했던 인노첸시오 3세도 십자군의 진격을 막을 수는 없었다. 어쩌면 교황은 속으로는 동서 교회가 통합될 수 있는 절호의 기회가 왔다고 쾌재를 불렀을지 모른다. 그래도 교황은 기독교의 수장이다. 교황은 같은 기독교 국가를 공격하는 십자군에게 명분을 하나 제안했다. 원정 도중에 콘스탄티노플을 제외한 다른 그리스도교 국가를 공격해서는 안 된다는 것이었다. 그런데 자라에서 콘스탄티노플까지 그리스도교 국가는 없었다.

염불보다는 잿밥에 눈이 먼 십자군

1203년 6월이 절반 정도 지났을 때 콘스탄티노플 앞바다에 도착한 십자군은 도시를 보는 순간 압도되고 말았다. 도시를 둘러싸고 있는 높은 성벽, 요소요소에 우뚝 서 있는 탑들, 성벽 너머 보이는 화려한 궁전과 교회를 보자 유럽인들은 말문이 막혔다. 그들은 자신들이 세계 최대의 도시를 공격한다는 사실에 전율하고 있었다.

난공불락의 콘스탄티노플은 10개월 만에 십자군에게 점령되고 말았다. 콘스탄티누스 대제가 천도한 이후 700년 만에 제국의 수도가 함락되었다. 그런데 점령군은 기독교 성지를 수복하려던 십자군이었다. 이런 모순이 어디 있단 말인가.

애당초 이 원정을 제안했던 황자 알렉시우스는 황제의 자리에 올랐을까? 음모는 불행을 부르는 법이다. 그는 맹인이 된 아버지와 함께 살해당했다. 그들을 죽이고 황위를 찬탈했던 알렉시우스 3세도 소아시아로 도망쳐버렸다. 비잔티움 제국의 황위가 공석이 되었다.

본래 사악한 계획은 실천하기가 힘들지, 일단 시작하면 죄의식도 느끼지 않는 법이다. 콘스탄티노플을 점령한 십자군의 수뇌부는 이제 누구를 새로운 제국의 황제에 올릴지 고민에 빠졌다. 가장 강력한 후보는 이 원정을 계획한 베네치아의 도제 단돌로였다. 하지만 단돌로는 나이가 많다는 핑계를 대고 후보에 이름을 올리지 않았다. 그의 의중은 다른 곳에 있었다. 만약 자신이 황제가 되면 조국 베네치아 공화국에 부담이 될 수 있다는 판단이었다. 결국 플랑드르의 백작 보두앵 Baudouin이 황제로 선출되었다. 일개 백작에서 왕도 거치지 않은 채 황제에 오른 것이다. 역사가들은 이 제국을 편의상 라틴 제국이라고 부른다. 제국의 정식 이름은 로마니아 제국Imperium Romaniae이었다. 자신들이 동로마 제국의 계승자라는 의미였다.

라틴 제국의 성립에 가장 중요한 역할을 했던 베네치아 공화국은 제국의 8분의 3을 차지했고, 황제가 된 보두앵은 트라키아와 소아시아의 북서부 지역을 가졌다. 이렇게 염불보다 잿밥에 눈이 멀었던 제4차 십자군 전쟁으로 베네치아 공화국은 지중해 무역의 최강자가 된다.

함락된 난공불락의 요새

라틴 제국은 60년도 채 존속하지 못했다. 라틴 제국의 몰락 이후, 비잔티움 제국의 망명 황족이 세운 니케아 제국이 후기 비잔티움 제국을 계승한다. 그러나 한번 기울기 시작한 제국의 운명은 서서히 종말을 맞이하고 있었다. 제국의 종말은 라틴 제국이 멸망한 지 200년이 채 되지 않은 1453년에 찾아온다. 막강한 오스만 제국의 메흐메트 2세가 콘스탄티노플을 함락하기 위해 대군을 이끌고 쳐들어온 것이다.

1453년 5월 29일, 2,000년이 넘게 존속했던 로마 제국의 종말이 찾아왔다. 제국이라고 해봐야 이미 비잔티움 제국은 사방이 오스만 제국에 둘러싸여 있었다. 펠로폰네소스반도의 일부와 콘스탄티노플만이 남아 있을 뿐이었다. 마치 산소호흡기를 달고 연명하는 중환자 같았다.

술탄 메흐메트 2세는 콘스탄티노플의 성벽을 대포로 파괴하기로 결정한다. 그리고 콘스탄티노플에서 240km 떨어진 곳에서 공성전에 사용할 수 있는 대포를 만들었다. 당시로서는 전대미문의 큰 대포였다. 포의 길이가 무려 8m가 넘고 대포의 직경은 75cm였으며, 사정거리가 1.6km에 이르렀다고 한다. 이 대포를 운반하는 데 90마리의 소와 400명의 병사가 필요했다. 사실 본래 이 대포는 우르반이라고 불리는 기술자가 콘스탄티노플 방어를 위해 제안했던 것이었다. 그런데 동로마 제국이 형편없는 가격을 제시하자, 우르반은 오스만 제국에 대포 제조 기술을 넘겼다고 한다. 만약 대포 기술을 적에게 넘기지 않았다면 동로마 제국은 오스만 제국의 공격을 막아낼 수 있었을지 모른다. 하지만 역사의 운명은 술탄의 편이었다.

바다에 접해 있는 콘스탄티노플은 20km의 성벽에 둘러싸여 있었

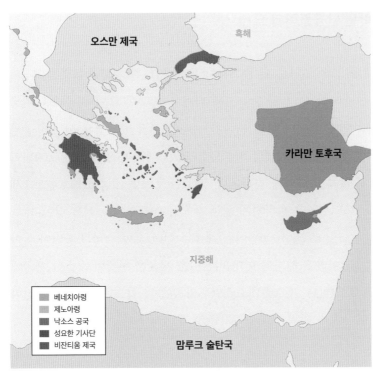

오스만 제국

흑해

카라만 토후국

지중해

베네치아령
제노아령
낙소스 공국
성요한 기사단
비잔티움 제국

맘루크 술탄국

▶▶ 오스만 제국의 영토(1450년).

다. 5.5km의 테오도시우스 성벽, 금각만과 접해 있는 7km의 성벽, 그리고 마르마라해海와 면한 7.5km의 성벽은 말 그대로 철옹성이었다. 메흐메트 2세는 테오도시우스 성벽을 공격 지점으로 결정했다. 이 성벽은 다른 성벽과 달리 유일하게 바다로부터 보호를 받지 못하는 성벽이었다.

1453년 4월 2일, 이날은 부활절 다음 날이었다. 술탄의 군대가 콘스탄티노플 외곽에 진을 쳤다. 우르반의 대포가 테오도시우스 성벽을 향해 불을 뿜었다. 처음에는 그 효과가 보잘것없었다. 조준도 정확하지 않았고, 재장전이 너무 오래 걸려 상대방에게 성벽을 보수할 수 있

▶▶ 1422년경 제작된 콘스탄티노플의 지도.

는 시간을 주었기 때문이다. 하지만 비잔티움 제국의 운명은 여기까지였다. 5월 29일 술탄의 총공세가 시작되었고, 결국 외성벽을 치고 들어간 술탄의 군대는 콘스탄티노플의 성문을 열었다. 2,000년의 로마 제국은 이렇게 역사의 장에서 사라졌다.

비잔티움 제국의 멸망은 이 지방에서 유럽 세계의 종말을 의미했다. 하지만 콘스탄티노플이 함락된 뒤에, 많은 학자들이 그리스 로마의 고전과 문헌들을 서유럽에 전했고, 이것이 결과적으로 유럽의 르네상스에 큰 영향을 끼쳤다는 점은 부인할 수 없는 사실이다.

오스만 제국의 수도

메흐메트 2세는 수하들과 함께 말을 타고 카리시오스 문을 통해 콘스탄티노플로 들어갔다. 이 도시를 오스만 제국의 수도로 삼으려 했던 그는 병사들에게 도시의 주요 건물들을 파괴하지 말라는 명령을 미리 내려놓았다.

콘스탄티노플을 함락한 술탄은 제국의 수도를 에디르네(로마 시대의 아드리아노폴리스, 이스탄불 서쪽에 있다)에서 콘스탄티노플로 옮겼다. 보스포루스해협의 통제권을 확보한 오스만 제국은 아나톨리아(튀르키예)와 그리스를 통합하여 더욱더 강력한 제국으로 떠오른다. 메흐메트 2세는 아시아에서 유럽과 지중해로 나가는 길목을 차지하게 되었다. 게다가 비잔티움 제국의 멸망으로 유럽에서 소아시아와 중동으로 통하는 교두보가 차단되었다는 점에서, 이 사건은 오스만 제국에게는 매우 중요한 전략적 승리를 의미했다.

콘스탄티노플의 함락은 주변의 기독교 왕국을 무력화시켰다. 알바니아의 지도자인 스칸데르베그는 1468년에 오스만 제국에 대항하다가 끝내 사망했으며, 현재 루마니아 지방의 일부를 통치했던 왈라키아 공국도 술탄의 속국이 되었다.

콘스탄티노플의 소식이 유럽에 전해진 것은 도시가 함락된 지 열흘 정도 지난 1453년 6월 9일이었다. 함락 이전에 콘스탄티노플을 빠져나온 배가 크레타의 칸디아에 도착하여 섬 주민들에게 이 소식을 알렸다. 이후 베네치아에 6월 29일, 로마에는 7월 4일에 함락 소식이 전해졌다. 철옹성 같은 콘스탄티노플이 오스만의 침략을 잘 버텨낼 것이라고 생각하고 있었던 서유럽의 군주들은 충격에 휩싸였지만, 자국의 사정으로 골머리를 앓고 있던 터라, 비잔티움 제국의 문제에 신경을 쓸 겨를도 없었다. 콘스탄티노플이 오스만 제국의 손에 넘어가면서 서유럽의 영사관들 또한 폐쇄되었는데, 아라곤 왕국은 다시 영사관을 열기 위해 발 빠르게 관리들을 보냈다. 명분보다는 실리가 중요한 법이다.

오스만 제국의 수도가 된 콘스탄티노플의 모습은 빠르게 변해갔다. 그러나 다행히 술탄의 명령에 따라 건물들의 파괴는 최소화되었고, 성 소피아 대성당도 이슬람 모스크로 남을 수 있었다. 그래서 지금도 하기아 소피아 대성당에는 비잔티움 시대의 화려한 성화들이 그대로

▶▶ 콘스탄티노플을 함락하고 카리시오스 문을 통해 입성하는 메흐메트 2세.

남아 있다.

　메흐메트 2세는 파괴된 도시를 재건하라는 명령을 내린다. 성벽 수리와 성채의 건설, 그리고 술탄이 머물 새 궁전의 건축이 골자였다. 지금도 이스탄불에 남아 있는 톱카프 궁전은 메흐메트 2세가 지은 궁전이다. 이 궁전의 제1정문인 황제의 문에는 "신의 은총과 허락으로 두 대륙의 술탄이자 두 바다의 지배자, 현세와 내세에서의 신의 그림자,

▶▶ 소피아 대성당(537년 완공)은 오스만 제국에서도 살아남아 모스크가 되었다. 주변의 첨탑이 모스크의 모습을 잘 보여준다. 정식 명칭은 하기아 소피아 그랜드 모스크다.

동방과 서방에서 신의 총애를 받는 자, 육지와 바다의 통치자, 콘스탄티노폴리스 성城의 정복자인 술탄……"이라고 적혀 있다.

　콘스탄티노플이라는 이름은 나중에 이스탄불로 바뀌게 된다. 본래 이스탄불은 중세 그리스어로 '도시를 향해', '도시에서'라는 뜻의 '이스 팀 볼린εἰς τὴν Πόλιν'으로 불렸다. 여기에서 '도시'는 콘스탄티노플을 가리킨다. 지금도 그리스인들은 이스탄불을 콘스탄디누폴리스Κωνσταντινούπολις, 또는 간단하게 '(그) 도시Η πολή'라고 부른다. 다시 말해 튀르키예 최대의 도시 이스탄불은 과거 비잔티움 제국의 수도 콘스탄티노플을 가리키는 지명이다. 튀르키예에서 '이스탄불'을 공식명으로 사용한 것은 불과 100년 전이다. 1924년 공식 명칭이 되기 이전에는 콘스탄티노플을 튀르키예 식으로 바꾼 코스탄티니예Kostantiniyye라는 이름이 함께 사용되기도 했다.

오스만 제국은 이후 동유럽의 심장인 빈을 두 번이나 침공했지만, 두 번 모두 유럽이 승리하면서 오스만 제국의 영향력, 즉 이슬람 세력은 더 이상 유럽으로 확장하지 못한다. 그리고 우리가 아는 것처럼 서양이 세계의 헤게모니를 장악했다.

카라코룸, 몽골 제국의 수도

국가 몽골
(현재 수도 울란바토르)
도시 카라코룸
유형 신중핵 수도

❖ ─────────────────────────────── ❖

　역사를 지배한 대제국에는 로마, 바그다드(이슬람 제국), 콘스탄티노플처럼 유명한 수도가 있다. 그런데 역사상 가장 광대한 제국을 일구었던 몽골 제국의 수도는 금방 머리에 떠오르지 않는다. 현재 중국의 수도 북경은 몽골이 1279년에 남송을 멸하고 세운 원나라의 수도였다.

　그렇다면 칭기즈 칸이 정복에 본격적으로 나섰던 13세기 초반부터 중반까지 몽골 제국의 수도는 어디였는지 궁금해진다. 13세기에 중동과 유럽을 공포에 떨게 했던 몽골 제국, 그리고 나라의 흥망과 그 궤를 함께한 수도 카라코룸의 이야기를 해보자.

몽골족의 등장

12세기 유럽인들에게 몽골족은 중국과 스텝steppe(러시아, 아시아 등지의 초원) 사이에 살던 여러 유목민 중의 하나에 불과했다. 당대의 사람들은 그들을 이렇게 묘사했다.

"짐승처럼 살고 있고, 이끌어줄 종교나 법도 없으며, 야생동물이 풀을 뜯는 것처럼 그저 한 곳에서 또 다른 곳으로 떠돌아다닌다."
"그들은 약탈과 폭력, 부도덕함과 방탕을 남자다움과 뛰어남의 징표로 생각한다."[7]

몽골족에 대한 기술記述을 보면 저런 야만족이 과연 문명 세계에 동화할 수 있겠냐는 시각이 여실히 드러난다. 하지만 몽골족은 1세기도 안 되어 스텝 지역 전역을 정복하였고, 중앙아시아의 호라즘 왕조를 멸망시켰으며, 이슬람 제국의 수도 바그다드를 약탈하였고, 러시아를 지나 동유럽의 폴란드까지 침공한다. 13세기 유럽은 야만족의 침략에 절체절명의 위기에 빠진다.

학자들은 바이킹족과 몽골족이 동서 문명 교류에 결정적인 역할을 했다고 말한다. 그런데 앞서 소개한 몽골족에 대한 기술을 보면 두 민족의 공통점이 발견된다. 먼저 9세기의 서유럽인들에게 두 민족은 이교도이자 야만족이었다. 바이킹은 '모레 다니코More danico'라는 덴마크식 결혼 풍습을 유지하고 있었는데, 이 습속은 기독교에서 엄격히 금하는 일부다처제였다. 두 민족의 또 다른 공통점은 피정복민들을 잔인하게 학살했다는 사실이다. 하지만 이에 대한 반론도 만만치 않다. 바이킹족과 몽골족 모두 정복지를 쑥대밭으로 만들었지만, 후자의 악명은 유럽에 지나치게 과장되어 소개된 점도 없지 않다.

몽골 제국의 팽창

'대장장이'라는 이름을 가진 테무친이 1206년 몽골의 지배자 칸이 되었다. 훗날 위대한 왕이라는 칭호를 얻는 칭기즈 칸의 시작이었다. 그는 먼저 위구르 지방을 비롯한 중국 서쪽의 중앙아시아로 눈길을 돌렸다. 1211년 위구르를 몽골 제국에 병합한 몽골은 중국의 금나라를 남쪽으로 밀어냈고, 서역으로도 세력을 확장하고 있었다. 그러던 중에 중앙아시아의 호라즘 왕조가 몽골 제국을 도발하는 사건이 일어난다.

호라즘 왕조는 본래 투르크계 왕조로, 지금의 이란과 아프가니스탄, 그리고 중앙아시아(우즈베키스탄, 투르크메니스탄, 타지키스탄)에서 급속히 팽창하고 있던 신흥 강국이었다. 과거 페르시아 제국의 대부분도 호라즘 왕국 영내에 있었다. 1210년경 호라즘 왕조의 샤(황제) 무함마드 2세는 이제 막 제국으로 성장하려는 몽골의 실체를 얕잡아 보았다. 서쪽으로 팽창하려는 몽골 제국과 중앙아시아의 떠오르는 강자 호라즘 왕조는 충돌할 수밖에 없는 운명이었다. 하지만 몽골은 신중한 입장을 취했다. 칭기즈 칸은 무함마드 2세에게 "나는 해 뜨는 땅의 지배자이고, 그대는 해 지는 땅의 통치자이니 우리 우애와 평화의 협약을 맺읍시다"라는 전갈을 보낸다.[8]

하지만 호라즘의 도시 오트라르의 영주 이날추크는 칭기즈 칸이 보낸 400명의 사절단을 몰살한다. 이 소식을 들은 칭기즈 칸은 이 사건을 우발적인 사고라고 여기고, 다시 한번 사절단을 보내 이날추크를 처벌하라고 요구한다. 하지만 무함마드 2세는 그 사신들마저 살해한다. 이제 두 나라 사이에 남은 것은 전쟁밖에 없었다. 그렇다면 무함마드 2세는 왜 이렇게 어리석은 외교적 실수를 저질렀을까? 물론 당시의 국제 정세를 인식하지 못했던 무함마드의 오판도 있었을 테지만, 그는 일단 몽골 제국을 얕잡아 봤고, 특히 자신을 '나의 사랑하는 아들'이라고 표현한 칭기즈 칸의 서신을 못마땅하게 여겼다. 그런데 사실 칭기즈 칸의 표현은 상대에게 친밀감을 표하는 것이었다. 어쨌든 두 군주 사이에 돌이킬 수 없는 오해의 틈이 벌어졌다.

칭기즈 칸은 남송 정벌을 잠시 미루고 호라즘으로 군대를 출동시켰다. 결국 호라즘 왕국은 몽골군에 의해 철저히 파괴되었고, 칭기즈 칸의 사절단을 살해했던 이날추크는 잔인하게 살해되었다. 하지만 칭기즈 칸의 분노는 사그라지지 않았다. 그는 부하들에게 무함마드를 생포해 오라는 명령을 내렸다. 무함마드는 남루한 복장을 하고 도주를 계속하다가 카스피해 근처에서 생을 마감한다. 떠오르는 태양 칭기즈 칸을 알아보지 못한 군주의 최후였다.

호라즘 왕조의 멸망으로 몽골 제국은 중동과 유럽으로 진출하는 교두보를 마련한다. 이후 이슬람 제국의 수도 바그다드를 함락하고, 동유럽까지 진출하면서 역사상 가장 큰 제국을 건설했다.

카라코룸의 시대

몽골족은 본래 유목민족이었기 때문에 성읍을 건설하지 않았다. 하지만 제국의 영역이 확대되자 이동하지 않는 수도가 필요했다. 몽골 제국의 수도 카라코룸이 탄생한 배경이다. 현재 몽골의 수도인 울란바토르는 청의 지배를 받던 1639년을 그 기원으로 삼는다.

지금은 흔적만 남은 카라코룸은 몽골 제국의 서역 정복이 본격화되면서 생겨난 수도였다. 카라코룸은 몽골을 중국과 서아시아로 연결하는 교통의 중심지였다. 카라코룸이 위치한 오르콘Orkhon 계곡 일원은 신성한 영역이자 전략적·경제적 중요성이 높은 지역이었다. 이러한 지정학적 배경 아래 칭기즈 칸은 1220년에 카라코룸을 제국의 도읍으로 정했다.[9] 카라코룸은 몽골어로 '검은 자갈밭'을 뜻하는 'Qara-Qorum'에서 나왔는데, 중국 문헌에는 '客喇和林(객자화림)' 또는 '和林(화림)'으로 등장한다. 현재 몽골 발음으로는 '하르허린Хархорин'으로 발음된다.

카라코룸은 칭기즈 칸이 사망(1227년)하고 8년이 흐른 1235년부터 1260년까지 몽골 제국의 정식 수도로 군림한다. 이 시기를 거쳐 간 칸은 칭기즈 칸의 아들 오고타이 칸(재위 1229-1241)과 손자 몽케 칸(재위 1251-1259) 등이 있다. 원사元史에는 '태종太宗 오고타이 칸이 금나라를 정복한 이듬해인 1235년에 헤린Helin(和林, 카라코룸)에 투멘 암갈란Tumen Amgalan 궁전(한자로는 만안궁萬安宮)을 지었다'고 적혀 있다. 하지만 유목 생활에 익숙한 몽골족은 카라코룸 외곽에 몽골식 천막인 게르를 세우고 그곳에서 살았다고 한다.

서신을 주고받은 칸과 교황

1245년 6월 28일, 프랑스 리옹에서 가톨릭 공의회가 열렸다. 본래는 로마에서 공의회가 열려야 했지만, 신성 로마 제국의 프리드리히 2세가 로마를 점령하고 있었기 때문에 리옹에서 열렸다. 수년 전 헝가리와 폴란드를 침공한 몽골족에 대한 안건이 공의회의 핵심 사안이었다. 교황은 몽골족이 사절을 학대하지 않는다는 정보를 입수하고, 칸에게 사절을 보내기로 결정한다. 프란체스코 수도회의 카르피니가 대표자로 선임되었다. 카르피니 일행은 교황의 서한을 가지고 독일, 보헤미아, 폴란드를 지나 몽골로 향했다.

몽골의 수도 카라코룸에 도착한 카르피니는 구육 칸에게 교황의 서한을 전달했다. 라틴어로 작성된 서한은 일단 러시아어로 번역한 다음, 페르시아어로 다시 번역했고, 마지막으로 몽골어로 번역하여 칸에게 전달되었다. 서한에서 교황은 몽골족이 유럽을 침략하여 약탈과 학살을 일삼은 것을 나무랐다. 구육 칸은 페르시아어로 답신을 작성했는데, 그 내용은 예상을 크게 빗나갔다.

위대한 칸 구육이 교황에게 보내는 편지. 영원한 하늘의 힘에 의해, 모든 백성의 바다와 같은 칸의 명령이다. 신의 힘으로, 해가 뜨는 곳에부터 해가 지는 곳까지 모든 땅은 우리에게 주어졌다. 우리가 그 땅을 장악하였다. 만약 신의 명령을 따르지 않고 우리의 명령을 거역한다면, 우리는 당신을 적으로 간주할 것이다. 이렇게 우리는 당신에게 알린다. 만약 이에 반하는 행위를 한다면, 우리가 어찌할 것인가는 오직 신만이 아실 것이다.[10]

몽케 칸의 궁전

카라코룸은 몽골 제국 정치의 중심이 되었다. 13세기 아시아와 중동, 그리고 유럽의 정세는 카라코룸에서 열리는 쿠릴타이, 즉 몽골의 황실 대회에서 결정되었다고 해도 과언이 아니었다. 몽케 칸은 카라코룸의 규모를 확장했으며, 거대한 사리탑이 있는 사원을 도시에 세웠다.

카르피니 다음으로 몽골을 방문한 사람은 프란체스코 수도사 윌리엄 루브룩William of Rubruck이었다. 그는 프랑스의 루이 9세(성왕 루이)의 명에 따라 몽골 제국을 여행했다(1253-1254). 말이 포교 여행이지 당시 서유럽에게 공포의 대상이었던 몽골의 실상을 파악하기 위한 정보 수집 차원의 여행이었다.

루브룩의 여행기에 따르면 카라코룸에 있는 몽케 칸의 궁전 입구에는 파리 출신의 금은세공 전문가 기욤 부셰Guillaume Boucher가 칸을 위해 만든 거대한 '은銀의 나무'가 있었다. 은과 다른 귀금속으로 장식된 이 나무는 멀리서도 보일 정도로 높이 솟아 있었다. 나무의 꼭대기에는 나팔 천사가 장식되어 있었다. 칸이 손님들에게 술을 대접하고 싶으면 기계로 만든 나팔 천사가 나팔을 불고, 그러면 그 아래에 있는 뱀의 입에서 술이 흘러나와 커다란 은색 그릇을 가득 채웠다고 한다. 네 개의 관 중에서, 하나의 관에서는 포도주가 흘러나오고, 두 번째 관에서는 정제된 마유, 세 번째 관에서는 꿀로 빚은 음료수인 '보알'이, 네 번째 관에서는 '테라키나'라는 이름으로 알려진 쌀로 빚은 술이 나온다고 루브룩은 적고 있다.[11]

1254년 카라코룸에 도착한 루브룩은 제국의 수도를 상세하게 묘사하여 기록에 남겼다. 그는 황도에 있는 수도원의 규모가 왕궁보다 10

▶▶ 루브룩의 여행기에 나오는 카라코룸의 '은의 나무'.

배는 크고 웅장하며, 제국의 수도가 매우 국제적이고 관용적인 도시라고 설명했다. 또한 이 은으로 만든 나무가 카라코룸의 상징이라고 적었다. 우리가 생각하는 몽골인들은 스텝을 누비면서 잔인하게 이민족을 정복하고 도시를 파괴한 야만족이었지만, 적어도 제국의 수도 카라코룸은 우리가 생각하던 야만족의 수도가 아니었다.

루브룩은 칸의 궁전을 이렇게 묘사하고 있다.

궁전은 마치 교회처럼 생겼습니다. (……) 칸은 북쪽 끝에 모든 사람들이 볼 수 있도록 층이 올려진 곳에 앉습니다. (……) 그는 마치 신처럼 높은 곳에 앉아 있습니다. (……) 그의 오른쪽, 그러니까 서쪽에는 남자들이, 왼쪽에는 여자들이 있습니다(몽골인들은 오른쪽을 왼쪽보다 더 우대하는 '상우尙右'의 관습을 가지고 있었다)."[12]

카라코룸의 시대는 그리 오래 가지 않았다. 칭기즈 칸의 손자인 쿠

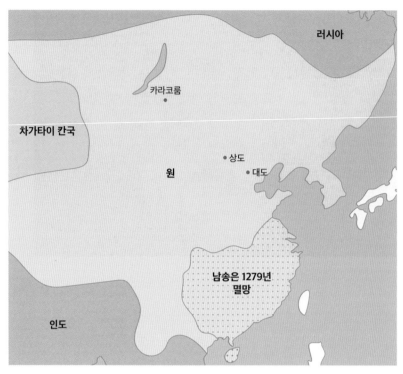

▶▶ 원나라(1279-1368)의 수도: 카라코룸과 상도, 대도의 위치.

빌라이 칸이 상도上都로 제국의 수도를 옮겼기 때문이다. 상도는 1250
년대 후반부터 몽골 제국의 수도로, 그리고 훗날 원나라의 수도로 자
리를 잡았다. 현재는 내몽고 자치구 안에 있다. 이후 1279년 남송을
멸망시킨 쿠빌라이 칸은 지금의 베이징인 대도大都로 수도를 옮겼다.
하지만 대도로 수도를 옮긴 뒤에도 상도는 여름 수도로 그 역할을 계
속한다(여름이 되면 칸은 날씨가 비교적 선선한 상도에서 시간을 보냈다). 마르
코 폴로가 쿠빌라이 칸을 알현한 도시가 바로 상도다.《동방견문록》에
'부의 도시'로 묘사되어 있어서 유럽인들에게 중국에 대한 꿈을 심어
준 곳이기도 하다.

카라코룸의 고려인

루브룩에 앞서 몽골을 여행한 카르피니는 카라코룸에 있는 고려인에 대해서도 기록해놓았다. 그들은 몽골의 고려 원정에서 포로로 잡혀 온 고려인이었을 것이다. 카라코룸에는 몽골 주변의 다른 민족들도 있었는데, 카르피니는 그중에서도 '솔랑기Solangi(고려인)'를 다음과 같이 소개하고 있다.

우리는 칸의 궁정에서 (……) 솔랑기의 수장을 보았는데 (……) 이 나라의 동쪽에는 키타이(거란족) 사람들의 나라와 또한 솔랑기라는 나라가 있고…….

루브룩도 카라코룸에 있는 솔랑기, 즉 고려인을 묘사하고 있다. 그에 따르면 솔랑기는 키가 작고 스페인 사람들처럼 피부가 거무스름했으며, 마치 기독교의 부제副祭들이 입는 겉옷처럼 좁은 소매가 있는 튜닉을 입고 있었다고 한다. 구한말 서양인들이 찍은 사진에 등장하는 조선인들의 얼굴이 햇볕에 그을려 거무스름했던 것과 비슷하다.

지금도 몽골은 한국을 '대한민국'이라고 부르지 않고 '솔롱고스Соло-нгос'라고 부르고 있다. 솔롱고스라는 말은 몽골어로 무지개를 뜻하는데, 한국과 무지개는 아무 관련이 없다. 몽골 기록에는 고려의 한자음 표기인 '카울레Caule'도 등장한다. 이는 명백한 고려의 한자 음독이지만, 솔롱고스는 경우가 다르다. 본래 이 말은 후요後遼를 지칭하다가, 나중에 고려를 부르는 호칭으로 바뀐 것이라고 보는 학자들이 있다.[13] 이들은 솔롱고스의 '솔sol'이 알타이어로 '왼쪽'을 의미하는 'sol'에서 나왔다고 주장한다. 이 의견에 따르면 고려는 몽골에서 볼 때 '왼쪽의 나라'라는 의미로 불렸다고 한다.

왜 유럽이 아니고 중동이었나

1498년 포르투갈의 탐험가 바스쿠 다 가마가 아프리카의 희망봉을 돌아 인도 서부의 캘리컷에 도착했다. 인도와의 무역 루트를 개척하려는 것이 그의 목적이었던 만큼, 그는 포르투갈에서 가져간 물건들을 현지인들에게 보여주었지만, 인도인들은 전혀 관심을 보이지 않았다. 그만큼 당시 유럽의 물품이 동양에 비해 조악하고 볼품이 없었기 때문이다.

바스쿠 다 가마 이야기를 꺼낸 이유가 있다. 몽골의 침공 지역은 스텝 지역을 지나 중동과 러시아를 넘어 동유럽까지 확장되었지만, 실제로 침공의 종착지는 바그다드를 포함한 중동 지방이었다. 왜 몽골 군대는 폴란드까지 들어갔음에도 서유럽의 심장인 파리까지 진격하지 않았을까?

중앙아시아의 호라즘 왕조를 멸망시킨 몽골의 기세는 거칠 것이 없었다. 그다음은 동로마 제국이었다. 루브룩에 의하면 동로마 황제는 콘스탄티노플에 파견된 몽골 사절에게 동로마 제국을 침공하지 말아 달라는 뜻으로 엄청난 뇌물을 바쳤다고 한다.[14] 실제로 동로마 제국의 대표들은 카라코룸에서 보낸 몽골 사절단을 험준한 지형으로 안내해 동로마 제국에서 가져갈 것이 없음을 보여주었다. 그렇다면 몽골은 그런 이유에서 동로마 제국과 서유럽에 대한 침공을 멈췄을까? 그렇지 않다. 이미 러시아와 폴란드까지 쳐들어갔던 몽골 제국에 유럽은 관심의 대상이 아니었다. 다른 곳에서 훨씬 많은 재화들을 차지할 수 있었기 때문이다.

몽골 군대의 눈에 들어온 도시는 이슬람 제국의 수도 바그다드였다. 1258년 몽골군은 바그다드 성벽에 도달했으며, 짧은 포위전 끝에 도시를 함락했다.[15] 바그다드의 통치자 알무스타심 빌라흐는 몽골군에 사로잡혀 천으로 둘둘 휘감긴 채 말들에게 밟혀 죽었다. 캅카스 지역의 몽골 동맹국의 기록에 따르면, 몽골인들은 전쟁을 통해 금은보석과 값비싼 옷과 접시, 꽃병들의 무게에 짓눌릴 정도로 많은 전리품을 얻었다고 한다.

바그다드가 몽골 군대에게 함락되었다는 소식은 곧바로 서유럽까지 전해졌다. 몽골 군대는 곧이어 1259년 폴란드의 수도인 크라쿠프를 약탈했다. 몽골 지도부는 파리에 사절을 보내 프랑스의 항복을 요구했다. 서유럽의 운명이 경각에 달려 있었다. 하지만 결과적으로 몽골 지도부는 서유럽을 택하지 않았다. 몽케 칸이 1259년에 급사한 이유도 있었지만, 몽골 제국에게 유럽은 최고의 전리품이 아니었기 때문이다.

세계 최대의 제국을 멸망시킨 몽골

몽골 제국은 당대 세계 최대의 제국 송나라를 멸망시켰다. 마르코 폴로는 《동방견문록》에서 남송의 항저우를 "의심할 여지 없이 세계에서 가장 아름답고 고귀한 도시"라고 극찬했다. 항저우는 남송의 수도로서 당시 인구가 100만 명에 육박하던 대도시였다. 같은 시기 유럽에서 가장 상업이 발달한 도시인 베네치아 출신의 마르코 폴로의 눈에도 중국의 국력은 유럽과 비교가 되지 않았던 것이다.

송나라의 산업 발전은 당대 유럽의 어느 국가도 견줄 수 없는 수준이었다. 1078년 송나라의 철강 생산량은 1788년 영국의 산업혁명 당시 철 생산량과 거의 맞먹는 수준인 12만 5,000톤이었다. 인구 면에서도 송나라는 주변 국가들과 비교가 되지 않았다. 요나라의 정예병은 10만 명이었고, 북송을 멸망시켰던 금나라의 병력은 6만 명, 몽골 역시 전체 인구가 100~200만 명에 불과했다. 이에 반해 송나라는 남북을 합해 인구가 1억 명을 상회했다. 그러나 오랑캐들에게 땅과 돈을 주고 평화를 유지했던 송나라는, 엄청난 국력에도 불구하고 결국 적들에게 평화를 구걸하다가 멸망한다. 북송은 여진족의 금나라에 망하고, 남송은 1279년 몽골 제국에 멸망한다.

여기서 한 가지 궁금한 점이 있다. 같은 몽골족이라도 송나라를 멸망시킨 몽골 제국은 그리 오래 가지 않았지만, 몽골 계열의 투르크인들이 세운 오스만 제국은 수백 년간 존속했다. 몽골의 쿠릴타이를 연구한 역사학자 설배환은 몽골족의 제국과 투르크인들의 제국(오스만 제국)의 실패와 성공 이유를 다음과 같이 설명한다.[16] 실제로 몽골족과 훗날 중동 지방에 들어온 몽골 계통의 투르크인들은 같은 지역을 점령했다. 하지만 몽골 계통의 투르크인들이 상당히 오랜 기간 천천히 이슬람 문화와 정치 속으로 들어간 반면, 몽골족은 눈사태나 태풍처럼 와서 대량의 사람들을 살육하고 대대적으로 파괴했다. 그런 이유에서 투르크인들의 지배는 성공했고, 몽골족은 그렇지 못했다.

잊힌 제국의 수도

역사상 가장 큰 제국을 건설한 몽골 제국의 수도 카라코룸의 영화는 그리 오래가지 못했다. 카라코룸의 옛터에 남아 있는 에르덴 조Erdene Zuu 사원은 여러 차례 파괴된 현재 규모가 남북 150m에 동서 1,000m에 이른다. 지금까지 남아 있는 만안궁 터의 돌거북 귀부龜趺(거북 모양 비석 받침돌)와 함께 카라코룸의 옛 모습을 알 수 있는 유적으로 꼽힌다.

몽케 칸의 사망 이후, 그의 두 동생인 쿠빌라이와 아리크부카 사이에 치열한 계위 다툼이 벌어졌고, 결국 쿠빌라이가 승리한다. 쿠빌라이가 수도를 대도(북경)로 옮기자, 카라코룸은 역사의 뒤안길로 사라지고, 14세기 후반 원나라가 붕괴하면서 짧은 기간 영화를 누렸던 고도는 그 터만 남게 되었다.

그러나 카라코룸에서 다양하고 상이한 민족과 종교가 공존한 사실은 몽골 제국이 지향한 다원주의와 통합의 일단을 보여준다. '팍스 몽

▶▶ 카라코룸의 유적들. 왼쪽은 16세기에 아바타이 사인 칸이 세운 불교 사찰 에르덴 조 사원으로, 뾰족한 스투파(불탑)로 둘러싸여 있다. 오른쪽은 만안궁 터의 거북 받침돌이다.

골리카Pax Mongolica'로 인해 13~14세기 유라시아 대륙에는 몽골 주도의 새로운 국제 질서가 출현했다. 통일 몽골 제국의 관할하에 역참 제도를 비롯한 동서 교통체계와 소통구조가 구축되었고, 문명 간의 교류를 범세계적으로 촉진하며, 새로운 국제질서 수립과 함께 거대한 변화를 가져왔다.[17]

　　몽골 제국은 바람같이 나타났다가 어느 날 갑자기 사라졌지만, 실크로드를 통해 동서양의 문명을 이어주는 교두보의 역할을 했다.

북경,
쿠빌라이 칸이
세운 도시

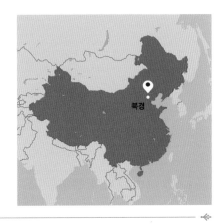

국가 중국
도시 북경
유형 신중핵 수도

　고대 문명의 발상국 중에서 중국은 지금까지 살아남아 강대국의 위
상을 유지하고 있다. 반면에 메소포타미아 문명을 꽃피웠던 이라크에
는 조상들의 흔적만 남아 있을 뿐이다. 물론 중세에 이라크의 수도 바
그다드가 이슬람 제국의 명맥을 이었지만, 근세 이후 유럽 문명에 역
전되었다. 그리스와 이집트도 마찬가지다. 다만 인도는 엄청난 인구와
국토를 기반으로 중국에 이어 강대국의 위상을 지키고 있다.

　앵거스 매디슨의《매디슨 프로젝트》에 따르면 서기 1000년 중국의
인구(5,900만 명)는 유럽 30개국을 합친 것(2,556만 명)보다 많았다고 한
다. 매디슨은 1990년 물가를 기준으로 11세기 각국의 GDP 규모를 달
러로 환산했는데, 중국(274억 달러)이 유럽 30개국(109억 달러)보다 훨씬
앞서 있었다. 1500년에도 여전히 중국(618억 달러)이 유럽 30개국(441억

달러)을 압도했다고 한다.

그러나 16세기 이후 두 문명은 역전된다. 1700년 유럽 30개국의 GDP(809억 달러)가 200년간 84% 증가한 반면, 중국(828억 달러)의 성장률은 34%에 그쳤다. 1900년엔 유럽 30개국의 GDP(6,739억 달러)가 중국(2,181억 달러)의 3배나 됐고, 50년 후엔 1조 3,962억 달러와 2,449억 달러로 격차가 더욱 커졌다.[18] 하지만 2021년 중국의 GDP는 유럽연합EU을 사상 처음으로 추월했다. 거의 4세기 만에 중국이 본래의 자리를 탈환한 것이다. 중국의 수도 북경에는 어떤 이야기가 숨어 있을까?

경京은 어디에서 왔을까?

중국의 수도 북경에는 '서울 경京'이 들어간다. 남경南京(난징) 역시 마찬가지다. 북경이 원나라의 수도였다면, 남경은 한족이 세운 나라들의 수도였다. 명나라를 세운 주원장이 원나라의 수도였던 북경을 버리고 한족의 전통 수도인 남경으로 천도한 이유도 여기에 있다. 역사적으로 '경'은 천자가 거처하는 수도를 가리킨다. 상형문자에서 유래한 한자 '경'은 고대와 중세 도시에 있던 높은 방어용 망루의 모양에서 비롯되었다고 한다.

고려는 건국 초기에는 황제의 나라라고 천명했지만, 몽골의 침략을 받고 독자적인 연호와 묘호(종과 조를 사용하는 왕의 호칭)를 사용하지 못하고, 충선왕 혹은 공양왕처럼 원에 충성을 바치고 받든다는 의미의 호칭을 써야 했다. 수도의 경우도 마찬가지다. 고려 초기에는 개성을 개경開京, 평양을 서경西京으로 불렀으나, 원의 간섭이 시작되면서 '경'

을 사용할 수 없었다. 결국 1304년 충렬왕 34년에 개경은 개성부, 서경은 서경부, 동경(경주)은 계림부, 남경은 한양부로 일제히 격하되었다. 조선 역시 마찬가지였다. 지명의 역사는 이렇듯 과거의 아픈 역사를 그대로 담고 있다.

오랜 역사를 지닌 도시

서유럽의 파리와 런던이 오래된 수도이듯이, 동양을 지배했던 중국의 수도 북경 역시 오랜 역사를 가지고 있다. 우리는 북경이 몽골족이 세운 수도라고 알고 있지만, 북경의 역사를 보는 시각은 다양하다.

937년 거란족의 요나라가 지금의 북경인 계성薊城을 5경의 하나인 배도陪都(임시 수도)로 삼으면서 남경南京이라고 칭했는데, 이때부터 북경의 역사가 시작되었다고 보는 견해도 있다.[19] 또는 중국 대륙을 통일한 원나라의 대도 시대부터 북경의 역사가 시작되었다고 보는 시각도 있다. 하지만 일반적으로 북경의 역사는 여진족이 건립한 금나라가 요와 북송을 멸한 후, 수도를 상경上京에서 연경燕京(북경의 또 다른 명칭)으로 천도한 1153년부터 보는 것이 일반적이다. 이때는 북경을 중도中都라고 불렀다. 그렇다면 북경의 역사는 약 850년 정도가 된다.[20]

금나라가 중도로 불렀던 이 도시의 운명은 칭기즈 칸에 의해 바뀐다. 1215년 칭기즈 칸이 중도를 점령한 뒤에, 도시의 이름은 다시 연경으로 환원된다. 당시 몽골 기병들은 중도의 대령궁大寧宮만 남기고 모두 파괴하여, 북경은 한동안 버려진 성읍이었다고 한다.

1271년에는 칭기즈 칸의 손자 쿠빌라이 칸이 몽골 제국의 국호를 대재건원大哉乾元의 약자인 대원大元으로 개칭하고, 대도(지금의 북경)를 수도로 정했다. 쿠빌라이는 이전의 몽골 지배자들이 피정복민들과 동화되지 못한 정책을 과감히 버리고, 정복지의 민심을 얻고자 노력한 칸이었다. 하지만 이 같은 한화漢化 정책에도 불구하고, 초원 지방에서 자란 쿠빌라이는 새로운 수도인 대도의 더운 기후에 적응하지 못했다. 그리하여 매년 늦은 봄부터 초가을까지는 상도에서 더위를 피했다. 이후 원 제국의 황제들은 모두 쿠빌라이의 관행을 따랐다.[21]

북경의 탄생

원나라를 멸하고 새로운 왕조를 개창한 명의 주원장(홍무제)은 출신 성분부터 특이한 인물이었다. 그는 귀족 출신이 아니라 천민 출신이었다. 탁발승을 비롯해서 안 해본 것이 없던 주원장은 원나라 말기에 나라가 혼란스러워지자, 초적 떼에 들어가 입신양명을 했다. 역대 제왕들이 주로 북방 출신이었으나, 주원장은 남방 출신이었다. 그런 연유에서 그는 고향인 안휘성의 임호에 새 왕조의 도읍을 정하려고 했다.[22]

명 태조 주원장이 재위 31년 만에 사망한 후(1398), 황태손 혜제가 즉위했지만, 그는 황제의 그릇이 못되었다. 제국의 곳곳에서 여러 왕들의 세력이 커지고 있었는데, 그중에서도 북경의 연왕燕王, 즉 명 태조 주원장의 아들이 요주의 인물이었다. 연왕은 혜제가 자신을 제거할 것이라고 예상하고 반란을 일으킨다. 조선의 수양대군이 단종을 제거했듯이, 숙부가 조카인 황제에게 칼을 들이댄 것이다. 연왕은 파죽지세로 남경을 정복한 뒤에 스스로 황제 자리에 오른다. 이 사람이 바로 명의 세 번째 황제 영락제(재위 1402-1424)다.

영락제는 수도를 남경에서 자신의 본거지인 북경으로 옮기고, 도읍의 이름을 '북경'이라고 했다. 원나라의 '대도'가 북경이라는 이름으로 새로 태어난 것이다. 한족이 세운 왕조의 수도가 다시 원나라의 수도로 돌아왔다. 이때부터 북경은 명나라의 수도로 군림한다. 명나라를 멸망시킨 청나라도 1644년 이후 멸망할 때까지 북경을 수도로 삼았다. 그리고 중화민국 시대(북경을 북평北平으로 개명)를 지나, 지금의 중국 공산당 정권이 들어선 이후에도 북경은 중국의 심장 역할을 하고 있다.

우리에게는 친숙한 지명인 북경은 말 그대로 '북쪽의 수도'라는 뜻인데, 영어로는 베이징이라고 부르고, 프랑스어로는 페캥Pékin이라고 부른다. 베이징은 북경의 표준어인 만다린의 발음을 영어로 옮긴 것으로, 1958년 중국 정부에 의해 공식적으로 수용되었다. 한편 프랑스어 지명 페캥은 포르투갈에서 유래한 지명이다. 중국에 처음으로 진출한 유럽인인 포르투갈인들이 이 도시를 '페킴Pequim'이라고 불렀고, 이후 스페인 선교사가 이 도시를 'Pekin'이라고 적은 데서 유래했다.

마르코 폴로가 본 대도

《동방견문록》으로 유명한 베네치아 출신의 여행가 마르코 폴로(1254-1324)는 북경(당시에는 대도)의 모습을 정확하게 기술하고 있다.

원나라 대도의 성벽은 동서로 6,6km, 남북으로 7.4km, 둘레는 28.6km, 높이는 10 내지 12m였고, 완전히 향토로 쌓았다. (……)

대량으로 제조된 지폐는 모든 제국에서 유통되며 누구도 감히 그를 어기지 못한다. 나는 쿠빌라이가 이러한 통화 방식을 사용함으로써 전 세계 어느 국가보다 효율적인 경제 운용을 하고 있다고 자부한다.

마르코 폴로가 기술한 북경 성벽의 길이는 놀라울 정도로 정확했다. 그러나 그가 묘사한 또 다른 부분들은 《동방견문록》의 진위를 의심케 하는 부분 중 하나이기도 하다. 예를 들어 그는 북경의 도시 형태가 정방형이라고 견문록에 적었으나, 사실 북경은 장방형의 도시였다. 특히 가장 기이한 부분은 노구교蘆溝橋에 관한 설명이다. 노구교는 금나라 때인 1192년에 완공된 다리로, 북경 중심가에서 약 15km 떨어진 펑타이구의 강에 설치된 다리다. 이 다리를 방문한 마르코 폴로는 "온 세상 어디를 찾아도 필적할 것이 없을 만큼 훌륭하다"라고 적고 있다. 견문록을 읽은 유럽인들은 이 다리를 '마르코 폴로의 다리'라고 불렀다. 그런데 마르코 폴로가 이 다리에 24개의 아치가 있다고 했던 것과 달리, 노구교에는 11개의 아치밖에 없다. 만약 실제로 마르코 폴로가 노구교를 가봤다면 이런 오류는 범하지 않았을 것이라고 후대 사람들은 지적한다.

또 다른 증거로 마르코 폴로는 북경을 '칸발리크汗八里'라고 불렀는데, 이 지명은 돌궐어 지명이다. 그러므로 그가 만약 정말로 쿠빌라이에 의해 관리로 임명되었다면 왜 몽골어나 한어명漢語名을 사용하지 않았을까?

끝으로 한 가지 더 지적하자면, 마르코 폴로는 북경 성벽이 흰색으로 칠해져 있다고 적었다. 그런데 역대 중국의 성벽은 흰색으로 칠해진 적이 없다. 흰색은 중국인에게 장례를 의미하는 색이었다. 오히려 지금의 자금성처럼 붉은색으로 칠해져 있었다면 수긍이 간다.

일부 사람들은 견문록의 서술이 남의 이야기를 옮겨놓은 것이라고 말한다. 그 근거는 이러하다. 마르코 폴로가 귀국하고 4년 뒤인 1299년 제노바와 베네치아 사이에 전쟁이 일어났다. 이 전쟁에서 그는 포로가 되어 제노바 감옥에 갇히는 신세가 되었는데, 같은 감옥에는 피사 출신의 작가 루스티켈로가 있었다. 그는 《동방견문록》의 대필 작가로 잘 알려져 있다. 아마도 그는 마르코 폴로가 서술하는 것을 그대로 적었거나, 잘못 옮겼을 수도 있다. 마르코 폴로를 믿지 않는 사람들은 그를 '백만 가지 허무맹랑한 이야기를 하는 허풍쟁이'라는 의미로 '백만의 마르코Marco millione'라고 불렀다. 마르코 폴로가 임종을 눈앞에 두고 있을 때 친구들은 견문록에 실린 거짓말을 취소하라고 권했다. 하지만 마르코 폴로는 "내가 본 것들의 절반도 다 이야기하지 못했다"라고 말했다.

금지된 궁궐, 자금성

북경의 랜드마크 자금성은 중국뿐만 아니라 동양을 대표하는 왕궁이다. 24만 평의 부지에 9,000여 칸의 방이 있는 엄청난 규모의 궁궐이다. 본래 자금성은 중국의 고전에 따르면 황궁을 가리키는 특별한 명칭으로 사용되었다. 자금성의 어원을 따라 올라가면, 먼저 황궁의 중심에 위치한 자미성이 우주의 중심이라는 사상이 깔려 있다. 자

▶▶ 경산景山에서 내려다본 자금성.

미성이 우주의 중심이므로 황제를 자미성에 비유했고, 그가 거처하는 궁궐을 자금성이라고 불렀다. 중국의 천문학자들은 자미성을 북극성으로 간주했다. 북극성은 하늘의 중심이므로 천자天子의 별이라는 의미를 가지고 있다. 그런데 자금성에서 '금禁'은 금지한다는 뜻이다. 즉, 황제가 거처하는 궁궐은 일반인들이 들어올 수 없다는 의미다. 영어로 자금성은 'Forbidden City(금지된 도시)'로 번역된다.

자미성의 조합에 따라 황제의 유형은 셋으로 분류할 수 있는데, 그중 첫 번째 조합의 자미성은 "좋은 신하를 상징하는 좌보와 우필이라는 별을 만나 실권을 장악한 황제"를 가리킨다. 명·청대의 여러 황제 중에서 청대의 강희제가 그런 황제일 것이다. 청나라 황제 중에서 가장 오랜 기간(61년) 황제의 자리에 있었던 강희제(재위 1661-1722)는 정열적으로 학문을 탐구하고 교양을 쌓았으며 직접 전투를 지휘하는 등 문무를 겸비한 황제였다. 그는 청조뿐만 아니라, 역대 어느 황제보다도 뛰어난 황제였다. 강희대제라는 이름을 얻었을 정도다. 강희제는 특히 여러 민족으로 구성된 중국의 화합에도 각별히 신경을 쓴 황제였다. 황제의 68번째 생일을 맞이하여 강희제는 65세 이상의 만주족, 한족, 몽골족, 회족 출신 현직 관리 및 퇴직 관리 1,000여 명을 자금성 건청궁乾淸宮에 초대하여 큰 주연을 베풀었다고 한다.

북경을 거쳐 간 이민족들

자금성에 있는 자녕궁은 황후나 태황후의 거처로 사용되던 곳이었다. 특히 청나라의 세 번째 황제 순치제(재위 1643-1661)의 모후이자, 청나라의 가장 위대한 황제 강희제의 조모인 효장문황후가 오랫동안 살았다. 효장문황후는 강희제를 업어 키웠기 때문에, 그녀가 죽은 후에 감히 다른 태후들이 자녕전에서 살지 못했다고 한다.

자녕궁의 현판에는 다른 자금성의 편액처럼 한자 이외의 다른 문자

▶▶ 자금성 자녕궁의 현판(좌)과 옹화궁의 현판(우).

가 보인다. 가장 왼쪽에 한자가 보이고, 그 중간이 만주 문자, 그리고 맨 오른쪽에는 몽골 문자도 보인다. 만주 문자는 청나라를 세운 만주족이 사용하던 문자인 만큼, 자금성의 전각 현판에 쓰인 것이 어쩌면 당연해 보인다. 그런데 몽골 문자는 왜 청나라 정궁正宮의 현판에 사용되었을까? 효장문황후의 출신을 알면 이해할 수 있다. 청 태종 숭덕제의 후궁이었던 그녀의 이름은 '보르지기트 붐부타이'다. 즉, 그녀는 몽골 출신이었다. 그런 이유로 그녀가 기거했던 자녕궁의 편액에 몽골 문자가 있는 것이다.

오른편 사진은 북경에 있는 옹화궁雍和宮의 현판이다. 옹화궁은 북경의 동북쪽에 있는 궁인데, 평일에도 복을 빌러 오는 사람들로 북적인다. 그런데 정확히 말해서 옹화궁은 티베트 불교인 라마교의 사찰이다. 옹화궁 길 건너편에는 공자묘가 있다. 공자의 나라 중국에 낯선 타국의 불교 사찰이 들어섰다. 이민족을 회유하기 위해 북경 한복판에 라마교 사찰을 세운 것이다. 알다시피 라마교는 티베트 불교를 말하는데, 현판의 왼쪽에서 두 번째 줄의 문자가 티베트 문자다. 청나라는 이렇게 중화사상을 고집하는 한족뿐만 아니라, 변방에 살던 이민족의 종교 또한 제국의 경영에 도움이 된다면 수용했다.

1911년 신해혁명으로 청나라가 멸망하고, 새로 수립된 중화민국은 이듬해 수도를 남경으로 정했다. 하지만 중국 전역이 중화민국의 세력 안에 있는 것은 아니었다. 청나라의 정치가 위안 스카이가 북부 지역을 통제하고 있었기 때문이다. 그는 북경을 여전히 중국의 수도로 삼았다. 이후 국민당이 중국을 통일한 1928년 북경은 다시 통일 중국의 수도로 복귀했다. 이렇게 북경은 여러 민족의 수도로서 부침을 거듭하여 현재에 이르고 있다.

빈,
합스부르크
왕조의 본산

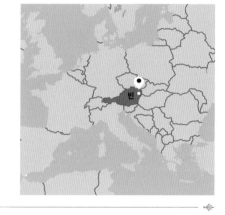

국가 오스트리아
도시 빈
유형 중핵 수도

지도를 보면 오스트리아는 서유럽 제국의 맨 오른쪽 끝에 위치하고 있고, 수도 빈도 국토의 동쪽에 치우쳐 있다. 바다가 없는 내륙국 오스트리아는 알프스산맥의 수려한 풍광을 자랑한다. 오랜 기간 독일과 같은 문화권에 속해 있어 독일어가 공식 언어다. 북쪽에는 독일이 있고, 이탈리아, 체코, 헝가리, 슬로바키아 같은 나라들로 둘러싸여 있다.

지리적 위치가 말해주듯이 오스트리아의 지명은 '유럽 동쪽의 나라'라는 뜻이다. 고대 독일어로는 '동쪽의 왕국'이라는 의미로 '외스터라이히Österreich'라고 부른다. 유럽의 변방에 위치한 오스트리아는 해가 지지 않는 제국을 건설했다. 그 배경에는 오스트리아의 합스부르크 왕가가 혼인을 통해 스페인 왕국을 수중에 넣은 것이 결정적으로 작용했다.

수 세기 동안 유럽을 호령했던 합스부르크 왕조의 본산 빈 이야기를 해보자. 오스트리아의 수도를 중핵 수도로 분류한 것은, 빈이 신성 로마 제국의 수도에 걸맞은 도시였고, 스페인 왕국을 접수한 뒤에는 기존 강국들의 수도(런던, 파리)와 겨루는 수준으로 성장했기 때문이다.[23] 16 세기에 혼인으로 스페인 왕국을 수중에 넣은 합스부르크 왕가는 당시 유럽에서 가장 강력한 제국을 이루었다. 비록 1700년에 스페인 왕국을 부르봉 왕조에게 넘겨주었으나, 그 후에도 위상은 크게 변하지 않았다.

로마인들이 세운 병영 도시

로마 제국의 판도가 최대에 이르렀을 무렵, 제국의 자연 국경은 이러했다. 먼저 로마 제국의 동북쪽에는 주적 게르만족이 살고 있었다. 한때는 라인강 동쪽의 엘베강까지 제국의 국경을 확장하려고 했지만, 토이토부르크 숲(독일 북서부 지방) 전투에서 괴멸한 로마는 라인강을 동쪽 국경으로 삼았다. 라인강변에 있는 독일의 쾰른Köln의 지명이 식민지를 의미하는 라틴어 콜로니아Colonia에서 유래한 것을 보면, 당시 로마의 동쪽 국경을 알 수 있다.

로마 제국의 두 번째 자연 국경은 도나우강(영어로 다뉴브강)이다. 이 강은 알프스산맥에서 발원하여 독일, 오스트리아, 슬로바키아, 헝가리, 크로아티아, 세르비아, 불가리아, 몰도바, 우크라이나, 그리고 루마니아 남쪽을 지나 흑해로 흘러 들어가는 국제 하천이다. 지도에서 보듯이, 로마 제국의 동북 지방의 국경이었던 도나우강은 오스트리아의 수도 빈, 슬로바키아의 수도 브라티슬라바, 헝가리의 수도 부다페스

▶▶ 로마 제국의 동북부 속주를 흐르는 도나우강. 현재 유럽의 여러 수도를 지나간다.

트, 그리고 세르비아의 수도 베오그라드 등 많은 도시를 지난다. 가히 수도의 강이라고 부를 만하다.

　로마 제국은 도나우강 600km를 따라 '다뉴브 리메스Danube Limes'라 고 불리는 국경 방어선을 구축했다. 도로, 군단의 요새, 방벽, 그리고 군인들의 정주지와 소규모 요새들이 여기에 해당된다. 오스트리아의 수도 빈도 다뉴브 리메스 중의 하나였다.

　이렇게 오스트리아의 수도 빈은 로마 제국의 요새 도시로 출발했다. 빈은 제국의 동부에 위치한 교통의 요충지였다. 주위에는 브라티슬라 바(60km), 부다페스트(350km), 뮌헨(350km) 같은 도시들이 있었다. 빈 Wien(영어로는 비엔나Vienna)이라는 이름은 라틴어로 빈도보나Vindobona에 서 나왔다. 빈도보나는 본래 켈트인들의 주둔지를 나타내는 말로, 빈 을 관통하는 빈강ㅍ이 도시명을 제공했다. 빈강은 길이가 불과 34km

에 불과한 작은 하천으로, 도나우강으로 흘러 들어간다.

본래 빈이 있던 곳에는 켈트족의 노리쿰Noricum 왕국이 있었다. 노리쿰 왕국은 지금의 오스트리아와 슬로베니아에 있었던 켈트계 연합 왕국이다. 노리쿰은 기원전 16년에 로마 제국에 합병되었고, 로마는 지금의 빈에 병영 도시를 건설한다. 하지만 노리쿰은 로마의 속주에 편입되지 않고 일정 기간 동안 독립을 누렸다. 그 근거로 노리쿰은 황제의 명을 받은 총독, 즉 프로쿠라토르Procurator의 지배를 받지 않았던 사실을 들 수 있다.

빈도보나가 역사에 등장하는 시기는 아우렐리우스 황제가 게르만족을 토벌하기 위해 원정을 왔던 서기 180년이다. 황제는 빈도보나에 사령부를 설치하고 전쟁을 독려했지만, 그해 3월 판노니아(지금의 오스트리아, 헝가리, 크로아티아, 세르비아)의 속주 시르미움Sirmium 근처에서 원인을 알 수 없는 병으로 세상을 떠났다고 한다. 영화 〈글래디에이터〉에는 황제의 아들 코무두스가 아버지를 살해하는 장면이 나오지만, 이는 어디까지나 허구에 불과하다.

서기 212년 빈도보나는 도시municipium로 승격되었고, 판노니아 속주의 수도인 카르눈툼Carnuntum과 경쟁하는 도시로 성장한다. 카르눈툼은 지금의 빈과 브라티슬라바 사이에 있었던 도시였다. 현재 브라티슬라바의 인구는 약 45만 명에 불과하지만, 당시에는 판노니아 수도로서 빈보다 더 중요한 도시였다. 빈도보나는 서로마 제국이 멸망하는 5세기까지 제국의 도시로서 명맥을 유지하지만, 끊임없는 게르만족의 이주를 막을 수 없었다.

황제는 합스부르크 가문의 품으로

서기 976년 신성 로마 제국의 황제 오토 2세(재위 973-983)는 바벤베르크Babenberg 가문의 레오폴트 1세를 오스트리아의 변경백으로 임명한다. 바벤베르크 가문은 독일 남부의 바이에른 공국의 공작을 겸임할 정도로 남부 독일과 오스트리아를 통치하는 강력한 가문이었다. 이후 오스트리아 백작령은 공국으로 승격된다. 그리고 1156년에는 레오폴드 4세가 빈에서 오스트리아 공작령의 수장에 오른다. 이제 오스트리아는 바이에른 공국의 간섭에서 벗어나게 되었다. 바벤베르크 가문은 빈을 공국의 수도로 삼고 300년간(976-1276) 오스트리아를 통치했다.

그런데 오스트리아 공국의 주인이 바뀌는 사건이 하나 발생한다. 이후 수백 년간 유럽 제국의 헤게모니를 뒤흔든 중요한 사건이었다. 자초지종은 이러하다. 1250년 12월 13일 교황과 사사건건 대립을 했던 신성 로마 제국의 황제 프리드리히 2세가 세상을 떠났다. 그런데 황제를 선출하는 제국의회가 열리지 못하고 있었다. 프리드리히 2세가 파문을 당했을 때 황제를 자처했던 제후들이 서로 싸우고 있었기 때문이다. 이 혼란은 무려 20여 년 동안 지속되었다. 서양사에서는 이 시기(1254-1273)를 '황위가 비어 있던 시대'라는 뜻으로 대공위 시대 Interregnum라고 부른다.

혼란의 시대는 새로운 시대를 부른다. 독일의 새 왕은 뜻밖에도 제국의 변방에서 나왔다. 황제 선거권을 가진 선제후단은 세속 제후 4명(보헤미아 국왕, 라인 궁정백, 작센 공작, 브란덴부르크 변경백)과 성직 주교(마인츠 대주교, 트리어 대주교, 쾰른 대주교) 3명, 총 7명으로 구성되어 있었다. 1273년 프랑크푸르트에서 독일 왕을 선출하는 선제후 회의가 열렀다. 입후보자는 보헤미아(지금의 체코)의 국왕 오타카르 2세와 스위스 일대를 지배하던 합스부르크 가문의 백작 루돌프 4세였다. 누가 보더라도 두 후보의 위상은 비교가 되지 않았다. 그러나 결과는 뜻밖이었다. 루돌프 4세가 선출되어 루돌프 1세로 독일 왕에 오른다.

하지만 독일 왕이 신성 로마 제국의 황제가 되기 위해서는 교황의 주관으로 대관식을 치러야 했다. 문제는 루돌프 1세와 교황의 관계가 좋지 않았다는 것이다. 결국 루돌프 1세는 황제의 대관식을 올리지 못했다. 다시 말해 황제에 선출되었지만 황제가 아닌 셈이었다. 그다음에도 2명의 독일 왕이 황제 대관식을 올리지 못했다. 이런 상황은 하인리히 7세가 황제로 등극하는 1312년까지 계속되었다. 그 후 하인리히 7세를 이어 여러 가문 출신의 황제들이 등극했다. 그리고 마침내 1452년에 합스부르크 왕가 출신의 프리드리히 3세가 신성 로마 제국의 황제에 오른다. 루돌프 1세가 초석을 놓은 지 180여 년 만에 합스부르크 왕가 출신의 황제가 탄생한 것이다. 이후 300년 이상 신성 로마 제국의 황제는 합스부르크 왕가에서 배출되었다.

스위스와 독일 남부의 일부 지방을 지배하고 있던 합스부르크 가문은 루돌프 1세가 독일 왕으로 선출된 이후, 도나우강 쪽으로 세력을 확장했다. 그리하여 보헤미아 왕이 지배하고 있던 오스트리아 공국을 장악했고, 빈을 가문의 본거지로 삼았다. 빈의 주인이 바뀐 것이다. 프리드리히 3세(재위 1452-1493)는 황제에 오르자 자신의 본거지인 오스트리아를 대공국으로 승격시켰다. 이렇게 형성된 오스트리아 대공국은 인구가 무려 200만 명에 이르렀고, 합스부르크 왕가의 기반이 되었다. 대공국의 수도인 빈은 이 시기에 위상이 높아지고 인구도 팽창해 중핵 수도로서 파리와 런던에 버금가는 도시가 되었다.

"오스트리아여 너는 결혼을…"

1477년 부르고뉴 공국의 샤를공이 로렌 지방을 공격하다가 전사하고 만다. 그에게는 딸만 한 명 있었다. 부귀공이라고 불린 마리는 이렇게 아버지로부터 부르고뉴 공국을 물려받았다. 그 영지는 지금의 벨기에와 네덜란드, 프랑스 동부 지방을 아우르고 있었기에, 당연히 부귀공 마리의 결혼이 유럽 왕실의 초미의 관심사로 떠올랐다.

마리의 상속령에 관심을 보인 사람은 프랑스의 루이 11세였다. 그는 왕자령인 부르고뉴 공국을 되찾기 위해 군대를 파견했지만, 마리는 선친의 유산을 지키기 위해 합스부르크의 막시밀리안 대공과 결혼한다. "다른 이들은 전쟁을, 행복한 오스트리아여, 너는 결혼을Bella gerant alii, tu felix Austria nube"이라는 가문의 모토처럼 합스부르크 왕가는 결혼을 통해 미래의 영지를 확보했다. 마리가 낙마 사고로 죽자, 마리의 유산은 고스란히 합스부르크 왕가에 귀속되었다. 이후 스페인 왕실과 혼인을 맺은 합스부르크 왕실은 신성 로마 제국뿐만 아니라 스페인도 접수하여, 유럽의 대부분을 자신들의 세력 안에 넣었다.

풍전등화의 위기에 놓이다

유럽의 16세기는 합스부르크 왕조의 시대다. 범독일어권 국가들과 스페인, 그리고 신대륙마저 합스부르크 왕조의 지배를 받고 있었다. 하지만 찬란한 영광의 순간 다음에는 위기의 순간이 오기 마련이다. 오스트리아는 한때는 러시아를 제외하고 유럽에서 가장 넓은 영토를

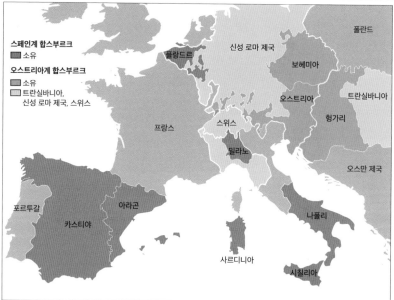

스페인계 합스부르크
■ 소유

오스트리아계 합스부르크
■ 소유
□ 트란실바니아,
  신성 로마 제국, 스위스

▶▶ 1200년경 합스부르크 백작령의 영지(위)와 1700년경 영지(아래). 스위스 변방의 작은 백작령에서 시작한 합스부르크 왕가는 1700년에 이르러 프랑스를 제외한 전 유럽을 지배하는 제국으로 성장한다.

가진 제국이었지만, 떠오르는 강국인 오스만 제국의 위협을 받는다.

1529년 봄, 오스만 제국의 술레이만 대제는 헝가리 왕국에 대한 지배권을 확보하기 위해 유럽 원정에 나선다. 황제는 당시 오스만령이었던 불가리아에 대군을 집결시킨다. 오스만 군대의 최종 목표는 유럽의 최강국인 신성 로마 제국의 수도 빈이었다.

오스만 대군이 다가온다는 소식에 빈 시민들은 불안에 휩싸였지만, 오스트리아 군대의 방어 의지는 흔들리지 않았다. 신성 로마 제국 황제인 카를 5세의 동생이자 보헤미아의 국왕인 페르디난트 1세는 프라하에 머무르고 있었다. 그는 카를 5세에게 원군을 요청했지만, 황제는 코냑 동맹 전쟁 중이었기 때문에 적은 수의 스페인 보병대만 보낼 수밖에 없었다. 하지만 오스트리아 군대에는 독일 출신의 용병 대장 살름이 있었다. 그는 카를 5세와 프랑수아 1세가 벌였던 파비아 전투(1525년)에서 혁혁한 공을 세운 백전노장이었다. 살름은 지금의 성 스테판 대성당 근처에 사령부를 설치하고 도시의 방어 전략을 세웠다.

오스만 군대는 빈을 포위하고 공성용 참호와 땅굴을 파기 시작했다. 하지만 비가 많이 내려 땅굴 전략은 실패로 돌아갔고, 오스만 진영은 부상자가 속출했다. 말 사료도 바닥이 드러나기 시작했다. 게다가 폭설로 오스만 군대의 퇴로마저 막혀버렸고, 많은 병사들이 퇴각 과정에서 목숨을 잃었다. 유럽의 최전방이자 기독교 세력의 보루였던 빈은 이렇게 위기에서 벗어났다.

이슬람 제국의 빈 공격은 1683년에도 있었다. 이때는 폴란드 등 주변 국가들이 빈의 방어를 위해 연합군을 조직했다. 빈을 방어하려는 오스트리아군과 함락하려는 오스만 군대 사이에 무려 9번의 전투가 벌어졌다. 만약 이 전쟁에서 오스트리아가 패한다면 동부 유럽은 이

▶▶ 빈을 포위한 오스만 제국의 군대(1683년).

슬람 세력 속으로 들어갈 운명이었다. 하지만 천신만고 끝에 오스트리아 군대는 빈을 방어하는 데 성공했고, 오스만 군대는 퇴각한다. 그러자 이번에는 상황이 역전되었다. 오스트리아가 퇴각하는 오스만 군대를 추격하여 상당한 영토를 차지했다. 이후 이슬람 세력은 더 이상 유럽을 위협하지 못했다.

영욕의 도시, 빈

이슬람 제국의 공격을 천신만고 끝에 물리친 오스트리아는 유럽의 강국으로 군림했지만, 주변국과의 전쟁에서 잇달아 패하고 강대국의 자리에서 내려온다. 현재 오스트리아 국토는 전성기 시절에 비해 10분의 1 정도밖에 되지 않는다.

합스부르크 제국의 몰락은 나폴레옹과의 전쟁에서 패하면서 시작되었다. 나폴레옹이 황제에 오르자 신성 로마 제국의 황제였던 프란츠 2세의 황권이 무색해졌다. 그는 합스부르크 가문의 영지를 모아 오스트리아 제국을 선포하고 스스로 초대 황제가 된다. 하지만 1806년 프랑스와의 전쟁에서 패배하고 신성 로마 제국은 완전히 해체된다. 결국 프란츠 2세는 프랑스와 그 동맹국들에게 영토의 일부를 할양한다.

1809년 나폴레옹 황제는 비록 짧은 기간이었지만, 빈의 쇤브룬 Schönbrunn궁에 머물렀다. 쇤브룬궁은 신성 로마 제국의 여제 마리아 테레지아가 완성한 합스부르크 왕실을 상징하는 궁전이었다. 승전국의 황제가 패전국의 화려한 궁전에 머문 것이다. 하지만 나폴레옹의 운도 워털루 전쟁으로 끝이 난다. 패전 후의 유럽을 수습하기 위해 오스트리아의 재상 메테르니히의 주도 아래, 영국, 프로이센, 러시아의 대표들이 빈에 모였다. 유럽을 프랑스 혁명 전으로 되돌리기 위한 회의였다. 이렇게 도출된 빈 체제는 역사의 수레바퀴를 거꾸로 돌리려는 유럽의 반동적 체제를 의미했다. 빈 체제는 19세기 중반까지 유럽 정치의 큰 틀이 된다.

하지만 오스트리아 제국의 불행은 여기에서 끝나지 않았다. 1859년 이탈리아 통일 전쟁에서 프랑스와 사르데냐 연합군에게 패하면서 북부 이탈리아 지방에 대한 영향력을 상실했고, 1866년 프로이센과의 전쟁에도 패하여 독일 내 영향권과 독일 통일의 주도권을 상실했다. 결국 오스트리아 제국에 속해 있던 헝가리 왕국에서도 독립의 움직임이 일어났다. 이렇게 불안한 오스트리아-헝가리 제국은 1914년 사라예보 사건으로 촉발된 제1차 세계 대전 이후, 완전히 해체된다.

현대사에서 오스트리아 최대의 불행은 나치 히틀러가 이끄는 독일

▸▸ 오스트리아 영광의 상징인 빈의 쇤브룬궁.

과의 합병이었다. 결과적으로 오스트리아는 제2차 세계 대전에 참전해 패전국이 되었다. 수도 빈은 독일의 베를린처럼 연합군에 의해 점령되었고(1945-1955), 승전국(미국, 영국, 소련, 프랑스)들이 수도 빈을 분할 통치하기에 이른다. 신성 로마 제국의 해체와 합스부르크 왕가의 몰락 이후, 수도 빈이 겪게 된 최대의 시련이었다.

1955년 영세 중립국을 전제로 오스트리아에 주둔하고 있던 연합군이 철수하고, 그해 오스트리아는 유엔UN에 가입한다. 500년 동안 유럽 정치를 좌지우지했던 오스트리아와 수도 빈은 이렇게 역사의 전면에서 물러났다.

모스크바,
상트페테르부르크의
라이벌

국가 **러시아**
도시 **모스크바**
유형 **이중핵 수도**

    역사적으로 러시아 정복에 실패하여 쇠락의 길로 떨어진 유럽의 지
도자가 2명 있다. 첫 번째는 프랑스의 황제 나폴레옹이다. 나폴레옹
황제는 트라팔가르 해전에서 비록 영국에게 패했지만, 대륙의 패자로
서 영국을 다른 유럽 제국으로부터 완전히 봉쇄했다. 하지만 프랑스
에 우호적이던 러시아가 대륙 봉쇄령에 미온적으로 나오자, 나폴레옹
은 러시아를 침공하고 모스크바에 입성한다. 나폴레옹은 모스크바를
점령하면 러시아의 알렉산드르 1세가 강화 조약을 맺을 것이라고 판
단했으나, 러시아의 차르는 강화 협상에 응하지 않았다. 이긴 자가 진
자에게 항복을 하라고 윽박지르는데, 패자는 항복을 할 의향이 없었
던 것이다. 결국 나폴레옹은 모스크바를 떠나 귀국길에 오른다. 하지
만 귀국길에서 그가 맞닥뜨린 것은 여전히 건재한 러시아 제국의 군

대와 살인적인 추위였다. 이렇게 나폴레옹의 시대가 저물어갔다.

두 번째 역사의 주인공은 히틀러다. 1941년 6월 22일 새벽, 히틀러는 300만의 독일군을 앞세워 소련을 침공했다. 당시 소련은 미국에 이어 세계 2위의 산업국이자 경제력을 보유한 강국이었다. 1939년에 맺은 독·소 불가침 조약은 일종의 '적과의 동침'이었다. 그런데 히틀러가 소련을 침공한 이날은 1812년 나폴레옹이 러시아를 침공한 날과 이틀밖에 차이가 나지 않았다(나폴레옹은 1812년 6월 24일). 불행의 징조는 더 잘 맞아떨어지는 법이다. 러시아의 혹한에 퇴각했던 나폴레옹처럼, 나치의 군대도 소련의 긴 겨울 앞에 속수무책이었다. 기온이 무려 영하 40도까지 내려갔다. 이후 1942년 스탈린그라드 전투에서 독일군은 패퇴했고, 제2차 세계 대전의 흐름도 바뀌게 된다. 이번에 이야기할 수도는 그 어떤 유럽의 강자도 정복하지 못했던 러시아의 수도 모스크바다.

루스와 키예프 대공국

8세기 말부터 서유럽에 나타난 스칸디나비아인들을 '바이킹Viking' 혹은 '바레그Varègues'라고 칭한다. 그중에서도 바레그는 스웨덴에서 동유럽으로 이주한 바이킹들을 가리켰다. 그들은 지금의 러시아와 우크라이나를 지나 비잔티움 제국으로 들어갔는데, 그리스어로 '로스Rhos' 혹은 '루스Rus(슬라브어권)'라고 불렸다. 러시아와 벨라루스의 국명에 들어 있는 이 '루스'라는 이름의 뿌리가 스웨덴 출신의 바이킹에게서 나왔다는 것이 학계의 정설이다.

슬라브 세계로 들어온 루스들이 최초로 정착한 지방은 지금의 우크라이나다. 그들은 862년에 키예프(지금은 '키이우'로 불린다) 루스(루스국)를 세우고 이 지방을 통치했다. 이후 키예프 루스는 여러 공국으로 분열한다. 그중에서 키예프 공국은 수도인 키예프를 중심으로 존속하다가 1240년 칭기즈 칸의 손자인 바투가 이끄는 몽골군의 침공으로 멸망했다. 몽골은 모스크바 대공국을 포함한 과거의 키예프 루스 전역을 간접 통치했다.

황제의 수도, 모스크바의 탄생

모스크바는 러시아 최대의 도시이자, 유럽에서 가장 인구가 많은 도시(2023년 기준 1,310만 명)다. 모스크바라는 이름은 도시를 관통하는 모스크바강에서 나왔다. 또 다른 설에 의하면 원시 발트-슬라브어에서 '습기가 많다'라는 뜻의 'muzg-'에서 나왔다고 한다.

모스크바의 역사는 1283년 류리크 왕조 출신의 왕족이었던 다닐 알렉산드로비치가 모스크바 지역을 영지로 획득하고 공국을 건설한 해를 기점으로 삼는다. 이후 14세기 무렵에 대공국으로 승격하여 슬라브 세계의 맹주가 되었다. 그런데 한 가지 흥미로운 사실은 모스크바 대공이었던 이반 4세(재위 1547-1584)가 대공 대신 '황제'를 의미하는 '차르'라는 칭호를 사용했다는 사실이다. 본래 유럽 역사에서 황제의 칭호는 전통적으로 로마 황제와 연관이 있는 군주만 사용할 수 있었다. 서로마 제국이 멸망한 뒤에 서로마 제국을 부활시켰다는 샤를마뉴가 황제로 즉위할 수 있었던 것도 그런 이유에서였다. 즉, 서로마 제국을 계승했다는 신성 로마 제국과 동로마 제국(비잔티움 제국)의 황제만 사용할 수 있는 칭호였다. 그런데 바이킹과 슬라브 민족의 군주인 모스크바 대공이 어찌 황제를 참칭할 수 있다는 말인가? 사연은 이러하다.

▶▶ 비잔티움 제국의 쌍두독수리가 그려진 러시아의 국장.

이반 4세의 아버지 바실리 3세는 비잔티움 제국의 황녀 소피아 팔레올로기나의 아들이었다. 다시 말해 이반 4세의 몸속에는 비잔티움 황제의 피가 흐르고 있었던 것이다. 그러던 중에 1453년 로마 제국의 마지막 계승자 비잔티움 제국이 오스만 제국의 침공으로 멸망한다. 모스크바 대공이었던 이반 4세는 자신이 진정한 비잔티움 제국의 계승자라고 주장했고, 주변 국가들도 그를 황제, 즉 '차르'로 인정한다. 지금도 러시아 정부의 문장에는 비잔티움 제국의 상징이었던 머리가 2개인 쌍두독수리가 있다. 이렇게 모스크바는 대공의 수도에서 황제의 수도로 승격된다.

새 수도, 상트페테르부르크

이반 4세가 황제를 선언한 이후, 모스크바는 러시아 황제의 즉위식을 올리는 수도인 동시에 경제와 문화의 핵심 도시로 그 지위를 보존했다. 하지만 서유럽 국가에 비해 러시아는 16세기에도 농노제가 존재하는 후진국이었고, 북방의 강국 스웨덴에 눌려 국토의 팽창은 제약을 받고 있었다. 그리고 모스크바는 동유럽의 깊은 곳에 있었기 때문에, 대공국에는 서유럽으로 통하는 새로운 도시가 필요했다.

　로마노프 왕조의 표트르 대제(재위 1682-1725)는 제국의 수도인 모스크바를 떠나 새로운 수도를 건설할 계획을 가지고 있었다. 1703년 5월 14일, 발트해로 이어지는 네바강 하류에 새로운 수도 상트페테르부르크가 건설되기 시작했다. 도시의 이름에서 '상트페테르'는 예수의 제자 '성 베드로', '부르크'는 성읍도시를 의미한다. 여기서 인명 페테르는 영어의 피터Peter를 가리킨다.

　표트르 대제는 스웨덴으로부터 수복한 영토를 방어하기 위해서는 수도를 이전해야 한다고 신하들을 설득했지만, 그의 궁극적인 목적은 모스크바를 아성으로 삼고 있는 세습 귀족에게서 벗어나기 위함이었

▶▶ 발트해로 나가는 길목에 위치한 상트페테르부르크. 유럽으로 통하는 관문이다.

▸▸ 상트페테르부르크의 겨울 궁전. 서유럽 건축 양식의 흔적을 볼 수 있다.

다.24 마치 루이 14세가 반란의 도시 파리를 버리고 베르사유로 궁전을 옮긴 이유와 비슷했다. 황제의 의도는 분명했다. 귀족들의 세력을 누르고 러시아를 근대국가로 만드는 것이 천도의 목표였다. 표트르 대제가 모델로 삼은 도시는 암스테르담과 베네치아였다. 이 두 곳은 서유럽에서 많은 시간을 보냈던 황제가 낙점한 도시였다.

상트페테르부르크는 러시아 제국의 번영을 상징하는 도시로 건설되었다. 새로운 수도에는 제국의 부를 보여줄 수 있는 학술원과 예술 아카데미가 건설되었다. 유럽의 도시에는 시대별로 상이한 건축물들이 들어섰지만, 상트페테르부르크에는 르네상스, 고딕, 바로크 양식의 건축물들이 동시에 들어섰다. 새 수도는 마치 서양 건축의 박람회를 연상시켰고, 표트르 대제가 꿈꾸던 선진 유럽 문화가 구현된 도시처럼 보였다.

황제는 모든 물산을 새 수도로 집결시켰다. 이미 도시를 건설할 때부터 항구에 들어오는 선박은 30kg 이상의 돌을 10~30개 가져와야 했고, 육로로 들어오는 경우에도 15kg의 돌을 3개씩 가져와야 했다. 그만큼 상트페테르부르크는 도시를 건설하기에 부적합한 습지였다.

1710년 상트페테르부르크는 강력한 이주 정책 덕분에 단숨에 인구가 4만 명을 넘어서는 대도시로 성장했다. 공식적으로 수도를 옮긴 해는 1712년이었지만, 이미 러시아 제국에서 제2의 도시로 성장한 것이다. 물론 단기간에 수도를 건설하다 보니 민중들의 원성도 높았다. 습지를 메울 때 많은 노동자들이 가혹한 노동을 견디지 못하고 죽었는데, 시신을 습지에 그대로 버렸다고 한다. 그래서 상트페테르부르크는 '뼈 위에 세운 도시'라는 불명예스러운 별칭을 가지게 되었다.

옛 수도가 된 모스크바

표트르 대제의 일방적인 결정으로 러시아 제국의 수도가 하루아침에 바뀌었다. 황제의 결정을 두 가지 측면에서 살펴볼 필요가 있다. 먼저 러시아가 유럽의 변방인 슬라브 세계에서 나와 서유럽과 가까운 발트해에 새로운 항구 도시를 건설했다는 점이다. 다시 말해 상트페테르부르크로 천도한 것은 '탈脫슬라브' 정책이자 '친親유럽' 정책의 일환이었다. 그렇다면 모스크바의 위상은 이후 어떻게 변했을까?

러시아는 1240년 칭기즈 칸의 손자 바투에 의해 키예프가 점령된 이후, 무려 240년간 실질적인 몽골의 지배를 받았다. 이 기간 중에 러시아의 공국들은 몽골 칸의 지배 아래 있었다. 이 기간을 '몽골-타타르의 멍에Mongol-Tatar yoke'라고 부른다. 여기에서 타타르는 몽골 제국을 구성한 부족명 중의 하나였으나, 러시아에서는 지옥을 뜻하는 그리스어 '타르타로스'와 연결되어 몽골족을 비하하는 총칭으로 사용되었다.

러시아가 몽골의 지배로부터 벗어나자 모스크바 대공국은 군사력의 우위를 바탕으로 러시아 세계의 맹주로 떠오른다. 그러나 러시아의 수도를 상트페테르부르크로 이전하게 되면서 모스크바는 '황제의 미망인'이란 별명을 보면 알 수 있듯, 쇠락의 길로 접어든다. 그럼에도 로마노프 왕조의 황제는 모스크바에서 대관식을 올렸다. 모스크바는 여전히 러시아 제국의 종교적 성지였다.

▶▶ 키예프 대공국의 마지막 대공 체르니고프가 칭기즈 칸의 상 앞에서 절을 하라는 바투의 명령을 거부하자, 몽골군은 그를 단도로 살해한다.

모스크바의 쇠락은 인구 감소에서 확연히 드러났다. 1701년 모스크바의 인구는 과도한 세금으로 인해 6,569가구에서 2,710가구로 급감했다.[25] 상트페테르부르크로 주민을 강제 이주시키려는 정부의 조치가 효력을 발휘한 것이다. 하지만 상트페테르부르크가 서유럽의 건축 양식이 혼재한 정체성 없는 도시였다면, 모스크바는 슬라브 문화의 정체성을 보존한 도시였다.

신수도 상트페테르부르크와 구수도 모스크바의 위상은 큰 차이를 보였다. 상트페테르부르크가 군인과 관료 같은 봉직 귀족들의 수도였다면, 모스크바는 퇴역한 귀족들의 수도였다. 모스크바의 귀족들은 비록 상트페테르부르크의 궁전에서 멀리 떨어져 있었지만, 러시아의 전통문화와 생활방식을 고수했다. 반면에 상트페테르부르크는 황제가 머무르는 정치의 도시이자 관료들의 행정 도시였다. 게다가 해외의 선진 문물이 집결되는 곳이었다. 말하자면 상트페테르부르크는 선진 유럽의 문물이 들어오는 창구였다.

한편 모스크바는 19세기 중반부터 경제와 상업의 중심지로서 그 위상을 회복하기 시작했다. 18세기 내내 인구 감소를 면하지 못하던 모스크바가 19세기에 들어와 인구 증가세를 보인다. 이후 모스크바는 러시아 제국에서 제2의 산업도시로 확실히 자리매김한다.

두 도시를 둘러싼 대립 그리고 다시 모스크바로

모스크바는 이미 사라진 모스크바 공국의 수도였고, 상트페테르부르크는 새로 탄생한 러시아 제국의 수도였다. 신수도와 구수도는 이렇게 탄생의 근원이 달랐다. 모스크바 시민들에게 상트페테르부르크는 하루아침에 건설된 뿌리 없는 도시였다. 상트페테르부르크에 반감을 가진 당대인들은 표트르 대제를 폭군, 괴물, 참칭자, 그리스도의 적, 이교도, 신성 모독자, 고대 로마인, 진짜 독일인이라고 불렀고, 상트페테르부르크를 적그리스도의 도시라고 불렀다.[26]

러시아의 수도 이전은 유럽인들에게 이제는 더 이상 러시아를 '모스크바국'이라고 부를 이유를 없애주었다. 러시아도 이제 프랑스와 영국처럼 도시명이 아닌 국명으로 유럽인들에게 인식되기 시작했다. 즉, 러시아가 유럽의 일원이 되었다는 의미다.

하지만 신수도 상트페테르부르크에도 위기가 찾아왔다. 수도의 설계자였던 표트르 대제가 1725년 갑자기 세상을 떠난 것이다. 공식적으로 수도를 옮긴 지 15년 만이었다. 황제의 급사로 상트페테르부르크의 위상이 흔들렸다. 궁전과 최고재판소 같은 국가 기관들이 다시 모스크바로 옮겨갔다.

이후 수십 년간 3명의 여제, 소년 황제들의 집권기를 거치면서 상트페테르부르크는 일시적으로 쇠락했다. 하지만 1762년 예카테리나 여제의 등극으로 상트페테르부르크 부활의 신호탄이 울렸다. 수도의 배후지 페테르고프에 차르스코예 셀로 궁전이 새로 들어섰고, 볼쇼이 극장이 개원하고 러시아 제국 아카데미가 창립되었다. 이제 상트페테르부르크는 명실공히 러시아 제국의 수도뿐만 아니라, 화려한 문화의 중심지로 재탄생했다.

그렇다면 19세기 러시아 문학을 대표하던 푸시킨의 눈에는 두 도시가 어떻게 비쳤을까? 그는 《모스크바에서 상트페테르부르크로의 여행》(1833-1834)에서 다음과 같이 두 도시의 역사를 요약하고 있다.

표트르 1세는 모스크바를 좋아하지 않았다. 이곳에서 그는 한 걸음 한 걸음 걸을 때마다 반란과 사형의 기억, 그리고 미신과 편견이 뿌리 깊게 자리 잡은 저항과 마주쳤다. 그는 (……) 답답한 크렘린을 버리고 발트해의 먼 해안에서 (……) 행동의 시간, 공간, 그리고 자유를 구했다. (……) 모스크바의 쇠퇴는 상트페테르부르크 융성의 불가피한 결과였다. (……) 한 사람의 몸에 두 개의 심장이 존재할 수 없듯이, 하나의 국가에서 두 개의 수도는 똑같은 수준으로 존재할 수가 없다.

상트페테르부르크는 볼셰비키 혁명이 발발하기 전까지 러시아 제국의 진정한 수도였다. 하지만 유럽은 이미 프랑스 대혁명을 기폭제로 변혁의 시대를 맞이하고 있었다. 프랑스와 독일에서 일어났던 여러

▶▶ 모스크바의 크렘린. 크렘린은 '요새'를 의미한다. 성벽으로 둘러싸인 요새 안에는 황제가 거했던 궁전과 성당, 수도원, 탑 등이 있다.

차례의 혁명을 러시아도 피해 갈 수 없었다. 역설적인 것은, 산업화가 늦었던 러시아에서 프롤레타리아 혁명이 일어났다는 사실이다.

혁명이 발발하기 전인 19세기에도 러시아에서는 슬라브파와 서구파 사이에 수도에 대한 논쟁이 있었다. 모스크바는 슬라브주의자들의 정신적인 수도였으며, 상트페테르부르크는 서구주의자들의 상징 도시였다. 슬라브주의자들에게 모스크바는 "러시아 도시들의 어머니이자, 러시아 국가들의 뿌리"였다. 그 배경에는 나폴레옹의 모스크바 침공이 자리하고 있었다. 이 전쟁을 통해 사람들이 러시아의 진정한 수도가 변방에 위치한 상트페테르부르크가 아니라 모스크바였다고 생각하게 되었다는 것이다. 정리하자면 상트페테르부르크는 서구화와 유럽화의 상징 도시였고, 모스크바는 슬라브 전통을 보존하고 있는 러시아 종교의 중심지이자, 슬라브 민족의 정신이 보존되어 있는 도시였다.

수도가 상트페테르부르크로 옮겨갔다고 모스크바의 역할이 축소된 것은 아니었다. 비록 정치적, 행정적 중심지로서의 기능은 사라졌지만, 모스크바는 여전히 지리적 요충지와 무역과 상업의 중심지로서 그 기능을 하고 있었다. 게다가 역대 차르들은 모스크바 크렘린 내부의 대성당에서 황제 대관식을 올렸다.

제1차 세계 대전이 막바지에 접어들었던 1918년 3월 12일, 소비에트 정부는 제국의 수도를 상트페테르부르크에서 모스크바로 옮겼다. 자본주의 세력으로부터 사회주의 혁명을 보호한다는 것이 소비에트 정부의 생각이었다. 공격적으로 서유럽으로 진출하려던 표트르 대제의 정책이 수 세기 만에 사회주의를 수호해야 한다는 방향으로 선회한 것이다. 그런 점에서 상트페테르부르크는 철저하게 부정해야 할 수도였다. 레닌에게 상트페테르부르크는 제국 러시아, 전제 정치와 억압의 상징이었고, 화려한 궁전은 인민의 고혈을 바탕으로 세운 문화유산이었기 때문이다.[27]

러시아는 유럽 제국 중에서 수도를 이전한 드문 국가에 속한다. 러시아는 슬라브 세계에 갇혀 있기보다는, 상트페테르부르크로 수도를 이전하여 제국의 초석을 놓았고, 이후 유럽에서 패권을 겨루는 국가로 성장했다. 하지만 역사는 정반합의 과정을 거쳐 다시 자리를 찾는다. 모스크바를 떠난 러시아의 수도는 상트페테르부르크를 거쳐 다시 모스크바로 정착했다. 그사이 러시아 제국은 해체되었고, 마치 모스크바 대공국의 시대처럼 모스크바 중심의 나라로 돌아왔다.

테헤란,
페르시아 제국의
그림자

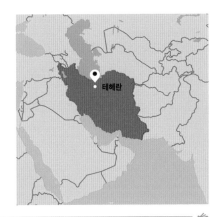

국가 이란
도시 테헤란
유형 신중핵 수도

인도에서 동서양의 관문인 튀르키예로 가는 중간에 위치한 이란은 국토의 넓이가 한반도의 7.5배, 인구는 9,100만 명에 이르는 대국이다. 현재 이슬람 문명권에서 인구가 많은 편에 속한다. 이란은 국교가 이슬람교이며 문자도 아랍 문자를 사용하지만, 인종과 언어는 서양인들의 조상인 인도-유럽인과 동일하다. 실제로 필자가 유학 시절 프랑스에서 만났던 한 이란 학생은 자신들이 아랍인이 아니라고 힘주어 말했다. 이런 현상을 문화인류학에서는 이언어동문화異言語同文化라고 부른다. 다시 말해 언어와 인종은 달라도 동일한 문명을 공유하고 있는 인류 집단을 가리킨다.

이란은 유구한 역사를 지닌 페르시아 제국을 계승한 나라다. 그런 이유에서 이란의 수도 테헤란도 그 역사가 길 것이라고 생각할 수 있지만, 실상은 그렇지 않다. 이란의 역사는 많은 왕조의 교체를 통해 이어졌다. 테헤란이 이란의 수도가 된 것은 1795년 카자르 왕조의 모하마드 칸 아자르가 테헤란에서 즉위한 이후부터다. 그러므로 테헤란은 신중핵 수도로 분류했다.

페르시아 제국은 인류 문명의 4대 발상지 중의 하나인 메소포타미아 지방 일대를 점령한다. '비옥한 초승달' 지대로 잘 알려진 이곳에서 인류 역사상 처음으로 문자가 발명되고, 교통의 혁명을 가져온 바퀴도 발명되었다. 가히 인류 문명이 태동한 지역이라고 부를 만하다. 이번 이야기의 주인공은 장엄한 역사를 자랑하는 페르시아 왕조들 그리고 메소포타미아 지방의 오른편에 위치한 이란의 수도 테헤란이다.

페르세폴리스, 아케메네스 왕조의 수도

이란인의 조상은 지금의 이란에 정착한 원시 인도-유럽인들이다. 고대 이후 이란 지방(당시에는 페르시아라고 불렸다)에서 많은 왕조가 교체되었지만, 이 지방을 중심으로 살던 사람들을 페르시아인이라고 불러도 별 무리가 없을 것 같다. 역사에 뚜렷한 족적을 남긴 페르시아 계통의 첫 번째 왕조는 아케메네스 왕조(기원전 550-기원전 330)다.

페르세폴리스는 고대사에 등장하는 아케메네스 왕조의 수도였다. 현재 이란에서 5번째로 큰 도시 시라즈에서 북동쪽으로 40km 떨어진 곳에 도시의 유적만 남아 있다. 왕조를 건설한 민족은 멀리 캅카스 지방에서 내려온 인도-유럽인들의 한 부족이었다. 학자들은 이들이 캅카스 원주지를 떠나 일부는 유럽 대륙으로, 그리고 일부는 파키스탄

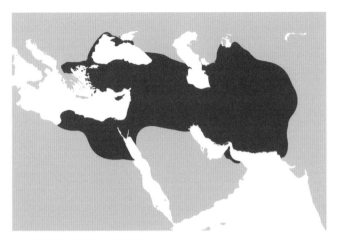

▶▶ 아케메네스 왕조의 최대 판도.

을 지나 인도까지 이주한 때를 기원전 4000년경으로 보고 있다.

　고대 페르시아인들은 페르세폴리스를 '파르사'라고 불렀는데, 고대 그리스인은 '페르시아인들의 도시'라는 뜻으로 '페르세폴리스'라고 불렀다. 페르세폴리스를 수도로 정한 아케메네스 왕조에서 가장 위대한 군주를 꼽으라면, 단연코 키루스 2세(재위 기원전 550-기원전 530)를 들 수 있다. 제국의 영토를 놓고 본다면 황제의 아들인 캄비스 2세의 영토에 못 미치지만, 중동 지방의 고대사에서 키루스 2세만큼 진정한 대왕으로 불리는 군주도 없다. 특히 그는 정복한 지방에 노예로 잡혀 있는 소수민족들을 풀어주었는데, 바빌론 왕국을 정복하고 그곳에 노예로 잡혀 있던 히브리 민족을 해방해준 사실은 성경에도 기록되어 있다(히브리 민족이 바빌론에 잡혀간 사건을 '바빌론 유수'라고 부른다). 지금은 이란과 이스라엘이 원수지간이 되었지만, 2,500년 전에는 이란의 지도자가 노예 상태에 있던 이스라엘 민족을 해방시켜준 것이다.

　아케메네스 왕조와 유럽의 인연은 다리우스 1세(재위 기원전 522-기원전 486)부터 시작된다. 그리스 도시 국가 연합과 페르시아 제국의 전쟁이 그 도화선이었다. 다리우스 1세의 1차 원정은 태풍으로 실패했고, 2차 원정은 마라톤 전투로 잘 알려져 있다. 3차 원정은 다리우스 1세의 죽음으로 아들 크세르크세스가 지휘했지만, 살라미스 해전에서 페르시아 군대는 참패를 당한다. 동방의 유럽 침공은 이렇게 차단되었다.

이번에는 그리스가 페르시아를 침공한다. 그 유명한 마케도니아의 알렉산드로스 대왕이 동방 원정에 나선 것이다. 그리스군은 질풍노도처럼 페르시아를 침략했고, 수도인 페르세폴리스를 파괴했다. 지금 페르세폴리스에 건물의 기둥과 일부 유적만 남은 것은 그리스군의 철저한 파괴 때문이다. 알렉산드로스 대왕은 페르시아 군대가 아테네의 아크로폴리스를 파괴한 것에 대한 복수로 도시의 파괴를 명령했다고 한다. 위대했던 페르시아 제국의 수도는 역사의 전면에서 사라졌다.

▶▶ 페르세폴리스의 다리우스 대왕 궁전. 파괴되어 기둥과 일부 유적만 남아 있다.

니사, 파르티아 제국의 수도

고대 그리스 도시 연합국의 주적이 페르시아의 아케메네스 왕조였다면, 고대 로마의 공화정 시대로 넘어오면 주적의 주체가 파르티아 제국으로 바뀐다. 파르티아 제국은 로마 공화정의 최대 적국이었으며, 실제로 로마는 기원전 53년 중동 지방의 패권을 놓고 벌인 카레Carrhae (현재 튀르키예의 하란) 전투에서 대패했고, 삼두정치의 한 축이었던 크라수스가 목숨을 잃었다. 4만 명의 막강한 로마군이 1만 명의 궁병으로 조직된 파르티아군에게 궤멸당한 것이다. 이 전투에서 패한 결과로 로마는 2만 명이 전사하고, 1만 명이 포로로 잡히는 굴욕을 당한다.

로마를 위협했던 파르티아의 수도는 니사Nisa(지금의 투르크메니스탄 아시가바트)다. 니사는 기원전 3세기 중반부터 서기 3세기까지 주요한 권력의 중심지였다. 파르티아 제국의 고대 문명은 헬레니즘과 서로마 제국의 문화 요소를 자신들의 전통문화와 훌륭하게 결합한 것이었다. 중요한 교역의 중심지이자 전략적 요충지였던 니사는 로마 제국이 동쪽으로 팽창하는 것을 막는 장벽 역할을 했다.

크테시폰, 사산 왕조 페르시아의 수도

파르티아 제국이 서기 224년에 멸망한 후 그 뒤를 이은 제국은 사산 왕조 페르시아 제국(224-651)이었다. 제국의 수도는 바그다드 남동쪽으로 35km 지점에 있는 크테시폰Ctesiphon이었다. 지리적으로 보면 오랜 기간 동안 메소포타미아 문명권에 속해 있던 도시였다. 크테시폰은 로마의 팽창 정책이 페르시아와 충돌하는 경계선에 있었다. 로마의 트라야누스 황제가 서기 116년 이 도시를 몇 달 동안 점령한 적도 있었다. 하지만 새롭게 발흥한 사산 왕조 페르시아 제국은 이 도시를 황도皇都로 정한다. 로마 제국의 동방 팽창 정책에 장애물이 등장했다.

사산Sassan은 전설적인 페르시아의 영웅이었다. 사산 왕조 페르시아를 개창한 아르다시르 1세는 자신이 사산의 후계자라고 칭하면서 왕조의 이름을 사산이라고 정했다. 사산 왕조는 동진東進하려는 로마 제국과 잦은 전쟁을 벌일 수밖에 없었다. 그중에서도 샤푸르 1세(재위 241-272)는 역사에 남은 사건의 주인공으로 부상한다.

페르세폴리스에서 남서쪽으로 12km 떨어진 곳에 '낙쉐 로스탐 Naqsh-e Rostam'이라는 유적지가 있다. 거대한 바위에 새겨진 부조를 보

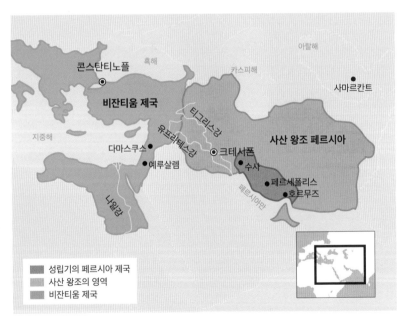

▶▶ 사산 왕조의 영역. 제국의 수도는 로마의 동방 팽창 정책을 막아주는 요충지였다.

면 말을 타고 있는 샤푸르 1세에게 무릎을 꿇고 경배를 드리는 발레리아누스 황제의 모습이 보인다. 로마 역사상 황제가 포로로 잡힌 일은 유일무이하다. 《로마제국쇠망사》를 집필한 영국 역사가 에드워드 기번은 이 부조상을 보고 다음과 같이 기록했다.

황제를 상징하는 자주색 옷을 입은 채 사슬에 묶인 발레리아누스는 몰락한 귀족의 모습으로 비쳤으며, 페르시아 왕 샤푸르는 로마 황제의 목을 발판으로 삼아 말에 올라탔다.

역대 로마 황제 중에서 발레리아누스만큼 치욕을 당한 황제는 없을 것이다. 그는 페르시아의 감옥에서 죽었는데, 일설에는 박제가 되어 신전에 전시되었다고 한다.

몽골의 침입과 테헤란의 탄생

사산 왕조 페르시아는 이슬람 제국의 침입으로 역사에서 사라졌다. 페르시아는 조로아스터교에서 이슬람교를 신봉하는 제국이 되었다. 이 시기의 이슬람 제국을 칼리파 시대라고 부른다. 칼리파 또는 칼리프(영어 표기)는 '뒤따르는 자'라는 뜻의 아랍어로, 무함마드가 죽은 후 이슬람 국가의 최고 종교 권위자를 부르는 칭호다. 칼리파가 통치하는 나라를 칼리파국이라고 한다. 칼리파는 가톨릭의 최고 지위인 교황과 유사하지만, 정치적 실권도 가지고 있었다는 점에서 교황과 구별된다. 칼리파 제국에 속했던 페르시아에서 여러 왕조들이 부침을 거듭한 끝에 1077년 투르크 계열인 호라즘 제국이 페르시아의 새로운 주인이 되었다.

앞서 카라코룸 이야기에서 몽골이 호라즘 왕조를 멸망시켰다는 이야기를 했다. 아무리 막강한 몽골군이라 해도 페르시아를 포함한 서아시아의 강력한 호라즘 제국(1077~1231)을 어떻게 단번에 무너뜨릴 수 있었을까? 그 배경에는 몽골군의 첨단 무기가 숨어 있었다. 당시 몽골군에는 한족의 군대도 편입되어 있었는데, 그들은 첨단 무기인 화총을 비롯한 화약 무기와 투석기로 무장하고 있었다. 흔히 몽골군은 기마부대 중심으로 말을 타고 화살을 쏘며 적들을 무력화시켰다고 생각하지만, 몽골군이 호라즘 왕조를 침공할 당시 그들은 최신 무기로 무장하고 있었다.

호라즘 제국에 속했던 페르시아는 이렇게 몽골족에 의해 철저히 파괴되었다. 몽골군은 대부분의 도시를 파괴하고, 이슬람 사원을 불교 사원으로 개조하기도 했다. 이후 칭기즈 칸이 죽은 후에 그의 손자인 훌라구 칸 시대에 이르러, 페르시아 지방은 몽골 제국에서 분리되고 일 칸국이 들어선다.

13세기 초 몽골의 침략으로 호라즘 제국이 멸망하고 대부분의 도시가 파괴되었지만, 폐허가 된 왕국에 새로운 도시들이 등장했다. 현재 이란의 수도 테헤란도 이 무렵에 처음으로 기록에 보인다. 몽골군은 이 지방에서 가장 오래된 도시인 레이Rey를 쑥대밭으로 만들었지만, 새로운 정착촌이 레이 주변에 들어서고 있었다. 아랍 여행가 야키트Yaquit는 이렇게 들어선 촌락이 테헤란의 기원이라고 적었다.[28]

테헤란이 새로운 도시로 탄생한 배경에는 두 가지 이유가 있다. 먼저 테헤란 근처에는 이슬람의 샤Shah(이란의 군주)인 압돌 아짐Abdol-

Azim의 성소가 있었고, 특히 여름이면 이란의 샤가 서늘한 테헤란 근처에 있는 엘부르즈산 계곡에서 사냥을 즐겼다고 한다. 테헤란은 이런 배경 속에서 왕도로 부상한다. 타흐마스프Tahmasp 1세는 테헤란 남쪽에 있는 이스파한을 수도로 정하기 전에, 테헤란에 114개의 망루와 성벽(114개의 망루는 코란의 114장과 일치한다), 시장과 성채도 건설했다. 테헤란은 본격적으로 미래 수도의 모습을 갖춰가고 있었다.

페르시아에서 이란으로

나치의 히틀러는 제2차 세계 대전 내내 '아리안족의 영광'이라는 기치를 내세웠다. 그는 독일 민족을 아리안족이라고 칭하고, 게르만족이 아리안족에서 가장 위대하다는 인종차별적 혹은 국수주의적 주장을 펼쳤다. 아리안족은 현재의 캅카스 지방 북쪽에 살던 인도인들과 유럽인들의 조상이다. 오늘날에는 인도-유럽인이라는 용어를 사용한다.

▶▶ 엘부르즈산맥을 병풍처럼 두르고 있는 테헤란.

본래 아리안이란 말은 인도-유럽인들의 언어로 '고귀하다'라는 뜻이거나, 인도-이란인을 가리키는 종족명이지만, 히틀러에 의해 그 단어의 순수성이 오염되어 서구에서는 거의 사용하지 않는다. 다만 이란은 예외다.

1935년 페르시아의 레자 샤Reza Shah는 수천 년 동안 사용하던 페르시아라는 국호 대신에 이란으로 불러달라고 국제 사회에 요청했고, 이후 페르시아는 이란으로 나라의 이름을 바꾸었다. 이란의 국호는 '아리안족의 땅'이라는 의미를 가지고 있다.

고대부터 페르시아라는 이름으로 강력한 제국을 형성했던 페르시아 제국은 유럽의 공적이었다. 페르시아가 강성해지면 상대적으로 유럽은 불안에 떨었고, 실제로 페르시아 제국과 많은 전쟁을 벌이기도 했다. 서기 7세기경 그리스와 아나톨리아 지방은 기독교 제국인 동로마 제국이 차지하고 있었고, 제국의 동쪽에는 사산 왕조 페르시아가 있었다. 두 제국은 끊임없이 전쟁을 벌였으며, 그 결과 두 제국 모두 국력이 쇠퇴했다.

이 무렵 중동에서는 무함마드가 이슬람을 창시하고 중동 지방의 헤게모니를 장악한다. 페르시아도 이슬람 문명에 급속하게 동화되기 시작했다. 오늘날 이란이 아랍 세계의 일원으로 보이는 것도 이 때문이다. 당시 페르시아는 조로아스터교를 믿고 있었지만, 이슬람의 탄압으로 페르시아의 토종 종교는 서서히 사라졌다.

페르시아는 10세기에서 11세기까지 이슬람 문명의 메카로 자리를 잡는다. 그러나 13세기 초에 몽골의 침입을 받아 전 국토가 황폐해지는 위기를 맞이한다. 이 시기에 인구의 4분의 3 정도가 목숨을 잃었다고 한다. 이후 많은 이슬람 왕조들이 부침을 거듭하면서 20세기에 이르렀고, 제2차 세계 대전 이전에 왕정이 복원되었다. 현재 이란은 1979년 이슬람 혁명을 겪으면서 왕정을 청산하고 이슬람 신정주의 theology와 민주주의를 결합한 이원적 통치 체제를 운용하고 있다.

해발 고도 1,200m에 위치하고 있는 이란의 수도 테헤란은 서아시아에서 가장 큰 도시이며, 지구상에서 21번째로 큰 도시다. 하지만 테헤란의 역사는 페르시아 제국의 역사만큼 길지 않다. 앞서 이야기했듯이 테헤란은 레이라는 도시의 작은 변두리에 불과했는데, 13세기에 몽골 침략으로 레이 사람들이 테헤란으로 피신하면서 페르시아의 주요 도시로 성장한다.

테헤란(현지인들은 '테흐란'이라고 발음한다)이란 지명의 기원은 페르시아어에서 나왔다. 끝 또는 바닥을 의미하는 'Tah'와 비탈을 뜻하는 'rān'으로 분리할 수 있고, 그 뜻은 '산비탈의 끝'이라고 번역할 수 있다. 테헤란시의 공식 웹사이트에 올라온 설명이다. 또 다른 설명으로는 테헤란의 지명이 'Tir-ān'에서 나왔고, 여기에서 Tir는 평원 혹은 황량한 평원을 의미한다는 설이 있다. 테헤란의 지형인 고원과 잘 연결된 설명이다. 마지막으로는 더운 지방을 의미하는 'Tahrān'에서 나왔다는 설도 있다. 어원, 특히 지명의 어원 설명에는 여러 설이 있기 마련이다.

고대부터 반목했던 유럽과 페르시아의 대결 구도는 지금도 변하지 않고 있다. 이란에서 이슬람 혁명이 일어난 뒤로, 이란은 미국이 지목한 제1의 적성 국가이고, 지금도 이란과 미국의 외교 관계는 정상화되지 않고 있다. 수천 년 동안 계속되었던 동서양의 대립은 이렇게 현재 진행형이다.

바그다드,
천일야화의 도시

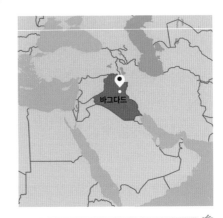

국가 이라크
도시 바그다드
유형 중핵 수도

　제2차 세계 대전이 끝나고 평화의 시대가 올 것이라고 예상했지만, 전쟁은 지금도 세계 도처에서 벌어지고 있다. 중동 지방에서도 많은 전쟁이 일어났다. 1980년 9월 22일, 이라크는 이웃 나라인 이란을 침공한다. 이 전쟁은 결국 이란의 승리로 끝이 났다. 같은 이슬람 국가 간의 전쟁이었다.

　그 후 일어난 2001년 9·11 테러는 미래의 전쟁을 예고하는 전조였다. 2003년 부시 행정부는 이라크가 핵무기를 개발하고, 대량 살상 무기를 보유하고 있다는 첩보에 따라 이라크 전쟁을 감행했다. 하지만 이라크 망명자들이 제공한 정보는 사실과 달랐다. 미국은 이라크의 독재자 후세인 대통령을 제거하는 데 만족한다. 꿩 대신 닭이라는 속담이 떠오른다. 이 전쟁은 "모든 전쟁의 명분은 만들기 나름이다"라는 속설이 그대로 적중한 전쟁이었다. 이처럼 이라크는 현대 사회에서 일어난 처참한 전쟁의 중심에 있었다.

유구한 역사를 지닌 도시 바그다드. 과거 이슬람 제국의 수도였고, 현재도 이라크의 수도인 이 도시는 과연 어떤 이야기를 품고 있을까?

신이 내린 도시, 평화의 도시

중세에 바그다드는 이슬람 제국의 수도였다. 보는 이의 시각에 따라서 이슬람 제국은 두 시기의 제국으로 구분할 수 있다. 첫 번째는 무함마드가 이슬람교를 창시한 뒤에 세운 이슬람 제국으로, 이런 역사적 관점이 일반적으로 수용되고 있다. 무함마드에 의해 이슬람이 창시되고 (622년) 10년이 지난 632년부터 750년까지의 팽창한 이슬람 제국을 말한다. 두 번째는 이후 분열을 거듭하다가 오스만 제국에 의해 통일되어 (1299년) 오스만 제국이 멸망한 1922년까지의 이슬람 제국을 말한다.

초기 이슬람 제국이 번성한 배경에는 이슬람 종교의 영향도 컸지만, 당시의 국제 정세도 큰 몫을 했다. 동로마 제국(이라클리오스 왕조)과 사산 왕조 페르시아 제국은 전쟁으로 인하여 국력이 소진된 상태였다. 이러한 힘의 공백 상태에서 새로운 강자로 떠오른 이슬람 세력은 아라비아반도를 중심으로 시리아, 예루살렘, 북아프리카까지 세력을 확장해 나갔다.

바그다드가 훗날 이슬람 제국의 아바스 왕조의 수도로 자리매김을 한 때는 무려 세 차례에 이른다(762-796, 809-836, 892-1258). 이 시기는 서유럽의 프랑크 왕국과 동로마 제국의 시기와 겹치는데, 후자의 경우는 콘스탄티노플이라는 확실한 제국의 수도가 있었지만, 전자의 경우는 전술한 것처럼 특정 수도가 없었다. 이슬람 제국의 수도는 동로마 제국의 수도처럼 중핵 수도로 분류할 수 있다.

바그다드의 어원은 고대 페르시아어에서 왔다는 설이 유력하다. 그 의미는 '신이 내린 도시'라고 한다. 페르시아어로 'bagh'는 신을 의미하며, 'dad'는 '수여받은'이라는 뜻이다. 이후 이곳에 도시를 만든 아바스 왕조의 칼리파 알 만수르(714-775)에 의해 '평화의 도시' 혹은 '신이 준 정원'이라는 뜻의 '마디나트 알 살람'이란 이름으로 재탄생했다. 그리고 11세기에 접어들면서는 바그다드라는 이름으로 세상에 널리 알려졌다.

메소포타미아 지방에 세워진 세계 최대의 도시

바그다드는 이슬람 제국의 아바스 칼리파 왕조(750-1517)의 수도 중에서 가장 비중이 높은 수도였다. 바그다드가 아바스 왕조의 수도로 정해진 해는 762년이다. 1만 명의 인부들이 허허벌판에 주변의 여러 마을을 통합해서 수도를 건설했는데, 그중 한 마을이 '바그다드'라고 불렸다. 이곳은 일찍이 메소포타미아 문명 때 '비옥한 초승달 지역'이라고 불린 천혜의 지역이었다. 바그다드는 티그리스강을 끼고, 유프라테스강도 지척에 두고 있었다. 게다가 바빌론과 페르시아가 이 지방을 번갈아 차지했었기 때문에 문화적 토양 또한 다른 지방에 비해 월등히 풍성한 곳이었다.

중세 아바스 왕조의 수도였던 바그다드는 당시 세계에서 가장 큰 도시였다. 전성기 시절에는 인구가 200만 명에 이르렀다고 한다. 바그

▶▶ 바그다드에 위치한 이라크 박물관 입구. 메소포타미아 문명의 발상지답게 전설의 동물 라마수(얼굴은 인간이고 몸은 황소)가 입구를 지키고 있다.

다드와 맞먹는 도시로는 당나라의 수도 장안과 동로마 제국의 콘스탄티노플 정도였다. 이 시기는 7번에 걸친 십자군 원정 시기와도 겹친다. 그렇다 보니 십자군 원정에 나섰던 유럽인들이 세계의 수도 바그다드를 보고 입이 다물어지지 않았을 것이다. 당시 유럽에서 가장 큰 도시 파리의 인구는 고작 20만 명 정도밖에 되지 않았다.

아바스 왕조는 1258년 몽골에 의해 초토화되기 전까지 이슬람 역사상 최고의 황금기를 구가했다. 당시 매우 실용적인 사고를 가지고 있던 무슬림들은 그리스와 로마 유산을 이슬람 문화 속으로 받아들였다. 아바스 왕조의 수도 바그다드에는 그리스 학자들을 비롯한 각국의 학자들이 모여들었으며, 연금술 연구가 특히 발달했다. 현재 우리에게 익숙한 알코올, 알칼리 같은 용어들이 모두 아랍어에서 나온 것을 봐도 알 수 있다.

원형의 계획도시

바그다드는 철저한 계획도시였다. 758년에 도시의 청사진이 완성되었고, 762년 아바스 칼리파국의 수도로 확정된 후 3년 뒤인 765년에 알 만수르에 의해 왕궁이 완공되었다. 도시는 원형으로 건설되었다. 이 원형 도시의 지름은 약 2km로, 두터운 이중 성벽과 깊은 해자로 둘러싸여 있었다.

도시 중심에는 모스크와 칼리파의 궁전이 자리를 잡았다. 궁전의 명칭은 '황금의 문'이었다. 왕궁을 중심으로 사방으로 뻗은 대로는 성문에 연결되어 있었는데, 문에는 주변 지방의 이름이 붙어 있었다. 예를 들어 서문은 시리아, 동문은 페르시아로 통하는 길의 시발점이었기 때문에 각각 시리아의 문, 코라산(페르시아의 동부 지방)의 문이라고 불렸다.[29] 성 안에는 궁정 관리들의 거처와 행정부서가 있었다. 이런 건물들은 당시 중동 지방에서 가장 흔한 자재인 벽돌로 지어졌다.

계획도시였던 바그다드의 쇠락은 도시의 창설자 알 만수르가 죽은 지 반세기도 되지 않아 찾아왔다. 812년에 후손들이 칼리파의 계승권을 놓고 내전을 벌였기 때문이다.[30] 알 만수르에 이어 칼리파의 자리에 오른 아민Amin이 권력을 잡았지만, 그의 동생 마문Ma'mūn이 페르시아로부터 군대를 이끌고 쳐들어왔다. 바그다드는 마문의 군대에게 포위되었다. 도심에서는 유혈이 낭자한 전투가 벌어졌다. 시민들은 어느 편을 들어야 할지 몰랐다. 투석기에서 날아온 돌들에 의해 시내의 건물들은 모두 파괴되었고, 길에는 시체들이 넘쳐났다.

알 만수르가 건설한 찬란했던 도시는 폐허로 변했고, 그 중심에 있었던 모스크만이 이곳이 도시의 중심이었다는 것을 증명하고 있었다.

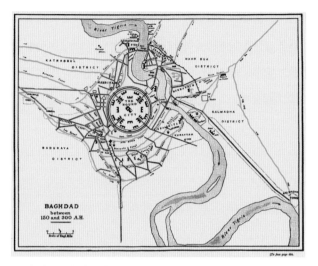

▸▸ 알 만수르가 세운 원형의 바그다드시(762년).

이후 칼리프들이 원형 도시에서 떨어진 곳에 왕궁을 건설하면서 원형
도시는 전설 속의 도시로 남았다.

《천일야화》에 등장하는 바그다드

《천일야화》는 인도에서 시작하여 페르시아를 거쳐 바그다드를 배경
으로 하는 이야기다. 줄거리는 이러하다.

술탄 샤리야르는 왕비의 배신을 겪고 다시는 재혼을 하지 않기로 결심한다. 그러
고는 매일 밤 여인들을 불러 함께 시간을 보내지만, 다음 날 새벽에는 그들을 처형한
다. 그러자 재상의 딸 세에라자드가 더 이상 여인들의 희생을 두고 볼 수 없다며, 자
신이 손수 왕의 침소에 들어가겠다고 아버지에게 간청한다. 그리고 술탄과 밤을 함

께 보내며 매일 밤 이야기를 들려준다. 그런데 그녀가 들려주는 이야기는 새벽이 되어도 끝나지 않았다. 결국 술탄은 이어지는 이야기를 듣기 위해 그녀를 1,000일 동안 살려주었다. 그리고 그 사이에 3명의 자식이 태어난다. 술탄은 세에라자드의 고귀함과 지혜에 탄복하여 여자들에게 가지고 있던 편견을 버리고 그녀와 결혼을 한다.

영어 제목 'A Thousand and One Night'에서 알 수 있듯이, 이야기의 원제는 천일千日이 아닌 천일야화千一夜話이다. 이 작품이 유럽에 알려지게 된 것은 루이 14세가 이스탄불에 파견한 중동 언어 전문가 앙투안 갈랑Antoine Galland(1646-1715) 덕분이었다. 그는 《천일야화》를 프랑스어로 번역하여 처음으로 유럽에 소개했다.

바그다드는 《천일야화》 속에 등장하는 아바스 왕조의 수도다. 이야기를 만들어낸 작가들은 칼리파의 궁전에서 전해지는 이야기들을 엮었는데, 그중에서도 가장 위대한 칼리파 중의 한 명인 하룬 알 라시드 Harun al-Rachid(재위 786-809) 시대의 이야기들이 주를 이루고 있다. 이야기 속에서 알 라시드는 항상 자신의 재상 자파르와 형리刑吏 만수르를 대동하고 바그다드 거리를 구석구석 다닌다. 이야기를 지은 저자들은 바그다드가 765년 알 만수르에 의해 세워진 도시라는 사실도 잘 알고 있었다.

도시의 쇠락

바그다드의 번영은 지역 왕조들이 분열하면서 점차 약화되었다. 특히 1055년 셀주크 투르크 제국이 바그다드를 점령하는 과정에서 도시 전체가 거의 파괴되었다. 하지만 이슬람 제국의 수도 바그다드의 불행은 여기에서 끝나지 않았다. 이번에는 이슬람 세력이 아닌 아시아에서 침략군이 쳐들어왔다.

1255년 칭기즈 칸의 손자 훌라구 칸이 서아시아 정벌에 나섰다. 바그다드 근방까지 도착한 훌라구는 바그다드의 아바스 왕조에게 항복하라는 서신을 보낸다. 하지만 아바스 왕조는 자신들이 침략을 받으면 사방에서 무슬림들이 공격을 할 것이라고 믿었다. 물론 그런 일은 없었다.

아바스 왕조의 조정에서는 몽골에 항복해야 한다는 주장이 대세였지만, 강경파에 의해 항전을 결정한다. 결국 훌라구는 바그다드 공격을 감행했고, 도시를 거의 쑥대밭으로 만들었다. 이 과정에서 아바스 왕조의 구성원들은 대부분 학살되었으며, 거의 20만 명이 살해되었다고 한다. 게다가 바그다드 도서관에 보관 중이었던 귀중한 서적들이 모두 불타고 말았다. 혹자는 만약 바그다드 도서관이 불타지 않았다면 아랍의 과학은 한층 발전했을 것이라고 말한다. 바그다드의 파괴는 이슬람 문명의 몰락으로 이어졌다.

그러나 이와 정반대의 주장도 있다. 몽골의 정복 과정에서 그렇게 많은 인명이 학살을 당하지 않았고, 도시도 크게 파괴되지 않았다는 주장이다. 실제로 몽골의 정복이 있던 해에 바그다드에서 정복자의 이름으로 주화가 발행되기도 했다. 바그다드가 몽골 지배 아래에서 번영을 누렸다는 설도 있다. 실제로 바그다드는 몽골의 지배를 받았지만, 몽골족은 오히려 이슬람 문화에 동화된다. 그러나 확실한 것은 바그다드는 이후 이슬람 세계의 중심 도시에서 멀어지게 된다.

문명의 순환은 불가능한 것인가? 일찍이 수메르인들이 메소포타미아 지방에 정착하여 고대 문명의 꽃을 피웠고, 바빌론 왕국이 중동 지방의 패자로 군림했었다. 그다음 이 지방에 들어선 아바스 왕조의 수도 바그다드는 몽골의 지배 이후 세계사의 주무대에서 사라졌다. 그리고 지금도 전쟁으로 점철된 역사의 질곡에서 벗어나지 못하고 있다.

3

유럽의 수도
과거와 현재를 넘나드는 땅

파리,
빛의 도시

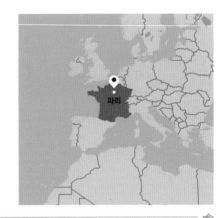

국가 프랑스
도시 파리
유형 중핵 수도

　빛의 도시^{Ville Lumière}라는 별명을 가진 파리는 지금도 수많은 여행객들을 불러들이는 매혹의 도시다. 프랑스의 정치와 경제, 그리고 세계 문화의 중심지 파리는 유럽의 수도 중에서 가장 오랜 역사를 가진 도시 중 하나다.

　13세기에 파리는 서유럽에서 가장 큰 도시(인구 20만 명)였다. 파리가 프랑스 왕국의 수도라는 사실 외에도, 서유럽의 역사, 정치, 경제에서 비중을 많이 차지한다는 점도 파리가 대도시가 된 주요한 원인이었다. 가히 중핵 수도로 분류할 만하다. 파리가 어떻게 유럽에서 가장 큰 도시가 되었는지, 파리의 탄생부터 근대 국가의 수도로 자리 잡기까지 그 과정을 살펴보자.

파리의 출생 신고, 루테시아

파리가 역사에 처음으로 등장한 때는 기원전 53년이다. 이 해에 루테시아라는 지명이 처음으로 등장한다. 당시 갈리아 지방에서 전쟁을 벌이고 있던 로마의 장군 카이사르가 골족의 총회를 소집한 장소가 바로 지금의 파리에 해당하는 루테시아였다. 갈리아를 복속시킨 로마는 지금의 시테섬 좌안에 병영과 원형 경기장을 갖춘 요새 도시를 건설하고, 이곳을 '루테시아 파리시오룸Lutetia Parisiorum', 즉 '파리시Parisii족의 루테시아'라고 불렀다. 켈트족의 한 분파인 파리시족은 정복자인 로마인에게 저항을 하지 않고 스스로 로마에 투항한 부족이었다.

카이사르의 기록에 따르면 파리시족은 센강 가운데에 있는 시테섬에 요새를 짓고 그 안에 살았다고 한다. 지금도 파리의 심장인 시테섬이 2,000년 전에도 루테시아의 중심이었던 셈이다. 로마인들은 센강의 좌안에 요새 도시oppidum를 건설했다. 그리고 북쪽으로는 지금의 동東역Gare de l'Est으로 이어지는 가도를 건설하고, 남쪽으로는 지금의 소르본대학교가 있는 생미셸 지구와 연결되는 도로를 건설했다. 루테시아는 이렇게 로마가 브리타니아로 진출하기 위한 교두보의 자리를 확보하고 있었다. 훗날 로마인들이 건설한 아그리파 가도는 갈리아 속주에서 가장 큰 도시인 루그두눔Lugdunum(지금의 리옹)을 지나 북쪽의 루테시아를 거쳐 영불해협 방향으로 이어진다. 파리는 이때부터 교통의 요충지로 자리를 잡았다.

카이사르의《갈리아 전기》에 처음으로 등장하는 루테시아는 'Lutecia' 혹은 'Lutetia'로 적혀 있다. 갈리아 속주에 살았던 골족의 언어를 연

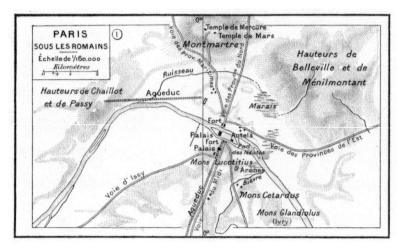

▶▶ 로마인들은 파리시족이 사는 시테섬 남쪽에 요새 도시를 건설했다. 현재의 생미셸 대로와 소르본대학교가 있는 곳이다.

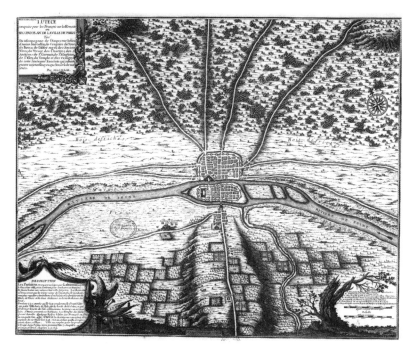

▶▶ 4세기경 루테시아의 모습. 센강 위 시테섬이 보이고, 섬을 관통하는 길이 보인다. 아그리파 가도의 흔적은 오늘날까지 남아 있다.

구한 학자에 따르면 루테시아는 골어語에서 진흙을 의미하는 *luta♦에서 나왔을 것이라고 한다.[1] 센강 주변에 범람하는 진흙이 만든 땅이라는 뜻이다. 지금도 파리 중심에는 17세기 르네상스 양식의 건물들이 즐비한 마레 지구가 있는데, 마레Marais 역시 프랑스어로 습지를 의미한다. 결국 시테섬 주변의 좌안과 우안은 진흙이 넘쳐나는 습지였던 것이다. 카이사르가 기술한 파리의 지형과 일치하는 부분이다.

한편 시테섬에 살던 파리시족의 어원은 분명하지 않다. 아마도 로마 정복 당시 지금의 프랑스 지방에서 살던 골족의 언어에서 솥단지를 의미하는 *pario에서 나왔을 것으로 짐작할 뿐이다. 골족이 속한 켈트족의 신화에서 솥단지는 저승에서도 풍요를 가져다주는 상징물이었다고 한다. 이 솥단지는 마법의 솥단지였다. 정리하면 파리의 지명은 '마법의 솥단지를 가진 부족들이 사는 진흙의 땅'으로 풀이할 수 있다.

파리를 왕국의 수도로 정한 이유

한 국가, 아니 한 왕국의 수도를 정할 때는 분명한 입지 조건이 있다. 영토의 지리적 중심, 교통의 요충지, 방어의 용이함, 정권 수립자의 근거지, 그리고 경제적 중심지 등이다.[2] 이 조건들은 파리가 일찍이 갈리아 속주의 주요한 도시로 자리를 잡는 데 기여했고, 프랑크 왕국을 세운 클로비스(메로빙거 왕조)도 이런 이유에서 파리를 왕국의 수도로 삼았다.

♦ *표는 어형의 재구성 형태를 나타낸다. 문헌상으로는 확인할 수 없지만, 언어학적인 방법으로 추정해서 얻어낸 형태다.

클로비스는 프랑크족의 한 분파인 살리족 출신으로, 이들은 지금의 벨기에 지방을 중심으로 정착했다. 클로비스가 태어난 곳은 지금의 벨기에 지방인 투르네Tournai였으며, 프랑크 왕국의 첫 번째 수도는 벨기에의 왈롱 지방에 있었다. 하지만 왕국의 세력을 확장하기 위해 클로비스는 파리 북동쪽 100km에 위치한 수아송Soissons으로 수도를 옮겼다. 물론 여기에서 수도라는 의미는 근대 국가의 수도와는 그 개념이 달라서, 단지 왕이 거처하는 곳을 의미했다. 이후 클로비스는 다시 수도를 수아송의 서남쪽에 위치한 파리로 옮겼다(508년).

클로비스가 수도를 남쪽으로 옮긴 이유는 왕국의 세력을 남쪽으로 확장하기 위함이었다. 그는 시테섬에 거처를 정했다. 이미 파리의 인구는 3만 명에 이르고 있었고, 로마의 가도와 기념물들이 온전하게 보존되어 있었다. 클로비스의 파리 천도는 왕국의 영토가 고향인 벨기에 지방에서 남쪽으로 확장했음을 보여준 사건이었다.

하지만 메로빙거 왕조를 계승한 카롤링거 왕조는 왕국의 영토를 동쪽으로 확장하려는 계획을 가지고 있었다. 그런 이유에서 샤를마뉴 대제는 프랑크 왕국의 수도를 독일의 아헨(프랑스명 엑스라샤펠Aix-la-Chapelle)으로 옮긴다. 그 결과 파리의 위상은 위축되었고, 바이킹의 침략을 받기에 이른다.

바이킹에게 포위당한 시테섬

서기 793년, 잉글랜드 북동부 린디스판 수도원이 있는 해안에 용머리가 장식된 바이킹의 전함 드라카르 수 척이 상륙했다. 배에서 내린

무리들은 린디스판 수도원을 닥치는 대로 약탈하고 수도사들을 학살했다. 중세 서유럽을 공포에 몰아넣은 북방인 바이킹들은 이렇게 역사에 등장했다. 주로 덴마크 출신이었던 이들은 본래 농경과 어로에 종사하던 사람들이었다.

바이킹들의 약탈은 대규모 군사 원정을 조직할 만큼 그 규모가 커졌다. 잉글랜드 북서부 지방에 이어 프랑크 왕국의 서해안 지방(노르망디 지방)이 집중적으로 바이킹의 습격을 받았다. 바이킹들은 서프랑크 왕국의 수도인 파리를 넘보기 시작한다.

885년 11월 25일, 이른 겨울이었다. 센강의 시테섬 주위에 수백 척의 바이킹 배들이 모여들었다. 그들은 센강을 거슬러 올라왔다. 이제 바이킹은 약탈을 일삼는 해적들이 아니었다. 한 왕국의 존폐를 결정할 수 있는 호전적인 군대로 성장했다. 센강에 정박한 바이킹들은 서프랑크 왕국에 공물을 요구했다. 당시 파리의 백작 외드Eudes는 수백 명의 군사로 바이킹 군대와 맞서고 있었다. 외드와 그의 군사들은 노도와 같이 밀려오는 바이킹의 공격을 잘 막아내었고, 결국 바이킹들은 배를 타고 강의 상류로 올라가 부르고뉴 지방을 약탈하는 데 만족해야 했다.

역사에서 가정은 항상 흥미로운 법이다. 만약 파리 공방전에서 덴마크 바이킹들이 승리했다면, 잉글랜드의 데인로Danelaw 지방(브리튼섬의 북동부)이나, 훗날 프랑스 서부 지방에 들어서는 노르망디 공국 같은 바이킹의 제후국이 탄생했을 것이다.

파리는 이렇게 위기의 순간을 모면했다. 그리고 무력한 비만왕 샤를이 죽자 외드는 그의 뒤를 이어 서프랑크 왕위에 오른다. 이후 그의 형제 로베르 1세가 왕위를 물려받고, 그의 손자 위그 카페(재위 987-

996)가 카페 왕조의 주춧돌을 놓는다.

파리 백작 위그 카페, 프랑스 왕이 되다

서기 987년 로베르 1세의 손자이자 파리 백작령의 맹주 위그 카페가 프랑스 왕에 선출되었다(당시에는 프랑크족의 왕으로 불렸다). 게르만 전통에 따라, 세습제가 아닌 선출제로 프랑스 왕국의 왕이 탄생한 것이다. 파리 백작이 왕이 되었다는 사실은 파리의 위상이 확고해질 수 있다는 사실을 내포하고 있었고, 실제로 왕권의 신장과 더불어 파리는 왕국의 수도로서 확고한 지위를 확보한다.

물론 파리 근교를 포함해서 파리와 경쟁 관계의 도시들이 없었던 것은 아니었다. 오를레앙Orléans과 투르Tours 같은 도시들이 그러했다. 그중에서도 가장 중요한 도시는 투르였다. 카페 가문의 영지가 본래 투르를 중심으로 한 지방이었기 때문이다. 특히 투르는 생 마르탱이 세운 교회로 인해 인구가 많은 도시였다. 중세 기독교 세계에서는 왕의 거처도 중요했지만, 교회가 어떤 도시에 있었는지도 도시의 지위에 중요한 인자로 작용했다.

초기 카페 왕조의 왕령은 지금의 일드프랑스Île-de-France(파리를 중심으로 하는 수도권 지방)에 국한되었다. 실제로 봉신들의 영지는 왕의 영지보다 더 넓었고, 파리에서 멀리 떨어져 있었기 때문에 왕령이 거의 미치지 못했다. 노르망디 공국과 아키텐 공국, 부르고뉴 공국이 대표적인 경우였다. 그렇다고 카페 왕조가 왕국의 중핵中核인 파리 백작령을 완전히 회수한 것도 아니었다.

위그 카페의 사후, 그의 아들 로베르 2세 때에 이르러서야 파리 백작령은 완전히 프랑스 왕국에 귀속되었다. 프랑스 왕이 파리를 중요한 전략적 거점, 즉 수도로 삼은 배경에는 지방 봉신들을 공격하거나, 반대로 봉신들로부터 공격을 받을 때 파리가 지정학적으로 가장 안전한 도시였기 때문이었다.

카페 왕조 앙리 1세(재위 1031-1060)는 앙주 백작과 연합해서 여러 차례 노르망디 공국을 공격했으나, 윌리엄 공이 버티고 있던 노르망디를 굴복시키지 못했다. 오를레앙은 노르망디로부터 지나치게 먼 곳에 있었으므로 안전하기는 했지만, 반대로 국왕이 노르망디를 공격할 때는 불리한 위치에 있었다.[3] 이렇게 왕령지는 파리와 오를레앙을 중심으로 확고해졌으며, 그 중심에는 파리가 있었다.

하지만 국왕이 파리에 거처한다고 해도 왕국의 정치가 파리를 중심으로 돌아가지 않는다면 공염불에 지나지 않는다. 그런 점에서 '존엄왕'이라는 별명을 지닌 필리프 2세(재위 1180-1223)는 파리를 정치의 중심으로 격상시킨 왕이다. 파리에 상서청Chancellerie이 설치되고, 어전회의Curia Regis가 열렸다. 파리는 명실상부한 왕국의 수도로 격상되었다. 그러나 파리가 왕국의 수도로 그 입지가 확고해진 이후에도, 프랑스 국왕은 여전히 지방을 순회하고 다녔다. 왕의 거처가 수도라고 한다면 파리는 여전히 진정한 왕국의 수도와는 다소 동떨어져 있었던 것이다.

"파리는 도시가 아니라 우주다!"

1515년 2월 15일, 발루아 왕조의 9번째 왕인 프랑수아 1세(재위

1515-1547)가 파리에 입성했다. 한 달 전에 랭스에서 대관식을 올린 국왕은 스무 살의 혈기 왕성한 청년이었다. 그는 키가 2m에 이르는 거구였다. 훗날 프랑스 르네상스의 후원자로 불리는 프랑수아 1세의 치세는 이렇게 파리에서 시작되었다. 물론 프랑수아 1세는 왕위에 오른 뒤에도 파리 교외의 성에서 보내는 시간이 많았지만, 국왕은 파리의 상징성을 잘 파악하고 있었다. 결국 1528년 그는 공식적으로 파리를 국왕의 거처로 확정한다.

프랑수아 1세의 치세였던 1540년 1월 1일, 신성 로마 제국의 황제이자 스페인의 국왕 카를 5세가 파리에 왔다. 당시 스페인에 머물고 있던 카를 5세는 플랑드르(지금의 벨기에)의 겐트Ghent에서 일어난 반란을 진압하기 위해서 프랑스의 국왕 프랑수아 1세에게 길을 내줄 것을 요구했다. 프랑수아 1세가 승낙했기에 파리 입성이 가능했던 것이다.

파리에 입성한 황제는 다음과 같은 유명한 말을 남겼다.

"파리는 도시가 아니다, 우주다Lutetia non urbs, sed orbis"

해가 지지 않는 제국을 통치하던 황제의 눈에 비친 파리는 눈부신 도시였다. 비록 프랑수아 1세는 샹보르 같은 루아르강변의 성이나, 생제르맹앙레성에 체류하는 것을 선호했지만, 파리는 프랑스뿐만 아니라 서유럽에서도 가장 큰 도시였다. 파리는 1450년부터 1550년 사이에 비약적으로 성장했다. 인구는 1세기 만에 13만 명에서 28만 명으로 증가하여 당시 유럽에서 가장 큰 도시가 되었다.

카를 5세가 통치하던 신성 로마 제국과 스페인 왕국에는 파리만큼 큰 도시가 없었다. 스페인의 경우, 두 왕국(카스티야와 아라곤)이 통합된

▶▶ 17세기 유럽 최대의 도시 파리(1660). 퐁네프 다리 위에 세워진 앙리 4세의 기마상이 보인다.

지 얼마 되지 않아 그렇다고 해도, 파리 같은 대도시가 제국에 없었던 이유는 무엇일까? 그 이유는 신성 로마 제국의 대부분을 차지하고 있던 독일이 수십 개의 제후국으로 분할되어 있었기 때문이다. 이 문제는 독일의 수도 이야기에서 다시 다루기로 하자.

파리를 버린 왕, 루이 14세

국왕이 어린 왕세자를 남기고 급사하면 정국이 요동친다. 1643년 프랑스의 국왕 루이 13세가 갑자기 세상을 떠났다. 왕세자 루이(훗날의 루이 14세)의 나이는 고작 5살이었다. 모후인 안 도트리슈Anne d'Autriche와 이탈리아 출신의 재상 마자랭이 섭정을 맡았다.

당시 프랑스의 사회상은 이러했다. 매관제로 인하여 민간 부유층이 신흥 귀족 계급으로 성장했고, 왕권의 권력 기반은 위협을 받고 있었다. 게다가 섭정의 주체가 스페인 합스부르크 왕가 출신의 왕비(안 도트리슈)와 이탈리아인 마자랭이라는 사실은 귀족 세력의 공분을 사기에 충분했다. 17세기에 프랑스 왕국을 혼돈으로 몰아넣은 프롱드Fronde의 난에는 이런 배경이 있다.

본래 '프롱드'란 당시 파리 어린이들이 관헌에 반항하기 위해 돌을 던지는 놀이에 사용하던 투석기를 말했다. 왕정을 비난하던 파리 시민들이 마자랭 저택의 창문에 돌을 던짐으로써 프롱드의 난은 시작되었다. 루이 13세가 세상을 떠난 지 5년 뒤의 일이다.

1649년 1월 5일 밤, 파리 시민들의 함성이 루브르궁을 삼킬 기세였다. 결국 어린 루이 14세는 모후인 안 도트리슈와 마자랭의 손에 이끌려 파리를 탈출했다. 루이 14세는 이날의 기억을 평생 잊지 않았다. 파리와 루이 14세의 악연은 이렇게 시작되었다. 이 장면은 훗날 프랑스 혁명의 소용돌이 속에서 루이 16세가 바렌으로 탈출하기 위해 몰래 튈르리궁을 빠져나오는 장면을 연상시킨다. 그 후 프롱드의 난이 진압되어 파리로 돌아오기까지 전국을 방황했던 루이 14세는 결국 왕국의 수도를 파리에서 베르사유로 옮겼다. 물론 고등법원은 파리에 그대로 남았으니, 수도 전체를 이전했다고 말할 수는 없다. 하지만 국왕의 거처와 행정부가 모두 베르사유로 옮겨갔으니, 클로비스 이래 프랑스 왕국의 수도였던 파리는 대혁명이 발발하는 1789년까지 수도의 지위를 상실했었다고 말할 수 있다.

루이 14세가 마지막으로 파리에 체류한 것은 1666년이다. 그해 안 도트리슈가 세상을 떠나자 그는 파리를 떠났고, 줄곧 생제르맹앙레성에 머물렀다.[4] 그 후에도 베르사유성으로 완전히 왕의 거처를 옮겼던

1682년까지 루이 14세는 파리 외곽에 있던 뱅센성이나 퐁텐블로성에 머물렀다. 물론 이것을 전통적인 프랑스 국왕의 순회라고 부를 수도 있다. 하지만 루이 14세의 경우는 달랐다. 귀족과 민중이 국왕에게 반기를 들었고, 그 중심에는 파리가 있었기 때문이었다. 클로비스가 파리를 수도로 정한 이후, 파리가 이렇게 철저하게 국왕으로부터 버림을 받은 적은 없었다.

숙명의 맞수 독일

역사에는 영원한 승자도 없고 패자도 없다. 중세가 시작된 이후, 프랑스는 일찍이 권력이 파리로 집중되었으나, 독일은 권력, 경제, 종교의 중심이 여러 지방에 분산되어 있었다. 그러다 보니 신성 로마 제국의 모태를 이루고 있던 독일은 늘 프랑스로부터 잦은 침략을 당했고, 프랑스와 국경을 맞대고 있던 서부 지방의 영토를 많이 상실했다. 72년 동안(1643-1715) 왕위에 있던 루이 14세는 지금의 알자스로렌 지방을 비롯한 북동부 지방의 독일 영토를 프랑스 왕국에 편입시켰다. 지금은 프랑스 영토인 스트라스부르, 메츠, 브장송 같은 도시들은 당시 신성 로마 제국의 영토, 즉 독일 땅이었다.

하지만 독일이라고 매번 프랑스에게 당하고 살라는 법은 없었다. 18세기에 들어서자 베를린을 중심으로 독일을 통일한 프로이센 왕국의 국력이 프랑스를 위협할 정도로 신장했다. 지는 해인 오스트리아 제국을 무너뜨린 신흥 강국 프로이센이 유럽의 패권을 차지하기 위해 넘어야 할 산은 프랑스만 남았다. 그러므로 전통적인 유럽의 강국 프랑스와 새로운 도전자 프로이센은 외나무다리에서 만날 수밖에 없었다. 그런데 이번 전쟁의 승세는 프로이센 쪽으로 기울고 있었다.

1870년 9월 18일, 프랑스 제국의 수도 파리가 독일군에 포위되었다. 885년 바이킹들이 파리의 시테섬을 포위한 지 1,000년 만에 파리가 적들에게 넘어가게 되었다. 당시에는 파리 백작 외드의 고군분투 덕분에 바이킹들을 물리칠 수 있었지만, 이번에는 사정이 달랐다. 파리가 고립되었다. 게다가 포위가 절정이던 12월에는 기온이 영하 12도까지 내려갔다. 중세에나 볼 수 있던 전쟁의 모습을 19세기 후반, 그것도 유럽의 심장 파리에서 볼 수 있게 된 것이다.

1871년 1월부터는 독일군의 포격이 더욱더 상황을 악화시켰다. 육류는 이미 1870년 10월부터 배급제로 전환되었고, 검은 빵조차도 제대로 먹을 수 없었다. 가난한 사람들만 먹었던 말고기도 모두가 찾는 음식이 되었다. 심지어 고양이와 쥐도 잡아먹었다고 한다. 지금은 자연사 박물관으로 변한 자르댕 데 플랑트Jardin des Plantes에는 동물원이 있었는데, 여기에서 사육되던 코끼리들도 도살되었다. 땔감도 바닥이 드러났다. 가스가 끊어진 파리의 거리는 암흑천지가 되었다.

1871년 5월 10일, 프랑스는 굴욕적으로 항복했다. 그보다 앞서 그해 1월 8일 프로이센의 빌헬름 1세는 베르사유궁에서 독일 제국을 선포했다. 태양왕 루이 14세가 무도회를 즐겼던 거울의 방에서 독일 왕이 황제에 등극했다. 파리가 겪었던 최초의 굴욕적 사건이었으나, 그것이 끝은 아니었다. 1940년 6월 25일, 프랑스를 또 한 번 굴복시킨 히틀러가 개선장군처럼 파리에 입성했고, 트로카데로 광장에서 에펠탑을 배경으로 사진 촬영을 했다. 일설에는 에펠탑을 관리하는 기술자들이 전선을 끊어 히틀러가 에펠탑에 오르지 못하게 했다고 한다.

▶▶ 〈파리의 포위(1870-1871)〉, 장 루이 에르네스트 메소니에(1884).

종전 협정에 서명을 한 히틀러는 파리 투어에 나섰다. 엘리제궁, 오
페라 하우스, 개선문 등을 둘러본 히틀러는 자신이 참전했던 제1차 세
계 대전의 기억이 머릿속에 오버랩되었을 것이다. 그리고 그는 훗날
독일 장군들에게 이렇게 말했다고 한다.

"나는 나폴레옹과 같은 실수를 범하지 않을 것이다."

"파리는 불타고 있는가?"

유럽을 대표하는 수도 중에서 과거의 유산과 근대 건축물들을 가장
잘 보존하고 있는 도시를 꼽으라면 단연코 파리를 들 수 있다. 런던이
나 베를린 같은 도시는 제2차 세계 대전 중에 수많은 폭격으로 인해

도시 전체가 거의 잿더미가 되었다. 그런데 나치 독일이 점령하고 있던 파리는 온전히 살아남았다.

1944년 6월 6일, 노르망디 상륙 작전에 성공한 연합군은 서쪽으로 진군하며 프랑스의 주요 도시들을 해방시켰다. 이제 남은 도시는 나치 점령하의 수도 파리였다. 1944년 8월 23일 당시 파리 주둔 사령관인 디트리히 폰 콜티츠Dietrich von Choltitz는 히틀러로부터 한 통의 명령문을 받는다. 연합군이 파리에 들어오기 전에 주요 건물과 교량을 파괴하라는 지시였다. 하지만 그는 히틀러의 명령을 실행에 옮기지 않았고, 결국 그 덕분에 파리는 파괴되지 않았다.

물론 이에 대한 역사가들의 반론도 만만치 않다. 콜티츠가 파리를 파괴하지 않았던 이유는 인류의 문화유산을 지키려고 했던 것이 아니라, 도시를 파괴할 장비와 폭약이 절대적으로 부족했기 때문이라는 이야기다. 그러나 어찌되었든 결과적으로 파리는 파괴되지 않았다. 이를 주제로 1966년에 제작한 르네 클레망 감독의 영화 〈파리는 불타고 있는가?〉의 마지막 장면을 보면, 히틀러가 콜티츠에게 전화를 걸어 자신이 명령이 수행되고 있는지 묻지만, 콜티츠는 전화를 받지 않는다. 수화기 너머로 히틀러가 이렇게 절규한다. "파리는 불타고 있는가?"

만약 제2차 세계 대전에서 프랑스가 나치 독일에게 점령당하지 않고 독일과 전쟁을 치렀다면 파리는 다른 도시들처럼 파괴되었을 것이다. 도시도 인생처럼 운과 불운을 함께 겪는다. 파리는 나치 독일에게 점령당하면서 치욕의 현장을 목격했다. 파리의 불행이었다. 하지만 히틀러의 광기로부터 살아남은 것은 파리의 행운이기도 했다. 파리를 수도로 정했던 클로비스의 음덕 덕분이었을까?

흔들리지만 가라앉지 않는다

지난 2024년 7월, 파리에서 하계 올림픽이 열렸다. 1924년 파리 올림픽 이래 100년 만에 열리는 뜻깊은 대회였다. 2024년 파리 올림픽의 하이라이트는 센강에서 펼쳐진 개회식이었다. 1988년 서울 올림픽에서도 한강에서 배를 타고 선수들이 잠실 주경기장에 도착하는 장면이 있었지만, 개회식의 대부분이 강에서 펼쳐진 대회는 파리가 유일하다. 왜 올림픽에 참가한 각국의 선수단은 배를 타고 입장했을까?

파리시 문장의 배경에는 시를 상징하는 붉은색과 파란색이 보인다. 붉은색은 파리의 수호성인 생드니의 피를 상징하고, 파란색은 성모 마리아를 상징한다. 여기에 프랑스 왕실을 상징하는 백색이 가운데 들어가면 삼색기가 된다. 문장의 중앙에는 넘실거리는 강물 위에 흔들리는 배가 한 척 보인다. 이 문장은 중세 파리시의 수상인 조합이 사용하던 문장이다. 중세 유럽은 육로 교통이 발달하지 않아 하천이 중요한 운송 수단이었다. 파리시도 마찬가지였다. 샹파뉴 정기시가 열리는 트루아, 노르망디의 수도 루앙 같은 도시들이 센강으로 파리와

▶▶ 파리시 문장이 그려진 깃발(좌)과 파리시의 새 로고(우). 파리의 상징은 에펠탑도, 노트르담 대성당도 아닌 배다.

연결되어 있었다. 파리시의 수상인 조합은 수상 무역의 독점권을 가지고 있었고, 파리시의 세원은 대부분 여기에서 나왔다. 지난 올림픽 개회식에서 선수단이 센강에서 배를 타고 입장한 이유가 이것이다.

파리시 문장에 적힌 라틴어 모토는 "흔들리지만 가라앉지 않는다 Fluctuat nec mergitur", 즉 시련이 있어도 실패는 없다는 뜻이다. 2015년 파리에서 테러가 일어났을 때 파리 시민들은 이 문구가 적힌 플래카드를 들고 침묵시위에 나섰다.

유럽을 대표하는 도시 파리. 독일 제국에 두 번이나 점령당했던 도시. 파리시에 시련은 있어도 실패는 없다.

런던,
유럽의 수도

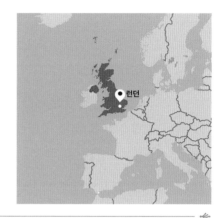

국가 영국
도시 런던
유형 중핵 수도

세계에서 가장 많은 관광객이 찾는 나라는 프랑스다. 그렇지만 도시를 기준으로 조사한 자료에 따르면 유럽에서 가장 많은 관광객이 찾는 도시는 파리가 아니라 런던이다. 제1차 세계 대전 이전까지 전 세계를 호령했던 대영 제국의 수도 런던의 인구는 1801년 100만 명을 돌파하더니, 1891년에는 500만 명을 넘어섰다.[5] 이 시기의 런던은 세계에서 가장 인구가 많은 도시였다.

1066년 노르망디공 윌리엄이 잉글랜드를 정복한 뒤 왕국의 수도가 된 런던은 지금까지 브리튼섬의 명실상부한 중핵 수도로서 그 위상을 유지하고 있다. 런던은 어떻게 세계의 수도가 되었을까?

로마가 건설한 요새 성, 론디니움

유럽에는 로마 제국 시절에 건설된 군사 요새에서 출발한 도시들이 많다. 루테시아의 파리, 로마의 병참 기지 콜로니아에서 시작된 독일의 쾰른이 대표적인 도시들이다. 런던 역시 로마 제국과 밀접한 관계가 있다.

본래 브리튼섬에 거주하던 원주민들은 켈트족이었다. 기원전 55년, 카이사르가 1만 명의 군대를 이끌고 지금의 도버해협을 건넜다. 당시 켈트족의 문명은 비록 로마 문명에 비해 뒤떨어져 있었다고 해도, 미개한 문명은 아니었다. 그들은 농경 사회를 형성하고 있었고, 철제 무기도 사용하고 있었다. 카이사르가 두 차례에 걸쳐 브리튼섬에 들어간 것은 로마의 속주 갈리아(지금의 프랑스와 벨기에)에서 도망친 반군을 소탕하거나, 금과 은을 포함한 브리튼섬의 여러 산물을 얻고자 하는 목적이었을 것이다.[6]

런던의 역사는 서기 43년 로마 군대가 침입하여 지금의 '시티City of London(시티오브런던)'에 요새를 건축하면서 시작되었다. 물론 이 지역에는 원주민인 켈트족이 살았을 테지만, 로마 군대는 이들을 쫓아내고 그 자리에 요새 성을 건설한다. 그런데 왜 하필 시티에 요새를 세웠을까? 그 답은 템스강의 강폭과 관련이 있다.

넓은 분지를 흐르던 템스강은 지금의 런던 브리지 근처에 이르면 강폭이 상대적으로 좁아진다. 강이 얕고 좁으면 다리 놓기가 수월해지고, 강가의 분지가 높고 조수 차가 크면 영국해협에서 큰 배들이 런던으로 들어오기가 쉽다. 게다가 강 주변이 진흙이 아니고 모래가 섞인 자갈밭이면 배들이 안전하게 정박할 수 있다.[7] 이런 이유에서 로마 군

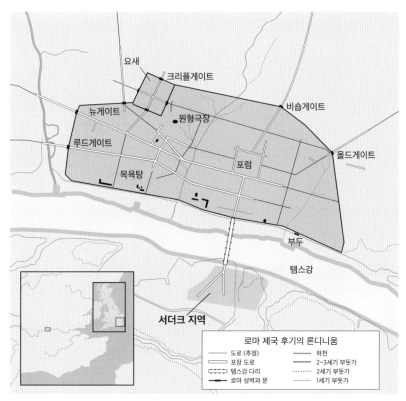

▶▶ 로마가 건설한 요새 성 론디니움. 로마인들이 건설한 도시가 런던의 모태가 되었다.

대는 템스강변에 요새를 짓고, 다리를 놓았으며, 갈리아로 통하는 가
도를 건설했다. 이후 런던은 로마의 다른 속주 도시와는 달리, 처음에
는 요새 도시로 출발했지만, 상업과 무역의 중심지로 성장한다.

  파리의 명칭이 켈트족의 부족명에서 유래했듯이, 런던이라는 지명
도 켈트어에서 나왔다. 로마가 런던에 요새를 건설했을 무렵, 켈트 원
주민들은 그곳을 론도니온Londonjon이라고 불렀다. 이 지명은 켈트어
로 '자주 침수하는 저지대의 땅'이라는 설이 유력하다. 이 명칭을 로마
인들은 라틴어로 론디니움Londinium으로 불렀다.

런던을 잿더미로 만든 부디카의 반란

런던의 상징 빅 벤Big Ben 옆에는 전차를 몰고 있는 여인의 동상이 서 있다. 오른손에 창을 쥔 여인과 그녀를 보필하는 여성 2명의 모습이 보인다. 동상의 주인공이 여인인 것으로 보아 언뜻 대영 제국의 초석을 놓은 빅토리아 여왕으로 생각할 수 있지만, 동상의 주인공은 뜻밖에도 브리튼섬의 원주민이었던 켈트족의 여왕이다.

그녀의 이름은 부디카Boudica다. 그녀는 로마의 지배에 항전한 켈트족의 여전사이자 여왕, 혹은 왕비로 역사에 기록되어 있다. 부디카는 지금의 노포크Norfolk 지역에 살던 이케니 부족의 족장 프라수타구스Prasutagus의 부인이었다. 당시 로마는 켈트족을 무력으로 지배하지 않고, 여러 부족과 평화 조약을 맺고 섬을 다스리고 있었다. 프라수타구스는 죽으면서 영지의 반은 로마 황제에게, 그리고 반은 딸에게 물려준다는 유언을 남겼다. 하지만 로마인들은 부디카를 폭행하고 딸들을 겁탈하여 내쫓았다. 이에 분개한 부디카는 동족을 규합하여 로마인들에게 결사 항전을 선포한다. 부디카는 동포들에게 호소했다.

"로마인들을 두려워하지 마라. 그들은 우리보다 많지도 않고 용감하지도 않다. 게다가 이 나라는 우리가 누구보다 더 잘 알고 있지 않느냐? 반대로 그들은 우리의 땅을 잘 모른다. 우리는 헤엄을 쳐서 강을 건널 수 있지만, 저들은 배를 타고 건너기에도 힘들어한다. 저들을 추격하여 우리의 자신감을 보여주자! 저들이 산토끼나 여우라면 우리는 그들을 뒤쫓는 사냥개나 늑대들이다."[8]

▶▶ 빅 벤을 바라보고 있는 부디카와 그녀의 딸들. 로마의 압제자들에게 대항했던 브리튼섬의 여전사다.

    분개한 켈트 반란군은 런던과 브리타니아(로마가 브리튼섬에 건설한 속주명)의 수도 콜체스터를 불태웠다. 이때 7만 명의 로마인과, 그들에게 부역한 브리튼인들이 살해된 것으로 전해진다.[9] 하지만 일단 후퇴한 로마군이 다시 회군하여 반란군들을 공격하기 시작했고, 막강한 로마 군대 앞에서 반란군은 패퇴했다. 이 전쟁으로 8만 명의 브리튼인들이 살육당했으며, 부디카는 자결한다.

    이렇게 런던의 시작은 원주민들과 정복자들이 서로 피를 부른 참극으로 점철되어 있다. 한 가지 흥미로운 사실은 부디카라는 이름이 켈트어로 '승리'를 의미한다고 한다.[10] 훗날 대영 제국의 상징인 빅토리아 여왕의 이름 역시 라틴어로 '승리'를 의미한다. 켈트족의 승리의 여신은 비참한 최후를 맞이했지만, 빅토리아 여왕은 명실상부한 승리의 여신이 되었다.

앵글로색슨 시대의 런던

서기 398년 로마 황제의 명을 받은 스틸리코Stilicho 장군은 로마 제국을 침략한 서고트족을 막는다는 구실로, 브리튼섬에서 로마 군대를 철수시켰다. 이후 409년 호노리우스 황제는 브리튼 주민에게 "로마는 이제 그대들의 안전을 보장할 수 없으니 그대들 스스로 자위의 방법을 강구하라"는 서한을 보냈다.[11] 브리튼인들은 로마로부터 배신의 일격을 제대로 얻어맞았다. 야수 같은 색슨족이 섬 전체를 침탈하는 와중에 로마가 브리튼섬을 버린 것이다. "어려울 때 친구가 진짜 친구다"라고 키케로는 말했다. 그런데 로마는 친구가 어려울 때 등을 돌렸다. 브리튼인에게 로마는 두고두고 비정한 원수로 남았다. 헨리 8세가 로마 가톨릭과 절연하고 국교회를 수립한 것도, 최근에 영국이 EU에서 탈퇴한 것도, 이런 '거절 콤플렉스rejection complex'에 그 뿌리가 있다고 전 런던 시장 보리스 존슨은 말한다.[12]

로마의 속주 시절 브리타니아에서 가장 큰 도시는 역시 론디니움이었다. 인구가 1만 5,000명에 이르렀다고 한다. 이 밖에도 로마인들은 병영을 확장시켜 도시로 만들었는데, 병영을 의미하는 '-caster', '-chester'로 끝나는 도시들이 이때 만들어졌다(랭커스터Lancaster, 동커스터Doncaster, 윈체스터Winchester, 도체스터Dochester).

로마인들이 브리튼섬을 떠나자 런던도 함께 버려졌다. 인구는 1,000명대로 줄어들었다. 로마인들이 떠난 브리튼섬은 무주공산이 되었고, 북쪽의 픽트인과 스코트인들의 잦은 침탈을 받았다. 그러자 서기 5세기 중반 브리튼인들의 유력한 지배자 보티건Vortigern은 바다 건너에 있던 색슨 전사 집단을 불러들인다. 하지만 색슨인들은 픽트인과 스코트인들을 내쫓고도, 섬에 그대로 남아 더 많은 토지와 보상을 요구했다. 굴러온 돌이 박힌 돌을 빼낸 셈이다.

색슨인들과 함께 브리튼섬으로 들어온 앵글인들은 결국 브리튼섬에 정착한다. 이제 런던의 주인이 로마인에서 앵글로색슨인으로 바뀌었다. 이 시기는 7세기부터 노르만 정복이 있던 11세기(1066년)까지를 포함한다.

로마인들이 비록 론디니움을 버리고 떠났음에도, 런던(엄밀히 말하면 지금의 시티)의 성벽은 온전히 보존되었다. 하지만 색슨인들은 론디니움에서 서쪽으로 1마일 떨어진 곳에 정착했고, 그곳을 런든윅Lundenwic이라고 불렀다. 지금의 시티오브웨스트민스터에 있는 스트랜드Strand, 코벤트 가든Covent Garden, 올드위치Aldwych 지역에 해당한다.

런든윅은 색슨인들이 건설한 뉴타운인데, '-wic'은 색슨어로 상업 지역을 의미한다. 그러므로 런든윅은 '런던의 상업 구역' 정도가 된다. 이렇게 로마 시대의 모습을 회복한 런던은 다시 인구 8,000명의 도시로 성장한다. 런든윅은 앵글로색슨족이 브리튼섬에 세운 7왕국 중에서 에식스 왕국에 위치했다. 이후 에식스 왕국의 세력이 축소되자, 런든윅은 웨식스와 머시아 왕국이 서로 차지하려는 주요 거점 도시로 부상한다.

바이킹, 런던을 침공하다

8세기 말부터 본격적으로 서유럽의 약탈에 나선 바이킹들이 제일 먼저 상륙한 땅은 지리적으로 가장 가까운 브리튼섬이었다. 초기에 바이킹들은 주로 브리튼섬 북서부의 해안 지방을 약탈했다. 그러나 브리튼섬에서 가장 크고 부유한 도시였던 런던 또한 바이킹의 침탈을 피할 수 없었다.

서기 830년부터 본격적인 바이킹의 침공이 시작되었다. 842년에 기록된 연대기에는 바이킹의 침탈을 대살육이라고 적었다. 865년에도 바이킹은 대규모 군대를 이끌고 이스트앵글리아, 머시아, 노섬브리아 왕국 등 브리튼섬의 동북부 지방을 대부분 정복했다. 마침내 871년 바이킹 군대는 런던을 정복한 후 그곳에서 오랜 기간 동안 야영에 들어갔다. 로마가 철수하고 색슨인들이 세운 런든윅이 이번에는 바이킹의 수중에 들어갔다.

앵글로색슨 7왕국이 바이킹의 침략으로 절체절명의 위기에 빠졌다. 덴마크 출신의 바이킹으로 구성된 데인인들의 우두머리는 구스룸Guthrum이었다. 875년 구스룸은 웨식스 왕국을 공격하고 웨어햄 Wareham을 수중에 넣었다. 이제 잉글랜드의 7왕국 중에서 마지막까지 바이킹에 저항하던 웨식스마저 풍전등화의 위기에 놓인 것이다. 하지만 웨식스 왕국에는 위대한 알프레드 왕이 있었다. 그는 구스룸의 침략을 격퇴하고 데인인들을 다시 그들의 땅, 즉 데인로 지역으로 쫓아냈다. 그리고 폐허가 된 런던을 재건하기 시작했다.

런던은 데인로 지역과 웨식스 왕국의 경계에 위치하고 있었기 때문에, 전략적으로 매우 중요한 도시였다. 게다가 런던은 왕국에서 가장

▶▶ 브리튼섬의 북동부 대부분이 덴마크 바이킹의 지배를 받는 데인로 지역에 편입되었다. 런던은 웨식스와 데인로 경계에 있었다.

무역이 번성한 도시였다. 알프레드 대왕은 런던의 통제권을 미래의 사위인 머시아의 왕자 애셀레드Æthelred에게 일임했다. 딸의 지참금을 사위에게 준 셈이다.

데인인들의 침략을 격퇴한 알프레드 대왕은 런던을 본격적인 요새 도시로 탈바꿈시켰다. 이름을 런든윅에서 런던버그Londonburg로 바꾸고, 런던의 중심을 다시 성벽 안으로 옮겼다. 유럽 도시들의 이름에서 '성城'을 의미하는 '-burg'가 런던 이름에도 붙었다. 알프레드 대왕은 중세 웨식스 왕국을 구한 영웅인 동시에, 중세 잉글랜드의 문예부흥을 주도한 성군으로 칭송받는데, 거기에는 그럴 만한 이유가 있다. 알프레드의 아버지이자 웨식스의 왕 애셀울프Æthelwulf는 형과 누나들 대신 막내인 알프레드를 로마에 데려간 적이 있었다. 당시 교황인 레오 4세는 애셀울프로부터 많은 뇌물을 받고 그를 로마의 영사로 임명했고, 알프레드를 대자로 삼았다. 중세 잉글랜드의 문예부흥이 가능했던 것은 알프레드가 로마의 문물에 일찍이 눈을 떴기 때문이었다.

알프레드 대왕은 런던의 중심을 런던버그로 옮기고, 로마에서 본 것처럼 길과 다리를 놓고 성벽을 보강했다. 기록에는 런던(당시 이름은 런던버그)이 다시 거주할 수 있는 도시가 되었다고 적혀 있다. 알프레드가 죽은 후 런던은 잉글랜드 왕의 직접적인 통제를 받게 되고, 상업의 중심으로 자리를 잡는다. 당시 정치의 중심, 즉 수도는 웨식스 왕국의 윈체스터였으나, 런던의 위상은 계속 높아지고 있었다. 그런 이유에서 알프레드의 손자인 애셀스탠Æthelstan은 런던에서 자주 왕실 회의를 개최하고 법령을 공포하였다. 그리고 애셀스탠의 손자인 '준비되지 않은 왕 애셀레드Æthelred the Unready' 역시 런던을 수도로 선호했고, 987년에는 런던에서 여러 법령을 공포했다.

하지만 덴마크 바이킹(데인족)의 침략은 이후에도 계속되었고, 결국 1016년 잉글랜드 왕국은 데인인들의 왕인 크누트Cnut에게 굴복하고 만다. 크누트의 북해 제국(노르웨이, 덴마크, 잉글랜드)에 편입된 잉글랜드는 이후 수도를 윈체스터에서 런던으로 이동한다. 1066년 잉글랜드를 정복한 노르망디의 윌리엄 공(훗날의 윌리엄 1세)이 왕국의 정궁을 윈체스터에서 런던으로 옮기면서부터다. 이미 인구수에서 윈체스터를 추월한 런던이 잉글랜드 왕국의 공식 수도가 된 것이다.

런던 vs. 웨스트민스터

참회왕 에드워드(재위 1042-1066)는 런던 시티에 있던 왕의 거처를 웨스트민스터로 옮긴다. 그의 신앙심은 타의 추종을 불허할 정도였으나, 정치적 역량은 막강한 귀족 세력을 압도하기에 역부족이었다. 특히 런던 시민들은 당대의 실력자 해럴드 고드윈슨Harold Godwinson을 전폭적으로 지지하고 있었다. 왕은 불안했다. 결국 에드워드는 왕궁을 런던 시티의 앨더맨버리Aldermanbury에서 웨스트민스터의 소니Thorney 섬으로 옮긴다. (윌리엄의 정복 이전에 잉글랜드 왕은 여러 곳에 별궁을 소유하고 있었다.) 그런데 참회왕의 왕궁 이전은 예상하지 못했던 결과를 불러왔다. 왕궁의 이전이 런던 시티의 시민들에게 자립과 독립의 정신을 불어넣은 것이다. 이때부터 런던 시티는 수도의 지위를 놓고 왕실과 대립하게 된다. 다시 말해 런던 시티가 수도인지, 아니면 왕궁이 위치한 웨스트민스터가 수도인지 미묘한 갈등의 기류가 형성된 것이다. 물론 지금은 웨스트민스터 구역이 당연히 런던 안에 있지만, 당시에는 성읍 도시 런던 시티와 성 밖에 있는 웨스트민스터는 엄연히 다른 구역이었다.

에드워드는 경건한 신앙심을 가진 국왕이었다. 노르망디에서 망명 생활을 했을 때, 왕위에 오를 수 있다면 로마를 순례하겠다는 서약을 했던 그는 왕권을 찾은 후 로마 순례에 나서려고 했지만, 귀족의 반대에 부딪혀 뜻을 이루지 못한다. 교황 레오 9세는 대신 대성당을 건립한다는 조건으로 성지 순례를 면제해주었다. 하지만 에드워드에게는 자식이 없었다. 결국 이런 상황은 바다 건너에 있던 노르망디 공 윌리엄에게 침공의 빌미를 제공했다. 윌리엄 공은 에드워드가 생전에 잉글랜드 왕위를 약속했다고 주장하고 있었다.

1065년 12월 28일, 에드워드가 교황에게 약속한 웨스트민스터 사원이 축성되었다. 그러나 20년 이상 왕좌를 지키고 있던 에드워드는 병약한 상태였다. 결국 그는 축성식에도 참석하지 못하고 웨스트민스터 사원이 완공된 지 일주일 만인 1066년 1월 5일 세상을 떠났다. 그리고 바로 다음 날, 에드워드의 처남이자 당시 잉글랜드의 막강한 집안 출신인 해럴드 고드윈슨, 즉 해럴드 2세가 왕위에 오른다. 하지만 왕위에 오른 지 10여 달 만에 노르망디 공 윌리엄에게 목숨을 잃는다. 1066년 10월 14일 헤이스팅스 전투에서 해럴드는 눈에 화살을 맞고 절명한다.

해럴드 2세는 성 피터 교회에서 대관식을 올렸지만, 일설에는 당시에 막 신축된 웨스트민스터 사원에서 대관식을 올렸다는 설도 있다. 확실한 사실史實은 윌리엄 공은 참회왕 에드워드가 세운 웨스트민스터 사원에서 1066년 12월 25일 잉글랜드 국왕으로 대관식을 올렸다는 것이다. 이후 역대 영국 왕들은 웨스트민스터 사원에서 대관식을 올렸고, 지난 2023년에 대관식을 올린 찰스 3세는 윌리엄 이후 40번째로 웨스트민스터 사원에서 대관식을 올린 국왕으로 기록되었다.

파리와 생드니 vs. 런던과 웨스트민스터

파리 북쪽에 위치한 생드니는 파리와 8km 정도 떨어진 작은 도시다. 생드니 성당에는 메로빙거 왕조의 다고베르 1세부터 카롤링거 왕

▶▶ 잉글랜드 국왕이 거처하던 웨스트민스터궁에는 현재 영국 의회가 들어서 있다.

조를 개창한 칼 마르텔, 그의 아들 페핀 등 프랑크 왕들의 유해가 모셔져 있다. 그리고 카페 왕조의 시조 위그 카페 등 부르봉 왕조(많은 왕들의 묘는 혁명 때 파손되었다)의 영묘들도 있다. 런던의 웨스트민스터와 생드니를 비교하면, 역대 왕들의 무덤이 있다는 공통점이 있다. 대관식의 경우 영국은 웨스트민스터에서, 프랑스는 동부 지방의 랭스 대성당에서 열린다는 점이 다르다.

정복왕 윌리엄은 잉글랜드를 정복한 뒤에 선왕인 참회왕 에드워드가 만든 웨스트민스터의 왕궁에 자주 머물렀다. 그리고 런던 시티를 굽어볼 수 있는 성곽의 동쪽 끝에 런던탑을 축조했다. 소수의 노르만인들은 요새 성을 축조하여 영국을 지배했는데, 런던 역시 예외는 아니었다. 실제로 노르만인들이 만든 요새 성은 앵글로색슨인들에게는 낯선 것이었고, 동시에 공포의 대상이었다.

▶▶ 1066년 잉글랜드를 정복한 노르망디공 윌리엄이 템스강 어귀에 세운 런던탑.

  영국 왕이 런던 시티를 떠나자 웨스트민스터는 왕의 거처이자 왕실의 중심지로 떠올랐다. 런던 시티는 상업 지역으로 그 지위는 유지했지만, 정치적인 위상은 격하되었다. 같은 시기 프랑스의 경우, 겉으로는 유사해 보였지만 실상은 조금 달랐다. 존엄왕 필리프는 루브르를 요새 성으로 새로 축조하여 왕실의 금고로 사용했다. 파리는 국왕이 거처하는 명실상부한 수도로 부상했다. 그런 점에서 런던 시티를 떠난 영국 왕과, 파리(루브르)를 왕국의 심장으로 확정한 프랑스 왕이 가지고 있는 수도에 대한 생각은 상이했다.

  종교의 중심지로서 생드니와 웨스트민스터를 비교해보면, 종교적 위상은 생드니가 웨스트민스터보다 훨씬 위였다. 생드니는 이미 7세기에 다고베르가 성 드니의 성물을 옮겨 놓기 위해 건설한 성당과 영묘의 공간이었다. 하지만 10세기에 수도원이 세워지고 1065년에 성당이 건축된 웨스트민스터는 생드니의 역사와 비교할 때 그 비중이 다소 떨어진다.

파리와 생드니는 지리적인 거리로 인해 확실하게 구분되었지만, 런던은 달랐다. 웨스트민스터와 런던 시티의 물리적 거리는 불과 4km에 지나지 않았기 때문에 두 구역은 거의 구분되지 않았다. 런던은 종교와 행정부의 수도가 모두 웨스트민스터에 있었지만, 프랑스는 행정부와 상업의 중심지인 파리와 종교의 중심지인 생드니로 이원화되어 있었다.[13] 그렇지만 웨스트민스터는 진정한 종교의 중심지는 아니었다. 당시 영국 교회의 중심은 대주교가 있는 캔터베리였기 때문이다.

런던, 영국의 수도가 되다

노르만 정복(1066년) 이후 국왕과 런던의 관계가 소원하게 된 이유는 또 있다. 노르만 왕조와 플랜태저넷 왕조의 왕들이 영국보다 프랑스에 더 오래 머물렀기 때문이다. 그들이 영국에 머물 때조차 부활절에는 윈체스터에 머물렀고, 성탄절에는 글로스터Gloucester에 체류했다.[14] 영국 왕들은 지방의 영지에 머물면서 사냥에 많은 시간을 쏟았고, 사냥터 근처의 숙소에 자주 머물렀다. 말하자면 왕국 최고의 권력 기관이 사냥터 이곳저곳을 떠돌아다니고 있었던 셈이다.

영국 왕 중에서 항구적으로 영국에 정착한 왕은 존 왕의 아들 헨리 3세(재위 1216-1272)였다. 이제 수도의 문제가 본격적으로 논의되기 시작했다. 헨리 3세와 그의 아들 에드워드 1세는 웨스트민스터를 왕국의 수도로 정하고 왕궁을 건설했다. 특히 헨리 3세는 선왕들보다 더 많은 시간을 웨스트민스터에서 보냈다. 웨스트민스터를 왕궁으로 확정했다는 사실은 런던 시티를 수도로 받아들이지 않았다는 사실을 의미했다.

그럼에도 두 왕은 정복왕 윌리엄이 건설한 런던탑의 보수 공사에 많은 예산을 지출했다. 당시 런던탑은 왕실 금고와 병기창, 그리고 감옥으로 사용되고 있었다. 국왕이 런던 시티 서쪽에 위치한 웨스트민스터에 머물면서, 시티의 시민들을 감시하고 통제하고 있었다고 해석할 수 있다. 하지만 런던탑의 보수 공사에 많은 돈을 지출했음에도 불구하고, 헨리 3세는 45년 치세 동안 단 11번만 런던탑에 머물렀을 뿐이다.[15] 실제 런던탑은 왕궁의 기능을 상실했다. 그의 아들 에드워드 1세는 1289년 12월 23일부터 1290년 2월 2일까지 하루도 빠지지 않고 웨스트민스터의 왕궁에 머물렀다. 13세기 후반 이후 웨스트민스터는 확실한 왕실의 거처로 자리를 잡고, 행정부 역시 웨스트민스터에 정착한다.

여러 행정부 중에서 1170년까지 윈체스터에 있던 왕실 금고는 런던탑과 웨스트민스터에 각각 보전되었지만, 재무성, 법원, 상서국 등과 같은 핵심부서는 항구적으로 웨스트민스터에 자리를 잡았다. 영국의 역사학자 타우트Tout는 핵심부서가 웨스트민스터에 자리를 잡았을 무렵부터, 영국의 수도가 런던이 되었다고 분명하게 말한다.[16] 여기에서 말하는 런던은 런던 시티와 웨스트민스터를 포함하는 구역이다. 14세기부터 웨스트민스터는 왕궁의 역할을 양보하고 영국 의회의 본산으로 재탄생한다.

한편, 런던의 자치권은 일찍부터 보장되었다. 이미 헨리 1세(재위 1100-1135) 때 왕실 관리인 셰리프sheriff와 법관을 런던 시민들이 선출했다. 다른 도시에는 없는 런던만의 특권이었다. 1200년에 국왕은 셰리프 선출권을 몰수하지만, 1227년 헨리 3세는 다시 이 권리를 런던 시민들에게 돌려주었다.[17] 이후 왕실과 런던은 자치권을 놓고 끊임없이 충돌한다. 그런 점에서 런던과 파리는 분명하게 대비된다. 파리의 경우 1266년부터 1382년까지 자치권은 찾아볼 수 없었을뿐더러, 수로水路 조합 상인들의 대표(시민 대표)조차 국왕의 대리인Prévôt de Paris이 통제하고 있었다. 그런 점에서 런던시가 획득한 자치권은 근대 국가 형성에 큰 주춧돌 역할을 했다고 말할 수 있다.

런던 대화재(1666년)

1660년대 런던의 인구는 50만 명에 달했다. 유럽에서 가장 큰 도시였다. 그 뒤를 파리와 나폴리, 암스테르담이 따르고 있었다. 하지만 1665년 런던에 흑사병이 창궐하여 한 달 동안에 무려 7,000명이 사망했다. 당시 런던의 생활환경은 최악이었다. 성 안에는 온갖 배설물들이 거리를 메웠으며, 하수구에는 오물이 넘쳐흘렀다.

1665년의 대역병이 많은 런던 시민들의 목숨을 앗아갔다면, 이듬해인 1666년에 발생한 대화재는 런던을 잿더미로 만들었다. 1665년 11월부터 시작된 가뭄에서 이미 대화재의 전조가 보였다. 대화재가 발생한 이듬해 9월 2일까지 무려 10개월 동안 비가 내리지 않았다. 기록에 따르면 화재는 작은 제과점에서 시작되었다고 한다.

불은 동풍을 타고 런던 시티의 서쪽으로 번지고 있었다. 사람들은 런던 성을 탈출하기 위해 필사적으로 뛰었지만, 성문은 턱없이 비좁았고, 높이가 무려 5m가 넘는 성벽은 '죽음의 벽'이 되어 시민들을 가로막았다. 불은 런던 시티의 서쪽 성문을 넘어 찰스 2세가 거처하는 화이트홀까지 번지고 있었다. 그런데 여기에서 기적이 일어났다. 화이트홀 바로 앞에서 불길이 잡힌 것이다.

17세기 영국의 시인 존 드라이든John Dryden은 1666년을 '경이적인 해 Annus mirabilis'라고 불렀다. 이 표현을 《캠브리지 사전》을 찾아보면 "지극히 경사스러운 사건의 해a year of extremely good events"라고 설명하고 있다. 하지만 운명이 방향을 바꾸면 행운이 불행으로 탈바꿈한다. 1666년이 불행을 피한 해였다면, 1992년은 영국 왕실에게 가장 불행한 해로 기록되었다.

1992년 11월 20일 영국 왕의 거처인 윈저성에 대형 화재가 발생했다. 13세기부터 사용하던 연회장이 전소되었고, 복구에만 5년이 걸렸다. 그런데 당시 국왕이었던 엘리자베스 2세에게 윈저성의 화재보다 더 큰 불행은 찰스 왕세자 부부의 불화였다. 이후의 이야기는 잘 알려져 있다. 호사가들은 드라이든의 '경이적인 해'에 빗대어 1992년을 '공포의 해 Annus horribilis'라고 불렀다.

런던은 영광의 빛과 그림자가 공존했던 도시였다. 런던탑은 여성 편력이 지나쳤던 헨리 8세의 전 왕비 앤 불린이 처형된 곳이고, 잉글랜드 내전에서 패한 찰스 1세는 화이트홀의 뱅퀴팅Banquetin 하우스 앞에서 처형되었다. 이런 역사적인 사건들이 런던의 그림자였다면, 1851년 빅토리아 여왕 때 런던에서 개최된 만국 박람회는 대영 제국의 영광을 세계에 알리는 사건이었다. 빅토리아 시대의 영국이야말로 전 세계의 유일한 초강대국이었다.

베를린, 통일 독일의 수도

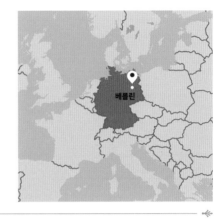

베를린

국가 독일
도시 베를린
유형 다중핵 수도

유럽 여행을 할 때 많은 사람들이 이런 의문을 가진다. 유럽에서 경제력이 가장 큰 국가는 독일인데, 수도의 위상과 영향력을 놓고 보자면 수도인 베를린은 런던이나 파리에 비해 그 존재감이 상대적으로 크지 않다. 왜 그럴까? 실제로 독일에는 베를린과 견줄 수 있는 프랑크푸르트, 함부르크, 뮌헨, 쾰른 같은 지방 대도시들이 즐비하다. 런던에는 런던탑과 버킹엄궁, 파리에는 개선문과 루브르궁 등 두 도시를 대표하는 건축물들이 지금도 건재하지만, 베를린에는 딱히 떠오르는 상징물이 없다. 그래서 그랬을까? 독일의 문호 괴테는 다음과 같은 말을 남겼다.

"파리는 프랑스이다. 그 위대한 나라의 모든 중요한 관심사는 수도에 집중되어

있다. 독일의 경우 사정이 다르다. 우리에게는 그런 도시가 없다. 우리는 '여기가
곧 독일이다'라고 말할 수 있는 어떤 곳도 가지고 있지 않다."[18]

이번에 여행을 할 도시는 세계 경제의 큰 축을 차지하는 독일의 수
도 베를린이다.

수도가 없는 제국

제국에는 수도가 있다. 로마 제국의 수도는 로마에서 비잔티움으로
옮겨갔으며, 중세 이슬람 제국의 수도는 바그다드였다. 그러나 신성
로마 제국(962-1806)은 지리적으로 지금의 독일, 체코(보헤미아 왕국),
북부 이탈리아를 포함하고 있었지만, 진정한 의미의 수도가 없었다.
본래 수도는 한 나라의 통치기관이 있는 정치적 활동의 중심지인데,
신성 로마 제국에는 그런 도시가 없었던 것이다.

신성 로마 제국은 서기 962년 독일 왕 오토 1세가 교황 요한 2세로
부터 황제의 관을 받은 해를 시작으로 삼는다. 다른 학자들은 프랑크
왕국의 샤를마뉴가 로마에서 서로마 제국의 황제로 오른 800년을 기
점으로 삼기도 하지만, 오토 1세를 일반적으로 신성 로마 제국의 첫
번째 황제로 인정한다. 이후 1806년 나폴레옹의 침략으로 라인동맹이
결성되자, 신성 로마 제국은 해체된다. 이 긴 기간 동안 제국에서 가장
큰 도시는 어디였을까?

1782년 5월 18일 빈 주재 러시아 대사인 로만초프[Romanzov] (1754-
1826) 백작은 신성 로마 제국의 황제 요제프 2세와 만나 이런 대화를

나눈다. 요제프 2세가 그에게 "왜 대사께서는 빈이 아닌 독일의 프랑크푸르트에 머물고 있습니까?"라고 묻자, 로만초프는 이렇게 답한다. "그렇다면 황제께서는 제국의 수도가 어디라고 생각하십니까?"

현대인의 입장에서는 너무나 당연한 질문을 러시아 대사가 황제에게 한 것인데, 황제는 즉답을 피하고 다른 이야기로 화제를 돌린다. 황제는 크림반도에서 러시아의 예카테리나 여제와 나눈 이야기를 들려주었다. 당시 예카테리나 여제는 신성 로마 제국의 진정한 수도인 로마를 요제프 2세가 차지할 수 있도록 도와주겠다고 제안했다고 한다. 하지만 황제는 여제의 제안에 대해, 신성 로마 제국의 황제로서 그런 일은 황제의 목표가 될 수 없다고 에둘러서 말한다.[19] 그렇다면 왜 러시아 대사는 빈이 아니라 프랑크푸르트에 머무르고 있었을까? 이 대화를 통해 18세기에도 신성 로마 제국의 수도를 특정할 수 없었다는 사실을 알 수 있다.

다음 지도에서 볼 수 있듯이, 독일은 프랑스와 달리 수많은 제후국으로 분열되어 있었다. 신성 로마 제국의 황제는 명목뿐이었고, 실권은 제후들에게 있었다. 이런 국가들을 영방국가territorial state라고 부른다. 독일을 다중핵 수도의 국가로 분류하는 이유가 여기에 있다.

제국의 핵심 도시들

제국의 핵심 도시 중 가장 돋보이는 곳은 프랑크푸르트Frankfurt다. 도시 이름은 '프랑크족이 건너던 여울(영어로는 Ford of the Franks)'이라는 말에서 나왔다고 한다.

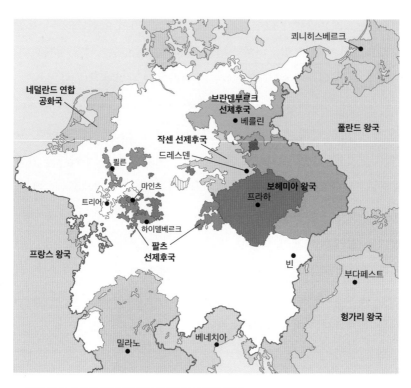

여러 지명 라벨:

쾨니히스베르크

네덜란드 연합
공화국

브란덴부르크
선제후국
· 베를린

폴란드 왕국

작센 선제후국
드레스덴

쾰른

마인츠

보헤미아 왕국
· 프라하

트리어

하이델베르크
팔츠
선제후국

프랑스 왕국

빈

부다페스트

헝가리 왕국

밀라노

베네치아

▶▶ 17세기 초 수많은 제후국으로 분열된 신성 로마 제국.

1356년 카를 4세가 공표한 금인칙서(황제의 선거제와 선제후의 특권을 명시한 문서)를 보면, 신성 로마 제국의 황제를 프랑크푸르트에서 선출한다는 내용을 담고 있다. 전통적으로 신성 로마 제국의 황제는 7명의 선제후에 의해 선출되었다. 1438년 알브레히트 2세가 황제로 선출된 이래, 오스트리아의 합스부르크 가문이 수백 년 동안 신성 로마 제국의 제위를 세습했지만, 황제는 엄연히 '선출된 로마 황제'로 불렀다.

본래 황제의 대관식은 교황의 집전으로 로마에서 거행되었다. 샤를마뉴부터 시작된 대관식은 카를 5세의 대관식을 마지막으로 중단되었지만, 1562년 이후 즉위식과 축하 연회는 프랑크푸르트에서 다시 거행되었다.[20] 즉, 즉위식 장소가 샤를마뉴가 프랑크 왕국의 수도로 삼았던 독일의 아헨Aachen(고대 독일어로 '강'이나 '물'을 의미)에서 프랑크푸르트로 바뀌었다는 말이다. 근대 초반에 급속히 발전한 큰 도시였던 프랑크푸르트가 제국의 중심으로 떠오른 것이다. 하지만 그 누구도 프랑크푸르트를 제국의 수도로 여기지 않았다. 독일은 프랑스나 영국과는 달리 여러 개의 핵심 도시가 있었기 때문이다.

　프랑크푸르트에서 황제의 즉위식이 거행되었다면, 제국의 입법부에 해당하는 제국회의는 많은 도시를 순회하며 열렸다. 다만 금인칙서에 의거해서 황제는 첫 번째 제국의회를 항상 뉘른베르크에서 개최해야 했다. 그 이유는 뉘른베르크가 제국에서 갖고 있던 상징성에서 찾아볼 수 있다. 실제로 뉘른베르크에는 황제의 궁성Pfalz이 있었고, 제국 통치의 상징물인 왕관, 보검, 홀, 십자가가 장식된 지구의 등이 보관되어 있었다.[21] 물론 제국의회가 다른 도시에서 개최된 적도 많다. 일

▶▶ 11세기 프랑크푸르트의 모습. 2차 세계 대전으로 잿더미가 되었지만, 본래 신성 로마 제국 황제의 대관식이 거행되던 도시였다.

례로 종교 개혁가 루터를 소환한 제국의회는 1521년 독일 남서부의 라인란트팔츠주에 있는 보름스Worms에서 열렸다.

황제 즉위식의 전통과 제국의회가 개최되는 도시를 독일 수도로 인정한다면, 아마도 프랑크푸르트가 가장 수도에 근접했던 도시라고 말할 수 있다. 실제로 신성 로마 제국이 해체되고 독일 연방이 창설된 후 연방의회가 프랑크푸르트에 설치되었다. 이쯤 되면 프랑크푸르트를 제국의 수도로 확정할 만한데, 사실 전통적으로 비슷한 위상을 가진 도시들이 여럿 있었다. 실제로 1848년 독일 혁명이 일어났을 때, 프랑크푸르트를 비롯한 에르푸르트, 뉘른베르크, 레겐스부르크 같은 도시들이 제국의 수도 후보에 올랐다. 독일 혁명의 실패로 이런 논의는 원점으로 돌아갔지만 말이다.[22]

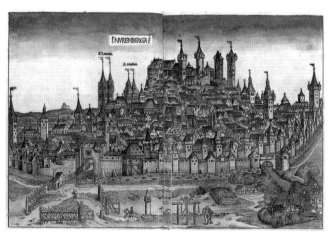

▶▶ 제국의회가 열렸던 바이에른주의 뉘른베르크(1493년).

제국의 수도로 부상한 베를린

독일 역사에는 3개의 제국이 있다. 첫 번째가 신성 로마 제국, 두 번째가 1871년 프로이센 왕국을 중심으로 성립된 제국, 세 번째는 히틀러의 제국이다.

제2제국의 초석을 놓은 국가는 프로이센 왕국이었다. 프로이센 왕국은 호엔촐레른 가문이 지배했던 북부 독일의 왕국으로, 왕국의 모태는 브란덴부르크 변경백국이었다. 1618년 브란덴부르크의 변경백이자 선제후였던 요한 지기스문트가 프로이센 공국을 물려받으면서 프로이센 왕국이 성립되었다. 이후 프로이센은 군인왕이라는 별명을 가진 프리드리히 빌헬름 1세(재위 1713-1740)의 시대를 지나, 유럽의 신흥 강국, 특히 군사 강국으로 급부상한다.

1871년은 유럽 역사에서 중요한 해로 기록되어 있다. '떠오르는 신흥 강국' 프로이센이 전통 강국 프랑스를 굴복시켰기 때문이다. 역사에서는 이 전쟁을 보불 전쟁이라고 부른다. 중세 내내 수많은 제후국으로 분열되어 있던 독일이 마침내 프랑스를 누르고 통일 제국을 이루자, 이때 제국의 수도와 관련된 논의들이 다시 수면 위로 떠올랐다.

1815년 빈 회의를 통해 독일 연방이 창설된 이후, 연방의회가 있는 프랑크푸르트는 더욱더 강력한 수도 후보로 부상했다. 이런 분위기에서 1848년 독일 혁명이 발발하자, 국민의회가 프랑크푸르트에 설치되었다. 프랑크푸르트가 통일 독일의 수도로 정해지는 분위기였다. 하지만 역사는 프랑크푸르트의 손을 들어주지 않았다. 입헌군주제를 표방한 국민의회는 프로이센의 빌헬름 4세를 황제로 선출했으나, 빌헬름 4세는 황제의 자리를 거부한다. 이렇게 국민의회의 개혁은 실패로 돌아갔고, 새 수도의 무게 중심은 프로이센의 수도인 베를린으로 이동한다.

수도는 한 국가의 통치 기구가 있는 도시에 정해진다. 그런 점에서 제2제국을 완성한 프로이센의 수도 베를린('곰의 도시'란 의미. 베를린시의 문장에 곰이 등장한다. 영어의 'bear'를 참조)이 급부상한다. 하지만 제국의 권력이 지나치게 프로이센에 집중되는 것을 막아야 한다고 주장하는 사람들도 많았기에 프로이센의 수도 베를린은 불리한 위치에 있었다. 심지어 프로이센의 차기 왕위 계승자 프리드리히와 그의 왕비 아우구스타조차도 이런 주장에 동조했다.[23] 그러나 당대의 실력자였던 철혈 재상 비스마르크의 생각은 달랐다. 그는 통일 독일에서 프로이센이 주도적인 역할을 하기 위해서는 베를린이 통일 독일의 수도가 되어야 한다고 주장했다. 그러므로 베를린이 1871년 통일 독일의 수도로 선포된 것은 순전히 정치적인 이유에서 나온 결정이었다. 여러 개의 중핵 도시로 이루어진 국가라는 전통을 최초로 깨뜨린 도시가 베를린이었다.

쾨니히스베르크, 역사에서 사라진 프로이센의 수도

현재 유럽의 지도를 보면 발트 3국 중에서 리투아니아와 폴란드 사이에 칼리닌그라드Kaliningrad라는 도시가 보인다. 독일의 북쪽 국경을 지나 폴란드를 통과하면 나타나는 도시인데, 이 도시를 영유하고 있는 나라의 이름이 안 보인다. 그렇다면 폴란드와 리투아니아 사이에 위치한 이 지방은 어느 나라의 영토일까? 정답은 러시아의 영토다. 도

대체 칼리닌그라드가 러시아에 속한 이유와, 독일 수도 이야기를 하는 중에 등장한 이유가 무엇일까?

칼리닌그라드의 옛 이름은 쾨니히스베르크Königsberg, 즉 독일어로 '왕의 산'이라는 뜻이다. 현재 독일의 동쪽 국경에서 수백 km 떨어진 곳에 위치한 쾨니히스베르크가 독일 도시였던 사연은 이러하다. 호엔촐레른 가문 출신이자 브란덴부르크 선제후였던 요한 지기스문트는 프로이센 공국의 마지막 상속녀와 결혼하는데, 이는 1618년 브란덴부르크 변경백령과 프로이센 공국이 통합 왕국으로 탄생하는 계기가 된다.

그 당시 브란덴부르크 변경백령의 도시 베를린이 프로이센 왕국의 수도로 떠올랐으나, 전통적으로 프로이센 왕국의 왕들은 쾨니히스베르크에서 대관식을 올렸다. 즉, 쾨니히스베르크는 프로이센 왕국의 수도로서 역사적인 의미를 가진 도시였다. 물론 훗날 베를린이 제국의 수도로 위상을 대체했지만, 쾨니히스베르크는 궁전 도시로서 그 명맥을 유지했다. 실제로 1701년 선제후 프리드리히 3세가 프로이센의 초대 국왕으로서 대관식을 올린 곳도 쾨니히스베르크의 궁전이었다. 1871년 독일 제국의 초대 황제로 추대된 빌헬름 1세 역시 쾨니히스베르크에서 프로이센의 국왕으로 즉위식을 올렸다(1861년). 그러나 프로이센 왕국의 발상지이자 상징적인 수도였던 쾨니히스베르크는 독일의 동쪽 국경에서 너무 멀리 떨어져 있었다. 수도는 그 역사도 중요하지만 지정학적인 위치도 무시할 수 없다. 결국 쾨니히스베르크는 베를린에게 자리를 내주고 만다.

브란덴부르크 변경백령과 프로이센 공국이 통합되어 강력한 독일 통일의 추진체가 탄생했지만, 새로 탄생한 프로이센 왕국의 수도 쾨니히스베르크는 폴란드 건너편에 있었다. 그런 이유에서 이후 독일 제국의 수도는 베를린이 되었다(베를린은 현재 영토 기준으로는 독일 오른쪽에 치우쳐 있지만, 제국 시절에는 중심에 있었다).

쾨니히스베르크는 철학자 칸트의 고향이기도 하다. 이 도시에서 태어난 칸트는 평생 고향을 떠나 멀리 가본 적이 없었다. 사람들은 매일 같은 시간에 도심을 산책하는 칸트를 보고 시계를 맞출 정도였다고 한다. 칸트가 딱 한 번 시간을 어긴 적이 있는데, 루소의 《에밀》을 읽다가 산책 시간을 놓쳤다는 일화가 전해온다.

통일 이후 독일의 수도가 베를린으로 옮겨간 뒤에도, 통일 독일의 발상지인 쾨니히스베르크의 위상은 떨어지지 않았다. 하지만 제1차 세계 대전이 벌어지자 독일에서 멀리 떨어져 있던 쾨니히스베르크의 운명이 위기에 처했다. 폴란드 너머에 있는 옛 프로이센의 수도를 어떻게 지킬 수 있단 말인가. 그러나 독일은 단치히(현재의 폴란드 그단스크) 회랑을 폴란드에 양보하면서까지 쾨니히스베르크를 지켜냈다. 그런데 이렇게 되면서 독일 본토와 쾨니히스베르크 사이에는 육로가 사라지게 되었다. 제2차 세계 대전이 발발하자 독일은 폴란드를 침공하여 쾨니히스베르크를 육로로 다시 연결시켰다.

그러나 결국 전쟁에서 패망한 독일은 영원히 쾨니히스베르크를 상실했고, 지금 이곳은 러시아의 월경지가 되었다. 이후 소련은 나치 독일의 흔적을 지운다는 명목으로 쾨니히스베르크에서 독일 색을 철저히 지웠고, 도시의 이름도 소련 최고 소비에트 의장이었던 칼리닌의 이름을 따서 칼리닌그라드로 바꾸었다. 수백 년간 프로이센의 수도였던 쾨니히스베르크는 이렇게 역사에서 사라졌다.

포츠담, 프로이센의 베르사유

근대 유럽의 군주들은 자신이 통제할 수 있는 궁전 도시를 건설하는 것이 왕권을 지키는 길이라고 생각했다. 이런 시도의 이면을 보면, 전통적으로 자유도시들이 왕권에 대항하여 많은 자치권을 획득하는 경우가 많았기 때문이다. 루이 14세가 파리의 루브르궁을 떠나 베르사유로 간 것도 파리 시민들이 주축이 되어 일으켰던 프롱드의 난이 결정적인 역할을 했다.

통일 독일에도 프랑스의 베르사유 같은 궁전 도시 포츠담이 있었다. 파리와 베를린이 명실상부한 왕국의 수도였다면, 베르사유와 포츠담은 왕이 거처하는 궁전 도시였다. 수도와 지하철로 1시간 정도 거리라는 점도 베르사유와 비슷하다.

포츠담은 1660년에 브란덴부르크 선제후 프리드리히 빌헬름이 사냥터로 지정하면서 역사에 등장한다. 1685년에 포츠담 칙령으로 네덜란드의 신교도들과 프랑스의 위그노들이 이곳으로 대거 이주했다. 하지만 실제로 위그노들은 포츠담에 많이 이주하지 않았다고 한다.

베르사유가 프랑스의 궁정 귀족들이 거처하던 궁전 도시였다면, 포츠담은 '군인왕'으로 불리던 프리드리히 빌헬름 1세에 의해 위수衛戍 도시로 발전했다. 두 도시 모두 궁전 도시였던 것은 맞지만, 출발점이 서로 달랐다. 1740년 군인왕이 사망했을 때 포츠담의 인구는 약 1만 1,000명을 상회했는데, 그중에서 4,000명이 군인이었다는 사실은 이를 잘 뒷받침하고 있다.[24]

루이 14세 치세의 베르사유에는 1만여 명의 관료들이 궁전에 기거하고 있었다. 파리에 있던 고등 법원을 제외하고는 국가의 모든 통

▶▶ 포츠담의 상수시궁. 독일의 베르사유궁이라 불린다. 상수시|Sanssouci는 프랑스어로 근심 없이 평안하다는 뜻이다. 프랑스 문화를 동경했던 프리드리히 대왕의 일면을 엿볼 수 있다.

치 기구가 베르사유로 이전했다. 포츠담 역시 왕국의 통치 행위가 이루어지는 도시였다. 실제로 군인왕 프리드리히 빌헬름 1세와 프리드리히 대왕 치세의 포츠담은 18세기 프로이센의 정치체제를 대변하는 '집무실 통치'가 이루어진 도시였다.[25] 이런 통치 방식은 결과적으로 베를린의 궁정귀족들과 대신들의 간섭으로부터 벗어나는 효과를 가져왔고, 왕은 독자적인 정치적 결정을 내릴 수 있었다. 하지만 이런 종류의 전근대적인 통치 방식은 군주의 능력이 뛰어날 때는 문제가 되지 않지만, 그렇지 않을 때는 많은 문제를 야기한다. 사실 프리드리히 대왕의 후임자인 프리드리히 빌헬름 2세(재위 1786-1797)의 치세에서 집무실 통치는 더 이상 효력을 발휘하지 못했다.

결국 권력의 중심이 한때 궁전 도시인 포츠담으로 옮겨가는 듯 보였지만, 수도로서 베를린의 입지는 흔들리지 않았다. 19세기에는 포츠담에서 변변한 행정관청을 찾아볼 수 없었다. 프리드리히 대왕 사후 빌헬름 2세는 베를린의 시市궁전을 다시 정궁으로 삼았다. 정리하자면 베를린은 프로이센의 최고 재판소를 비롯하여 학술원과 예술원이 존재하는 명실상부한 독일 제국의 수도로 그 위상을 확고히 했다.

독일의 수도 변천을 프랑스와 비교하면 다음과 같이 정리할 수 있다.

●● 독일과 프랑스의 수도

	프랑스	독일
왕(황제)의 즉위식	랭스, 파리	아헨, 프랑크푸르트
정궁의 위치	파리	뉘른베르크, 베를린
궁전 도시	베르사유	포츠담
입법부의 수도	파리	뉘른베르크
중핵 수도의 기준	파리(중핵 수도)	베를린(다중핵 수도)

환도인가, 천도인가?

1990년 10월 3일 서독이 동독을 흡수하는 방식으로 독일은 다시 통일되었다. 역사에서는 1871년 프로이센의 주도하에 이루어진 독일의 통일과 구분하기 위해, 1990년의 독일 통일은 '재통일reunification'이라고 부른다. 이때 서독의 행정 수도였던 본에서 다시 베를린으로 수도를 옮긴다. 수도를 옮겼다는 점에서 보면 천도라고 할 수 있지만, 1871년 이래 제2차 세계 대전에서 패망할 때까지 베를린은 명실상부한 독일 제국의 수도였다. 그러므로 베를린으로 수도를 옮겼다는 것은 천도보다는 환도라고 불러야 할 것이다.

▶▶ 베를린의 브란덴부르크문(좌)과 의사당 건물(우). 통일 독일의 수도가 된 베를린은 명실상부한 유럽의 중심으로 떠올랐다.

하지만 베를린 환도는 독일 국민들의 환영을 받지 못했다. 베를린 환도는 1991년 연방의회의 표결에서 337대 320, 즉 17표의 근소한 차이로 결정되었다. 이 표차는 민심을 거의 정확하게 반영한 결과였다. 왜 다수의 독일 국민들은 베를린 환도를 환영하지 않았던 것일까? 베를린이 과거 나치 독일의 수도였기 때문이었다. 베를린 환도는 냉전 체제의 해체와 어울리지 않는다는 것이 많은 독일 국민들의 생각이었다. 그러나 합리적인 독일 국민들은 이미 기본 인프라가 잘 갖춰진 베를린이야말로 통일 독일의 수도에 적합하다고 생각했다. 수도 이전에 드는 비용도 크지 않았다. 통일 당시 베를린의 인구가 346만 명이었는데, 2019년에는 376만 명으로 소폭 증가한 것으로 보아 수도 이전이 균형적인 국가 발전에 전혀 지장을 주지 않았다고 말할 수 있다.

베를린으로 수도를 옮겼지만 과거 서독의 본에 있던 부처와 장관실은 일부 중복되어 두 도시에 남았다. 이런 본의 모델은 행정의 비효율과 행정 인력의 낭비를 초래했다는 지적을 받았던 한국의 행정 중심

복합 도시 세종시와 유사하다. 하지만 본의 경우는 달랐다. 이전에 있던 부처들이 떠나간 자리에 도이체텔레콤 같은 대기업 본사 및 유엔 등 국제기구 사무소와 민간 연구소들을 대거 유치하면서 도시의 공백을 막았다.

이렇게 유럽 최대 경제 대국의 중심 베를린은 명실상부한 독일의 수도로서 과거의 위상을 회복했다.

마드리드, 통합 스페인의 수도

마드리드

국가 스페인
도시 마드리드
유형 이중핵 수도

독일, 네덜란드, 벨기에, 체코, 이탈리아, 스위스 그리고 남북 아메리카……. 지리상으로 보면 이 나라들과 아메리카 대륙을 연결해주는 공통분모가 보이지 않지만, 16세기 중반으로 거슬러 올라가면 위의 나라들은 모두 한 명의 군주를 모시고 있었다. 그의 이름은 카를 5세. 그는 신성 로마 제국의 황제이자, 스페인의 국왕(스페인 국왕으로는 카를로스 1세)이었다. 카를 5세는 유럽의 여러 나라들을 포함하여 신대륙에도 많은 식민지를 거느리고 있었다. 말 그대로 '해가 지지 않는 제국'의 황제였다.

그렇다면 카를 5세 시대에 제국의 수도는 어디였을까? 앞에서도 언급한 것처럼 신성 로마 제국의 수도는 정해진 도시가 없었지만, 카를 5세는 스페인의 국왕이기도 했다. 현재 스페인의 수도는 마드리드인데, 카를 5세가 통치하던 16세기 중엽에도 그랬을까?

이번에 볼 도시는 스페인의 수도 마드리드다. 스페인에는 마드리드와 역사적으로 라이벌 관계에 있던 바르셀로나가 있다. 두 도시는 각각 카스티야 왕국과 아라곤 왕국의 수도였고, 언어도 조금 다르다. 그리고 동족상잔의 내란을 겪은 도시다. 그런 점에서 마드리드는 한 나라에 2개의 중심 도시가 서로 경쟁하는 이중핵 수도로 분류한다.

부르고스, 카스티야 왕국의 수도

파리와 런던은 유럽에서 수도의 역사가 가장 오래된 도시들이다. 그에 비해 마드리드는 1561년에 스페인 왕국의 수도가 되었다. 카를 5세의 아들 펠리페 2세(재위 1556-1598)가 마드리드를 왕국의 수도로 정하면서부터다. 그럼 그 이전에는 수도가 어디였을까? 그 답을 찾기 위해서는 중세 스페인 왕국의 역사를 알아야 한다.

스페인을 여행하다 보면 수도 마드리드보다 톨레도나 부르고스 같은 고도古都에 화려한 성당이나 건축물들이 많은 것을 알 수 있다. 이 도시들은 과거에 카스티야 왕국의 수도였다. 톨레도는 기원전 1세기 로마의 역사 기록에 톨레툼Toletum으로 나오는 것으로 보아, 이 지방이 히스파니아 속주였을 때 생긴 병영 도시였음을 알 수 있다. 부르고스는 로마 제국이 멸망하고 이 지방에 들어온 비스고트족이 '성벽의 마을'이라는 뜻으로 지은 이름이다.

1210년 이베리아반도의 남부는 이슬람 왕조인 무와히드 왕국이 차지하고 있었다. 반도의 이북에는 기독교 왕국인 카스티야 왕국과 바

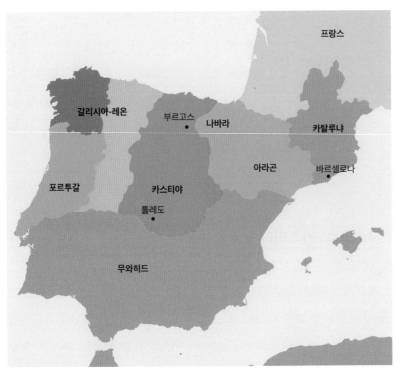

▶▶ 1210년 이베리아반도에 있던 여러 왕국들. 카스티야 왕국과 아라곤 왕국이 스페인의 모태였다.

르셀로나를 중심으로 한 아라곤 왕국이 있었다. 카스티야 왕국은 본래 카스티야 백작령에서 시작한 왕국이다. 부르고스는 930년경에 카스티야 백작령의 수도가 되었고, 1037년 레온 왕국과 통합을 한 뒤에도 수도로 남았다.

중세 스페인의 역사에서 변곡점은 1469년 카스티야의 이사벨 여왕과 아라곤 왕국의 페르난도 국왕의 결혼이다. 이 결혼을 통하여 카스티야 통합 왕국이 탄생한다. 영화에 나올 것 같은 극적인 러브 스토리로 잘 알려진 이야기다.

이사벨 여왕의 선왕이자 이복 오빠인 엔리케 4세는 동생을 포르투갈의 아폰수 5세와 결혼시킬 생각이었다. 엔리케 4세의 의도는 이사벨을 포르투갈로 시집을 보내 권력 구도에서 멀어지게 하는 것이었다. 이 결혼의 의도를 간파한 이사벨은 시칠리아와 사르데냐의 통치권을 가진 아라곤 왕국의 후안 2세와 비밀 협상을 벌여, 페르난도 왕자와의 결혼을 추진한다. 그런 이유에서 이 결혼은 극비리에 진행되었다.

1469년 10월 초, 이사벨은 죽은 남동생의 묘가 있는 아빌라에 다녀오겠다는 핑계로, 자신이 머무는 왕궁을 빠져나와 당시 카스티야 왕국의 수도였던 바야돌리드로 갔다. 그 당시 카스티야 왕국의 수도는 부르고스에서 바야돌리드로 바뀌어 있었다. 아라곤의 페르난도 왕자도 측근들과 함께 상인과 하인으로 위장을 하고 바야돌리드로 들어갔다. 이렇게 두 사람은 엔리케 4세의 감시를 피해 결혼을 하고, 훗날 두 왕국(카스티야와 아라곤)은 카스티야 통합 왕국이 되었다. 대양의 시대를 열었던 스페인의 시대는 이렇게 시작되었다.

마드리드를 이중핵 수도로 분류한 이유는 스페인의 탄생이 카스티야 왕국과 아라곤 왕국의 통합에서 비롯되었고, 아라곤 왕국의 수도가 바르셀로나였기 때문이다. 하지만 두 왕국은 통합 후에도 세금만 공유했을 뿐이고, 언어도 다르고 문화 배경도 달랐다. 결국 1640년 바르셀로나가 있는 카탈루냐 지방에서 농민 반란이 일어난다. 카탈루냐는 독립의 기회를 얻었지만 반란은 실패로 돌아갔고, 이런 역사는 그 후에도 반복되어 20세기에 스페인 내란으로 비화했다.

카스티야 왕국의 옛 수도였던 부르고스는 지금은 인구가 고작 17만 명에 불과한 작은 도시다. 그러나 이곳에는 스페인에서 세 번째로 큰 대성당이 있다. 여행객들은 왜 작은 마을에 불과한 이 도시에 이렇게

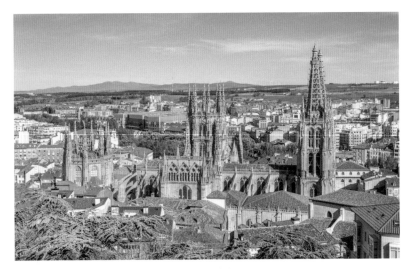

▶▶ 카스티야 왕국의 전 수도 부르고스에 있는 대성당.

큰 성당이 있는지 의아해하지만, 부르고스가 한때 카스티야 왕국의 수도였다는 사실을 알면 이해가 간다.

톨레도, 광녀 후아나의 고향

카스티야 왕국의 수도는 부르고스 외에도 톨레도가 있었다. 톨레도는 과거 서고트 왕국의 수도였으며, 이슬람교도인 무어인들의 점령 시기에는 기독교 왕국의 전초 기지였다. 그리고 위대한 카를 5세 때는 최고 권력의 근거지였다. 카스티야 왕국의 상속녀이자 카를 5세의 어머니 후아나는 당시 카스티야 왕국의 수도 톨레도의 궁전에서 태어났다.

유럽의 수많은 왕족의 역사에서 카를 5세의 모후인 후아나만큼 기구한 운명을 살다 간 여인도 드물 것이다. 후아나는 카스티야의 이사벨 여왕과 아라곤의 페르난도 2세 사이에서 태어난 왕녀였다. 후아나는 미남왕이라는 별명을 가진 합스부르크 왕가의 펠리페 1세를 보자 단번에 사랑에 빠졌고, 자정에 거행된 결혼식이 끝나자마자 신방을 차렸다고 한다. 하지만 펠리페는 바람둥이였고, 그에 대한 지나친 열정은 후아나를 비정상적인 여자로 만들었다. 펠리페 1세의 아들 카를 5세는 할머니(부귀공 마리 드 부르고뉴)로부터 부르고뉴 공국을 물려받았고, 어머니 후아나로부터는 카스티야 왕국을, 그리고 외할아버지 페르난도 2세로부터는 아라곤 왕국을 물려받았다. 그리고 마침내 신성로마 제국의 황제로 선출되어 독일의 수많은 제후국들이 카를 5세의 지배 아래 놓이게 된다. 명실상부한 유럽 최강의 군주가 된 것이다.

그런데 1506년 후아나의 남편인 펠리페 1세가 급사하고 만다. 본래 정신 질환을 앓고 있었던 후아나는 남편의 죽음으로 충격을 받아 상태가 더 악화된다. 그녀는 죽은 남편의 시신을 매장하지 않고 수도원을 돌아다녔다고 한다. 일설에는 남편의 시신 곁을 떠나지 않았다고도 한다. 결국 카스티야 왕국의 상속녀인 후아나는 토르데시야스에 있는 산타클라라 수녀원에 감금되었고, 죽을 때까지 48년의 세월을 수도원에서 보냈다. 카스티야 왕국과 아라곤 왕국, 나폴리 왕국, 시칠리아 왕국, 신대륙의 멕시코와 페루, 카리브 제도의 상속녀는 그렇게 기구한 삶을 마쳤다.

마드리드, 스페인 왕국의 새 수도

각국의 수도 위치를 보면 마드리드만큼 국토의 한가운데 위치한 곳을 찾아보기 어렵다. 물론 그것만이 마드리드가 바야돌리드와 톨레도 이후 스페인의 수도로 낙점을 받은 이유는 아닐 것이다. 이사벨 여왕과 페르난도 국왕의 결혼으로 카스티야 왕국이 성립될 때만 해도 마드리드는 큰 비중이 있는 도시가 아니었다.

마드리드는 9세기 말에 아랍의 토후土侯인 무함마드 1세가 세운 요새였다. 즉, 이곳은 기독교 왕국이 아닌 이슬람 세력 아래 있었다. 아랍인들이 마드리드 요새를 건설한 것은 기독교 왕국으로부터 톨레도를 방어하기 위함이었다. 마드리드라는 지명도 '실개천', '운하', '수도교'를 의미하는 아랍어 '마그라Maǧra'에서 나왔다고 한다. 이후 지명의 발음이 '마드리트'로 바뀌었고, 14세기에 마드리드로 확정되었다.

1047년 톨레도를 수복하기 전에 카스티야 왕국의 페르난도 1세는 마드리드 요새에 입성한다. 마드리드 요새는 톨레도 북쪽으로 60km 지점에 위치하고 있었다. 하지만 페르난도 1세에게 마드리드 요새는 별로 중요하게 보이지 않았고, 왕은 마드리드 요새를 톨레도 왕이 바치는 조공과 맞바꾸었다. 이후 마드리드는 1085년 알폰소 6세가 톨레도를 수복한 뒤에 다시 카스티야 왕국에 편입되었다. 1109년 마드리드는 이 지방에서 추방된 베르베르족에 의해 파괴되지만, 시간이 흐르면서 점차 카스티야 왕국의 주요 도시로 성장한다.

1309년 마드리드에서 첫 번째 의회가 개최된다. 코르테스Cortes로 불리는 스페인 의회는 이베리아반도에 있는 왕국들의 대표들이 모여 여러 도시를 순회하며 열리는 의회였다. 14세기에는 코르테스가 네 번에 걸쳐 마드리드에서 열렸으며, 카스티야와 아라곤 왕국이 통합된 후에 마드리드는 가장 자주 코르테스가 개최되는 도시가 되었다. 마드리드가 명실상부한 통합 왕국의 수도로 인식되고 있었음을 알 수 있다. 참고로 당시 이베리아 통합 왕국의 정식 명칭은 아직 스페인이 아니었다. 스페인이라는 정식 국명은 펠리페 5세(재위 1700-1746) 때부터 사용되기 시작했다고 한다.

하지만 마드리드는 스페인 왕국의 통치자였던 카를 5세에게는 우호적인 도시가 아니었다. 1520년에 일어난 반란으로 마드리드는 반란의 도시에 합류했지만, 이듬해 카를 5세의 군대에 의해 제압되었다. 이후 점차 도시 규모가 커져 1561년에는 인구 3만 명의 대도시로 성장한다. 마침내 카를 5세의 아들인 펠리페 2세는 왕궁을 톨레도에서 마드리드로 이전한다. 반란의 도시를 왕국의 수도로 인정한 것이다. 펠리페 2세의 아들인 펠리페 3세가 1601년 왕궁을 다시 과거의 수도였던 바야돌리드로 옮겼으나, 5년 뒤인 1606년 민중들의 불만으로 수도는 다시 마드리드로 옮겨졌다.

부르봉 왕조의 마드리드

현재 스페인의 국왕은 펠리페 6세(재위 2014-현재)다. 그의 조상을 따라가면 프랑스 부르봉 왕조의 루이 14세에 이른다. 그렇다면 지금 스페인 왕조의 뿌리가 프랑스 왕조라는 말인데, 어떻게 된 일일까? 여기에는 유럽 왕실의 복잡한 혼인 관계가 실타래처럼 얽혀 있다.

1700년 11월 1일 스페인의 국왕 카를로스 2세가 세상을 떠났다. 근친혼의 영향으로 유전적 질병을 많이 가지고 있던 왕은 후사를 남기지 못하고 사망했다. 그러자 두 왕조가 스페인의 왕위를 주장했다. 대대로 스페인 국왕을 배출한 오스트리아의 합스부르크 왕가와, 당시 유럽의 강국 프랑스의 부르봉 왕가였다. 전자는 스페인 국왕이었던 카를 5세의 후손이 스페인의 왕통을 이어야 한다고 주장했다. 그럼 프랑스 왕가는 어떤 근거로 스페인의 왕위를 요구했던 것일까?

루이 14세의 왕비는 합스부르크 왕가의 마리 테레즈 도트리슈Marie-Thérèse d'Autriche로, 그녀는 스페인 국왕 펠리페 4세의 딸이었다. 펠리페 4세의 왕위를 이어받은 카를로스 2세는 루이 14세에게 처남이 된다. 프랑스에서는 이런 이유로 루이 14세의 맏아들, 즉 카를로스 2세의 사촌 그랑 도팽이 스페인 왕위 계승 서열 1위라고 주장했다. 그러나 다른 유럽의 국가, 특히 영국과 독일은 입장이 전혀 달랐다. 가뜩이나 프랑스의 패권을 견제하기 어려운데 프랑스 왕이 스페인 왕위까지 차지한다면 프랑스를 통제할 수 있는 나라가 없다는 것이 반대 진영의 논리였다. 결국 프랑스와 반대 진영의 국가들은 전쟁에 돌입하는데, 이 전쟁을 스페인 왕위 계승 전쟁이라고 부른다.

전쟁은 그랑 도팽의 아들인 필리프가 스페인 왕위를 계승하는 것으로 끝이 났다. 단, 필리프는 결코 프랑스 왕이 되지 않는다는 조건이 붙었다. 이렇게 해서 스페인에서 합스부르크 왕가가 문을 닫고 부르봉 왕조가 들어섰다. 현재 스페인의 국왕 펠리페 6세는 루이 14세의 12대손이다.

부르봉 왕조의 필리프는 마드리드에 입성하고 펠리페 5세로 왕위에 올랐다. 과거에 발루아 왕조의 프랑수아 1세가 숙적 카를 5세에게 패하여 전쟁 포로의 몸으로 마드리드로 압송된 적이 있었는데, 이제는 그의 후손인 필리프가 스페인의 왕이 되어 마드리드에 온 것이다. 화려한 베르사유 생활이 몸에 밴 펠리페 5세에게 마드리드의 분위기는 어둡고 무거워 보였다. 거리는 온통 좁은 길로 가득했으며, 하수도 시

▶▶ 펠리페 5세가 완성한 마드리드의 알카사르. 방이 무려 2,800여 개에 달하는 이 궁전은 지금도 스페인 왕실의 관저로 사용되며, 서유럽에서 가장 큰 규모를 자랑한다.

설도 없었다. 부르봉 왕족들은 이 도시를 여느 유럽의 수도 수준으로 끌어올려야 했다.

그러던 중 1734년 12월 24일 합스부르크 왕조의 상징적인 궁전인 마드리드의 안티구오 알카사르Alcázar(아랍어에서 유래한 단어로, 스페인의 왕궁을 가리킨다)가 대화재 속에 유실되었다. 이 화재로 왕실 소유의 회화 중에서 3분의 1이 피해를 입었다고 한다. 새 술은 새 부대에 담아야 하는 법이다. 펠리페 5세는 이를 계기로 새 궁전을 짓기 시작했고, 15년 만에 완공되었다. 1764년 펠리페 5세의 손자 카를로스 3세는 처음으로 새 궁전으로 거처를 옮긴 왕으로 기록되었다. 지금도 스페인 왕실이 사용하고 있는 이곳은 방이 무려 2,800개에 달하는 서유럽에서 가장 큰 궁전이다. 이 궁전에는 스페인의 유명한 화가들의 손길이 남아 있다. 벨라스케스를 비롯해 티에폴로, 고야 등 당대 최고 화가들이 궁전의 보수 작업에 참여했다.

스페인 내전 최후의 보루

《이방인》을 쓴 프랑스 작가 알베르 카뮈는 다음과 같은 말을 남겼다.

"정의도 패배할 수 있고, 무력이 정신을 굴복시킬 수 있으며, 용기를 내도 용기에 대한 급부가 전혀 없을 수도 있다는 사실을 배웠다. 바로 스페인에서."

제2차 세계 대전의 전초전이라는 스페인 내전에 대한 카뮈의 소감이다. 1936년 7월 17일, 모로코에 주둔하고 있던 스페인 군부가 쿠데타를 일으켰다. 그 중심에는 프랑코 장군이 있었다. 프랑코를 비롯한 파시즘 진영의 군부가 민주 선거로 집권한 인민전선(좌파연합) 정부를 전복하기 위해 쿠데타를 일으킨 것이다. 반란은 본토인 스페인으로 빠르게 확산되었다.

내전이 시작되자 사회 각 계층은 정치적 입장을 분명히 밝힌다. 프랑코 진영에는 왕당파 지지자들, 로마 가톨릭 교회 및 보수주의자들이 합류하였고, 공화파에는 사회주의, 공산주의, 아나키즘을 지지하는 세력들이 모였다. 공화파는 쿠데타군보다 도덕적으로 우위에 있었으나 사분오열되어 있었고, 반면에 프랑코가 이끄는 국민전선은 잘 훈련된 군대와 수적인 우세, 그리고 독일과 이탈리아의 파시스트 정권(히틀러와 무솔리니)으로부터 지원을 받고 있었다. 영국과 프랑스는 내전이 국제전으로 비화할 것을 우려하여 불간섭 원칙을 고수하고 있었다. 한편 공화파는 소련과 멕시코로부터 무기와 물자를 지원받았고, 미국의 링컨 여단(미국인 의용병 부대) 3,000명과 세계 각국에서 온 반파시스트 국제여단(53개국 의용병 부대) 10만 명의 지원을 받았다.

내전의 전황은 국민전선 쪽으로 기울고 있었다. 수도인 마드리드와 바르셀로나의 카탈루냐 지방만 공화파의 보루로 남았다. 내전이 발발한 지 4년째인 1939년, 마침내 반란군은 대부분의 카탈루냐 지방을 점령했고, 이제 남은 도시는 수도인 마드리드뿐이었다. 결국 그해 3월 28일 마드리드가 반란군의 수중에 들어갔고, 4월 1일 프랑코는 내전의 승리를 공식적으로 선언했다. 이후 프랑코는 1975년 사망할 때까지 1인 독재 정치로 스페인을 철권통치 했다.

해가 지지 않는 스페인 제국의 수도 마드리드는 결국 역사의 어두운 곳으로 들어갔다. 그러나 스페인이 1978년 입헌 군주국으로 다시 부활하면서, 1992년 마드리드는 유럽 문화의 수도로 그 지위를 회복해 스페인 현대사의 질곡을 대표하는 도시로 재탄생한다.

바르셀로나, 마드리드의 라이벌

1992년 7월 25일, 지중해의 항구 도시 바르셀로나에서 제25회 하계 올림픽의 막이 올랐다. 당시 사람들은 스페인에서 열리는 올림픽이 왜 수도 마드리드가 아닌 바르셀로나에서 진행되었는지 다소 의아해 했다. 물론 올림픽은 국가보다 도시가 주관하는 국제 행사이기 때문에 그럴 수도 있었다.

그런데 대회가 한창 무르익었을 무렵, 특별한 일이 일어났다. 시상식 중계 때 올림픽의 공식 언어인 영어와 프랑스어, 그리고 개최국의 언어인 스페인어로 시상자를 호명하는 것까지는 일반적이었는데, 그 외에 또 다른 언어가 등장한 것이다. 바로 바르셀로나 지방에서 사용

▸▸ 바르셀로나에서 독립을 외치는 카탈루냐인들. 공식 주기에 푸른 삼각형과 흰색 별을 그려 넣은 이 깃발은 카탈루냐의 분리 독립을 상징한다.

되는 카탈루냐어였다. 카탈루냐어는 어족상으로 스페인어보다는 오히려 프랑스어에 가까운 언어였다. 바르셀로나 올림픽은 카스티야 왕국의 수도 마드리드가 아니라, 아라곤 왕국의 수도 바르셀로나에서 열렸다. 올림픽이 열리는 바르셀로나에는 스페인 국기보다 카탈루냐 주기가 더 많이 보였고, 마라톤 경기가 열리는 시내에서도 시민들은 카탈루냐 주기를 흔들며 선수들을 응원하고 있었다.

스페인의 수도 마드리드를 이중핵 수도로 분류한 이유는 카탈루냐의 수도 바르셀로나 때문이었다. 아라곤 왕국을 이어받은 카탈루냐 지방의 인구는 750만 명으로 전체 인구의 16%에 지나지 않지만, GDP는 스페인 전체의 5분의 1을 차지한다. 역사적으로도 다른 나라였고, 언어도 달랐으며, 게다가 스페인 내란까지 겪었던 카탈루냐인들이 지금도 독립을 원하는 이유가 여기에 있다.

두 도시의 경쟁은 지금도 현재 진행형이다. '엘 클라시코El Clásico'라는 이름으로 유명한 레알 마드리드와 FC 바르셀로나 간 축구 경기는 두 도시가 벌이는 운명의 맞대결이다. 레알 마드리드Real Madrid라는 이름은 1920년 당시 스페인의 국왕 알폰소 13세가 구단의 명칭에 '왕립'을 의미하는 '레알'(영어의 royal)을 하사한 데에서 유래한다.

아테네,
서양 문명의
뿌리

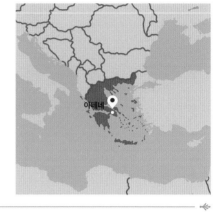

국가 그리스
도시 아테네
유형 중핵 수도

　서양 문명을 지탱하는 2개의 기둥이 있다. 첫 번째 기둥은 기독교로 대표되는 헤브라이즘Hebraism이고, 두 번째 기둥은 그리스 문명을 가리키는 헬레니즘Hellenism이다. 이 두 기둥의 본질을 알지 못하면 서양 문명, 나아가 서양인들의 정신세계를 이해하기 어렵다.

　헬레니즘은 인간 중심, 현세 지향, 자유, 다신교, 디오니소스 같은 키워드로 대표되는 반면, 헤브라이즘은 신 중심주의, 내세 지향, 일신교, 아폴론 같은 키워드로 대표된다. 두 문명의 정신을 대비하는 신 중에서 아폴론은 냉철한 이성을 상징하며, 디오니소스는 감성적인 인간의 본성을 가리킨다.

　서양 문명은 그리스 문명에서 시작되었고, 그 중심에는 그리스 신화가 있다. 그리고 신화 속에는 아테네와 스파르타 같은 도시 국가들이 등장한다. 그런데 고대에서 중세로 넘어오면 그리스의 수도 아테네는 역사의 주무대에서 찾아볼 수가 없다. 아테네는 어디로 사라진 것일까? 서구 문명이 탄생한 도시, 그리스 신화를 통해 유럽인들의 정신세계를 설계한 도시 아테네의 이야기를 해보자. 고대 그리스 역사에서 군계일학의 도시였고, 지금도 그리스의 수도인 아테네는 중핵 수도로 분류한다.

서양의 최고最古 도시는 아테나 여신의 도시?

최초의 인류 문명은 중동 지방, 정확히 말해 지금의 이라크에 해당하는 메소포타미아 지방에서 태동했다. 거기에 살고 있던 고대 수메르인들은 인류 최초의 문자인 설형문자(쐐기문자)를 발명했고, 천문학이 태어난 곳도 이 지방이다.

문명은 전파력이 있다. 이후 메소포타미아 문명은 이집트 문명과 함께 고대 그리스로 전해진다. 그리고 그리스에 산재하던 많은 도시 국가에서 서양 문명의 모태가 자라난다. 그 중심에는 도시 국가 아테네가 있었다. 기원전 6세기부터 플라톤, 아리스토텔레스, 소크라테스 같은 철학자, 그리고 소포클레스, 아이스킬로스, 에우리피데스 같이 뛰어난 극작가들이 아테네에서 서양 문명의 꽃을 피운 기라성 같은 주인공들이다. 그런 점에서 그리스 문명의 요람인 아테네는 서양 최고最古의 도시라고 부를 수 있다. 그런데 아테네라는 이름은 그리스 신화의 아테나 여신을 떠오르게 한다. 그렇다면 아테네는 제우스의 딸이자 지혜와 전쟁의 여신 아테나의 도시인가?

먼저 그리스 신화에서 아테나 여신의 탄생 신화를 보자. 만신의 아버지 제우스는 수많은 자식을 보았다. 물론 아내인 헤라 사이에서 많은 자식들이 태어났지만, 다른 여신이나 인간들 사이에서 태어난 자식들이 더 많다. 그중에는 제우스의 몸에서 나온 신들도 있었다. 제우스의 본모습을 보고 불에 타서 죽은 세멜레의 뱃속에는 아이가 한 명 있었다. 제우스는 이 아이를 자신의 허벅지에 넣고 출산일까지 기다렸다. 이렇게 태어난 신이 술의 신 디오니소스다. 그리고 제우스에게서 태어난 또 다른 신이 바로 아테나다.

본래 제우스의 첫 번째 아내는 헤라가 아니라 지혜의 여신 메티스였다. 그런데 메티스가 낳을 자식이 아버지를 능가할 것이라는 신탁을 들은 제우스는 메티스를 통째로 삼켜버린다. 그리고 얼마 지나지 않자 제우스의 머리가 깨질 듯이 아파왔다. 마침내 제우스의 머리를 깨고 완전히 무장한 여신이 태어났으니, 지혜와 전쟁의 여신 아테나였다. 완전히 무장을 하고 태어났으니 타고난 전사요, 머리에서 나왔으니 지혜의 여신이었다.

이번 글의 주인공 아테네는 발음상 아테나와 유사해 보인다. 아테네의 어원을 설명하는 학자들에 따르면, 아테네의 첫음절 'ath(아트-)'는 서양인 조상의 언어인 인도-유럽어에서 '머리' 혹은 '정상'을 의미한다고 한다. 그렇다면 아테나 여신이 제우스의 머리를 쪼개고 나왔다는 신화의 이야기가 충분히 설득력이 있어 보인다. 그리고 두 번째 어원인 정상이라는 의미는 아테네를 상징하는 바위산의 성채 아크로폴리스를 연상시킨다.

다른 신화의 이본에 따르면, 아테나는 바다의 신 포세이돈과 아테네를 두고 다투었다고 한다. 이때 아테나는 당시 이 지방의 왕인 케크롭

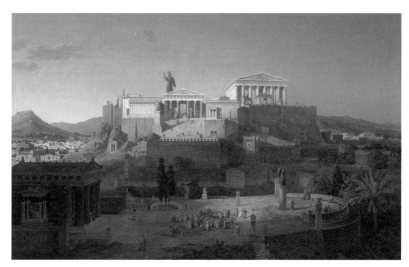

▶▶ 고대 아크로폴리스를 묘사한 그림. 파르테논 신전 왼편에 창을 든 아테나 여신이 보인다.
아테네는 아테나 여신을 섬기던 도시였다.

스 1세에게 올리브 나무를 주었고, 포세이돈은 자신의 상징인 삼지창
을 땅에 꽂아 염수가 솟는 우물을 만들어주었다고 한다. 물론 승자는
아테나였다. 파리스의 사과를 받지 못해 '최고 미인'의 자리를 아프로
디테에게 양보했던 아테나는, 이렇게 아테네의 수호신이 되었다.

중세의 아테네

서기 476년 서로마 제국이 멸망하고 유럽 역사의 중심이 지중해에
서 서유럽으로 이동하자, 아테네도 유럽 역사에서 그 존재감이 희미
해졌다. 비록 비잔티움 제국(동로마 제국)이 그리스계 주민과 그리스 문
명에 뿌리를 두고 있었다고 해도, 아테네는 콘스탄티노플과 비교할
수 없는 작은 도시로 전락한다. 로마 제국의 동방 황제였던 테오도시

▶▶ 오늘날의 아크로폴리스. 아테네 바위산에 있는 성채, 신들의 영역인 이곳에는 여러 신전들이 있다.

우스 2세(재위 408-450)는 426년과 439년에 제국 내의 모든 이교도 신전을 폐쇄하고 우상을 파괴하라는 칙령을 내린다. 하지만 황제는 아테네만은 예외로 두었다. 예를 들어 아테나 여신에게 드리는 파나텐축제Panathenaic festival도 허용되었다. 파나텐 축제는 올림픽 축제처럼 4년마다 열리는 대제전이었는데, 스포츠, 음악, 승마 등의 경기가 열렸다. 이 축제 때는 아테나 여신의 모습을 수놓은 옷을 입은 한 무리의 여성들이 아크로폴리스를 향해 걸어가는 행렬이 이어졌다고 한다.

유스티니아누스 황제(재위 527-565) 역시 전임자들과 같은 정책을 펼쳤는데, 그 골자는 철학 학교(특히 신 플라톤 학파)를 폐지하여 기독교 학교로 전환하고, 이교도 신전을 교회로 개조하는 것이었다. 아테네도 이러한 세태를 피해 갈 수 없었다. 파르테논 신전은 아테네의 대성당으로 바뀌었으며, 처녀 신의 상징이자 아테네의 수호신인 아테나 역시 성모 마리아로 교체되었다.

12세기부터 아테네의 주인 자리는 서유럽의 공후들이 차지했다. 1146년 아테네는 시칠리아 백작령의 첫 번째 백작이었던 노르만인 로제 드 시실Roger de Sicile에게 점령당했다. 이후 제4차 십자군 전쟁에서 십자군은 성지를 탈환하지 않고 오히려 동방 기독교 제국의 보루인 비잔티움 제국을 함락시키는데, 당시 비잔티움 제국에 속해 있던 아테네도 같은 운명에 놓이게 된다. 1204년 십자군 원정에 참가한 프랑스인들이 아테네 공국을 세운 것이다. 시간이 흘러 14세기 말, 아테네는 피렌체 공화국의 손에 넘어갔다.

오스만 제국의 지배

1453년, 비잔티움 제국의 수도인 콘스탄티노플이 오스만 제국에 점령당한다. 비잔티움 제국의 마지막 황제 콘스탄티노스 11세는 자줏빛 망토를 벗어 던지고 최후의 일전을 벌였으나 그 후 그의 모습을 본 사람은 아무도 없었다.

비잔티움 제국의 도시 아테네도 같은 운명을 맞이했다. 콘스탄티노플이 함락된 지 4년째인 1456년에 아테네 시민들은 아크로폴리스에서 결사 항전을 했지만 오스만 군대를 막기에는 역부족이었다. 그리스 신전에서 기독교 교회로 변신했던 파르테논이 이번에는 이슬람 사원으로 개조되었다. 몇 년 뒤에는 파르테논 신전 주위에 모스크를 상징하는 첨탑까지 건설되었다. 현재 이스탄불의 하기아 소피아(비잔티움 시절에는 성 소피아 대성당) 모스크 주위에 있는 첨탑과 유사한 모습이었을 것이다. 고대 그리스의 번영 시대에 페리클레스가 세운 아크로폴리스에 있는 건물 에레크테이온Erechtheion은 오스만 제국의 점령 이후에는 '여인들의 규방'인 하렘으로 변모했다. 전쟁에서 패한 피정복자들의 문명은 이처럼 치욕을 겪게 된다.

현재의 파르테논 신전이 폐허처럼 변한 배경에는 사연이 있다. 1687년 9월 26일 오스만 제국의 도시였던 아테네는 베네치아 군대에 포위되었다. 그런데 당시 오스만 군대는 파르테논 신전을 화약 저장소로 사용하고 있었다. 그 결과 베네치아 포대는 파르테논 신전에 포격을 가했고 신전은 크게 파괴되고 말았다. 역사 속의 문화재는 국력이 뒷받침되어야 보존되는 법이다.

파르테논 신전의 페디먼트pediment(박공. 고대 그리스 건축에서 입구 위 삼각형 부분)에 있던 아름다운 조각상들이 그 예다. 현재 이 조각상들은 모두 대영박물관에 전시되어 있다. 오스만 제국의 지배를 400년 넘게 받았을 때도 온전했던 파르테논 신전의 박공 조각상들이 동족인 유럽인들(영국인들)에 의해 훼손된 것이다. 사연은 이러하다.

토마스 브루스 엘긴 백작은 오스만 제국이 지배하고 있던 시기에 아테네 주재 영국 대사였다. 그가 대사에 임명된 해는 1799년이었다. 파르테논 신전의 아름다움에 심취해 있던 그는 신전을 장식하고 있는 아름다운 조각상들을 영국으로 가져가야겠다는 엉뚱한 생각을 한다. 본래 파르테논의 프리즈(기둥 상부 내벽의 장식 띠)는 대리석 패널 115장으로 되어 있었는데 당시에는 94장이 남아 있었다고 한다. 그중 56장의 프리즈 조각과 15점의 메토프(바깥 기둥 위 부조) 조각이 현재 대영박물관에 전시되어 있다. 그런데 조각상을 떼어내면서 주위의 대리석판을 톱으로 잘라내는 바람에, 판석을 떨어뜨려 훼손했고, 일부는 배

▶▶ 고대 그리스 건축 방식인 이오니아 양식을 잘 보여주는 에레크테이온. 페리클레스가 세운 마지막 건물이다.

로 운반 도중에 유실했다고 한다. 인류가 공유해야 할 문화재가 탐욕에 눈이 멀었던 한 인간에 의해 훼손되었다.

파르테논 조각상의 약탈은 그리스가 오스만 제국의 지배를 받던 때 일어난 일이다. 마치 러일 전쟁 직후, 일제가 강화도와 개성의 분묘 1,000기를 도굴해서 고려자기를 파내어 간 것을 연상시킨다. 물론 지금도 그리스는 이 문화재들의 반환을 영국에 요구하고 있지만, 유럽의 박물관들이 약탈해 간 문화재를 반환했다는 소식은 들어본 적이 없다.

▶▶ 훼손된 파르테논 신전의 현재 모습(위)과 대영박물관에 보관되어 있는 박공(페디먼트)의 조각상들(아래). 오른쪽으로 갈수록 조각상의 크기가 커진다.

아테네의 부활

15세기 중반부터 계속된 오스만 제국의 그리스 지배는 19세기에도 변하지 않았다. 생각해보자. 서양 문명의 요람인 그리스가 이슬람 제국의 지배를 거의 400년 동안 받았다면 유럽인들의 자존심이 상할 대로 상하지 않았겠는가.

1821년 마침내 그리스 독립 전쟁이 일어났다. 프랑스 혁명의 영향을 받은 유럽에서 민족주의를 내세운 혁명이 도처에서 일어났다. 수백 년간 오스만 제국의 지배를 받은 그리스도 예외는 아니었다. 특히 서양 문명의 원류인 그리스 문화에 우호적인 유럽인들은 그리스 독립 전쟁에 적극적으로 동참했다. 그리스 문화 애호가였던 영국의 시인 바이런은 그리스 전쟁에 참전했고, 혁명전쟁에서 목숨을 잃었다. 프랑스의 화가 외젠 들라크루아는 그리스에서 자행된 오스만인들의 잔인한 학살 사건을 모티브로 〈키오스섬의 학살〉이라는 작품을 남겼다. 또한 '그리스 디아스포라'라고 불렸던 그리스 해외 이주자들이 적극적으로 조국의 독립을 후원했다. 마치 제2차 세계 대전이 끝날 무렵 해외에 거주하던 유대인들이 이스라엘의 독립을 지원했던 것과 유사했다.

그리스의 독립 전쟁은 유럽의 역학 구도를 변화시킬 수 있는 중요한 전쟁이었다. 유럽 제국의 입장에서 보면 유럽인들의 '공공의 적'인 오스만 제국의 세력을 제압할 수 있는 절호의 기회였다. 물론 19세기에 접어들면서 오스만 제국의 세력은 축소되어 더 이상 과거의 강력한 제국이 아니었다.

유럽 열강의 지원 아래 그리스는 한 걸음씩 독립의 길로 가고 있었다. 오스만 군대와 그리스 군대는 아크로폴리스를 놓고 일진일퇴의

▶▶ 〈키오스섬의 학살〉, 외젠 들라크루아(1823, 루브르 박물관)

공방전을 벌였고, 아크로폴리스를 내주지 않으려는 오스만 군대의 저항도 완강했다. 1826년부터 1년 동안 오스만 군대는 아크로폴리스를 포위했고, 포위를 무력화시키려는 그리스 독립군과 유럽 연합군의 공격은 성공하지 못했다. 오히려 오스만의 장군 라치드 파차는 1827년부터 1833년까지 아크로폴리스를 점령하고 그곳에 주둔했다.

그러나 마침내 아크로폴리스를 비롯한 아테네 전체가 그리스 독립군에 의해 해방되었고, 1834년 12월 1일 아테네는 독립 그리스의 수도로 선포되었다. 그런데 수천 년 동안 그리스 문명의 심장부였던 아테네는 전쟁의 여파로 사람이 살지 않는 텅 빈 도시가 되어 있었다. 이후 아테네는 폐허의 도시에서 찬란한 그리스 문명의 수도로 다시 태어난다. 하지만 아테네의 시련은 여기에서 끝나지 않았다. 제2차 세계대전이 발발하자 이번에는 나치에게 점령당한다. 400년간의 이슬람 지배의 사슬을 끊었지만, 이번에는 같은 조상을 가진 독일이 아테네를 점령한 것이다. 나치의 점령은 조직적인 기아를 초래하여 많은 아테네 시민들을 죽음으로 몰아갔다. 하지만 불사조 같은 아테네는 다시 일어났다. 1981년 EU에 가입함으로써, 유럽 제국의 원조인 그리스가 다시 유럽으로 복귀한 것이다.

1985년 여름, 아테네는 유럽의 문화 수도로 선포되었다.

'유럽의 병자'에서 '경제 우등생'으로

그리스의 수도 아테네의 이야기를 마치면서 그리스 경제 이야기를 하지 않을 수 없다. 1999년 1월 EU는 유로를 단일통화로 하는 경제 공동체를 출범시켰다. 당시 15개 회원국 중 영국, 덴마크, 스웨덴은 유로화를 도입하지 않았고, 나머지 한 나라는 가입 요건이 충족되지 않아 유로화 통용이 유보되었다. 그 나라가 바로 그리스다. 그리스 정부는 각종 통계를 충족시키는 자료를 제시한 끝에 2001년 유로존 회원국이 되었지만, 나중에 그 통계가 조작되었다는 사실이 드러났다.

그리스는 과도한 복지 지출과 방만한 재정 운용을 계속하다가, 결국 2008년 리먼브라더스 파산이 몰고 온 글로벌 금융 위기에 직격탄을 맞는다. 채무 불이행, 즉 디폴트 선언까지 할 것이라는 소문이 전 세계를 강타했다. 유로존에 편입한 그리스는 사실상 파산을 하고 말았다.

하지만 그리스는 오뚝이처럼 일어났다. 팬데믹이 끝나면서 국가 수입의 중요한 수입원이었던 관광 산업이 살아났고, 마이크로소프트 같은 첨단 기업이 아테네 인근에 데이터 센터를 건설하는 등 투자를 이어갔다. 유로존에 편승하여 유럽 경제를 송두리째 흔들었던 그리스가 기사회생하기 시작했다.

그리스 총리 미초타키스는 "그리스는 더 이상 검은 양(골칫거리)이 아니다"라고 힘주어 말한다. 미국의 《뉴욕타임스》도 "갚을 수 없는 빚을 졌던 그리스가 이제는 유럽에서 가장 빠르게 성장하는 국가가 되었다"라고 기사를 썼다.[26] 서양 문명의 주춧돌을 놓았던 그리스의 변신이 자못 흥미롭다.

스톡홀름, 스칸디나비아의 수도

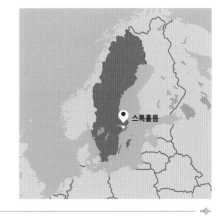

국가 스웨덴
도시 스톡홀름
유형 중핵 수도

인류 문명은 교류의 역사라고 말할 수 있다. 문명은 발상지에서 그 주위로 빠르게 확산된다. 다른 대륙과 문명의 교류가 없었던 아메리카 대륙의 문명의 발달이 늦었던 것도 이 때문이고, 호주에 정착한 인류는 완전히 고립되어 있었기 때문에 원시 문명의 수준을 벗어나지 못했다.

동서양에서 문명의 전달자 역할을 한 민족을 꼽으라면, 동양에서는 비록 잔인한 침략자였지만, 실크로드를 건설하여 동양의 문물을 서양으로 전한 몽골족을 꼽을 수 있고, 서양에서는 바이킹을 들 수 있다. 중세 서유럽인들은 바이킹을 북방의 악마라고 불렀으니, 몽골족과 바이킹은 침략을 당한 민족들에게 공포의 대상이었다.

현재 바이킹들의 후손이 살고 있는 나라는 북유럽 3개국(스웨덴, 노르웨이, 덴마크)이다. 북유럽에 위치한 스웨덴의 수도 스톡홀름은 유럽에서 가장 북쪽에 있는 수도 중 하나다. 스톡홀름의 문장에는 다른 도시와 다르게 어떤 인물이 등장한다. 12세기 스웨덴 왕국을 통치했던 에리크 9세(1120년경-1160년)의 얼굴이다. 성聖 에리크로 불리는 그는 스웨덴 군주 중에서 사후에 시성된 유일한 왕이다. 성 에리크의 문장은

▶▶ 스톡홀름시의 문장

스웨덴 국기처럼 청색과 황색으로 구성되어 있다. 스칸디나비아인들의 남자 이름에 자주 등장하는 에리크Eric는 고대 노르드어로 '유일한 통치자'를 의미하며, 여기서 '-ric'은 왕이라는 뜻이다.

17세기에 북유럽의 강국으로 떠오른 스웨덴은 라이벌인 덴마크 왕국을 추월했다. 스톡홀름은 1634년 스웨덴 왕국의 공식 수도가 된 이후, 북유럽 무역의 핵심 도시로 성장했다. 스웨덴에서 스톡홀름과 견줄 만한 도시를 찾을 수 없다는 점에서, 스톡홀름은 중핵 도시로 분류했다.

스웨덴과 스톡홀름의 어원

스웨덴인의 조상인 스비아svear족이 유럽인에게 알려진 것은 로마의 역사가 타키투스의 《게르마니아Germania》를 통해서다. 타키투스는 그들을 수이오네스Suiones족이라고 부르고 있다. 이후 스비아족에 대

한 언급은 바이킹의 서사시 사가Saga에도 등장한다.《헤임스크링글라 Heimskringla》 사가에서는 스비아족이 강력한 부족이고, 그들의 왕은 프레이르 신의 후손이라고 한다. 프레이르 신은 북유럽 신화에 등장하는 미와 풍요의 신이다. 이들이 바로 9세기부터 서유럽과 동유럽을 공포에 빠뜨린 바이킹의 조상이다. 그중에서도 지금의 스톡홀름을 중심으로 거주하던 바이킹들은, 덴마크 바이킹들이 영국이나 프랑스를 침탈할 때, 러시아 내륙으로 들어가 러시아의 모태인 키예프 공국을 세웠다. 비잔티움 제국에서는 그들을 루스Rus라고 불렀고, 그것이 오늘날 러시아 국명의 어원이 되었다. 현대 스웨덴어로 스웨덴은 'Sverige'라고 쓰고 스베리야라고 읽는다. 스베리야의 뜻은 '스비아인의 나라'다.

스톡홀름은 스웨덴의 수도이자 북유럽 최대의 도시다. 14개의 섬을 57개 다리로 연결한 도시라서 북방의 베네치아로 불린다. 스톡홀름 Stockholm은 바이킹이 거주하던 작은 마을에서 17세기에는 스웨덴 제국의 수도로 발전한다. 이름을 스웨덴어로 발음하면 '스톡콜'이다. 통나무를 의미하는 'Stock'과 섬을 뜻하는 'holm'이 합쳐진 이 도시의 이름은 상류에서 통나무들을 띄워 보낸 데서 유래한 이름이라고 한다. 여기에서 섬은 스톡홀름 중심부에 있는 헬게안스홀멘Helgeandsholmen섬을 가리키는 것으로 보인다. 지리적으로 전략적인 요충지였던 스톡홀름은 스웨덴을 지배했던 덴마크 왕들에게 중요한 도시로 간주되었고, 스웨덴 제국 시절에 공식 수도로 자리 잡았다.

스톡홀름은 전략적·경제적 중요성 때문에 15세기 칼마르 동맹(덴마크, 스웨덴, 노르웨이 3국의 국가 연합체) 때도 전략적인 도시로 주목받았다. 그런 배경에서 덴마크 국왕 크리스티안 2세는 1520년에 이 도시에 칼마르 연합의 지배자로 입성한다. 하지만 1520년 11월 8일, '스톡홀

▶▶ 스웨덴의 수도 스톡홀름의 구시가지 감라스탄 전경.

름 대학살'이라 불리는 반대파 인사들에 대한 탄압을 신호탄으로 칼마르 동맹은 해체의 길로 접어든다. 그럼에도 스톡홀름은 스웨덴 제국의 수도로 재탄생하고, 1610년부터 1680년까지 인구가 6배(약 1만 명)로 증가하여, 북유럽 제1의 도시 자리에 오른다.

바이킹 왕국의 헤게모니

현재 바이킹 3국의 인구를 보면 스웨덴(1,060만 명), 덴마크(597만 명), 그리고 노르웨이(557만 명) 순이다. 세 나라의 인구를 합치면 2,000만 명이 조금 넘는데, 이는 다른 서유럽 국가들의 인구와는 비교가 되지 않는 수다. 중세에 바이킹들이 많이 이주했던 영국과 프랑스의 인구는 각각 6,800만 명이다. 그렇다면 왜 북유럽 3국의 인구는 서유럽 국가들에 비해 현저히 적은가? 바이킹은 8세기 말부터 영국 북동부 해안 지방을 시작으로 서유럽을 끊임없이 약탈했고, 많은 바이킹들이

영국의 데인로 지방(860년경-954년)이나
프랑스의 노르망디, 이탈리아의 시칠리아
등의 지방을 점령하고 그곳으로 이주했
다. 다시 말해 사람들이 국외로 이주해 간
까닭에 막상 북유럽 3국 본토는 인구가
많이 늘지 못했던 것이다.

지금은 스웨덴이 북유럽 3국 중에서 인
구가 가장 많은 국가이지만, 1,000년 전
북유럽 세계의 헤게모니는 덴마크가 쥐고

▶▶ 북해 제국을 세운 크누트 대왕.

있었다. 일찍이 영국 섬에 진출한 덴마크 바이킹들은 영국의 북동부
지방에 정착하여 데인로 지방을 만들었다. '데인로'란 브리튼섬에서
'덴마크의 법이 통하는 지역'이라는 뜻이었다. 사실상 덴마크 바이킹
들이 개척한 식민지였다. 이후 덴마크의 크누트 대왕은 잉글랜드 왕
국을 멸하고 북해 제국(1016-1042)을 형성한다. 북해 제국은 지금의 노
르웨이, 덴마크와 잉글랜드 일부까지 영역을 넓혀갔다. 이 시기가 덴
마크 바이킹의 최대 전성기였다.

칼마르 동맹에서 스웨덴으로

크누트 제국 이후 덴마크는 14세기에도 여전히 북유럽의 강국이었
다. 당시 덴마크는 스칸디나비아에서 가장 인구가 많고 부유한 나라
였다. 특히 스칸디나비아반도의 가장 부유한 남쪽 지역을 소유하고
있던 덴마크 왕국은 발트해로 이어지는 모든 해협을 통제하고 있었

다. 반면에 12세기에 통일 왕국을 이룬 스웨덴은 덴마크의 영향력 아래 있었다.

북유럽 3국을 묶은 칼마르 동맹도 덴마크 주도로 이루어졌다. 덴마크의 마르그레테 1세는 1389년 조카인 포메라니아의 에리크^{Erik of Pommern}를 노르웨이 왕으로, 1396년 1월 23일에는 덴마크 왕으로, 마지막으로 1396년 7월 22일에는 스웨덴 왕으로 앉혔다. 하지만 마르그레테 1세는 1412년 사망할 때까지 사실상 3국의 공동 군주였다. 이러한 시대적 상황에서 1397년 7월 20일, 덴마크 스콘 근처의 칼마르(스웨덴의 도시)에서 마침내 3국의 연합 조약이 체결되었다.

하지만 칼마르 동맹은 이제 막 국력이 상승하던 스웨덴과, 전통적으로 북유럽에서 종주권을 행사하려는 덴마크 간의 알력으로 삐걱거리고 있었다. 실제로 15세기 내내 칼마르 동맹은 덴마크와 스웨덴 간의 패권 다툼으로 인해 여러 차례 깨졌다가 다시 합쳐지기를 반복했다.

이러한 갈등은 1412년 마르그레테 1세의 사망 이후 두드러졌다. 스웨덴인들은 덴마크에 권력이 집중되는 것에 반기를 들었고, 홀슈타인 지방 등지에서 전쟁을 벌이는 덴마크에 반대했다. 이 지방은 스웨덴의 주요한 철 산지였기 때문이다. 결국 국민 의식이 형성된 스웨덴인들은 덴마크 왕이나 노르웨이 왕을 더 이상 자신들의 국왕으로 받아들이지 않기로 한다. 이런 시대적 흐름이 공염불에 그친 것은 아니었다. 실제로 1430년부터는 스웨덴에서 덴마크 군대를 추방하기 위한 무장 반란도 일어났다. 북유럽의 헤게모니는 덴마크에서 스웨덴으로 넘어가기 시작했다.

스웨덴 제국의 흥망성쇠

칼마르 동맹에서 독립한 스웨덴은 구스타프 2세와 크리스티나 여왕을 섬겼던 악셀 옥센셰르나Axel Oxenstierna가 재상으로 있을 때, 유럽의 강대국으로 부상했다. 러시아와 폴란드-리투아니아 공화국으로부터 빼앗긴 영토를 되찾고, 30년 전쟁(1618-1648)에 참전한 결과, 스웨덴은 개신교의 리더 국가로 변모했다. 이렇게 17세기 중반 스웨덴은 당당히 유럽 열강에 합류한다. 신대륙 식민지 개척에도 뛰어들어, 1638년에는 북미의 델라웨어강 근방에 뉴스웨덴을 건설하기도 했다. 현재 미국 델라웨어주의 주기가 스웨덴의 국기와 비슷한 이유가 여기에 있다.

스웨덴이 참전했던 30년 전쟁은 베스트팔렌 조약으로 끝이 났다. 유럽 역사에서 최초의 국제 전쟁으로 기록된 이 전쟁에서 네덜란드는 80년 동안 싸워온 스페인으로부터 독립을 쟁취했으며, 베스트팔렌 조

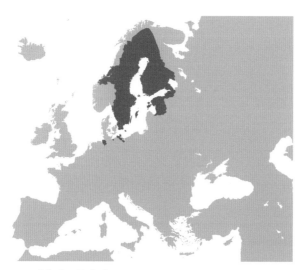

▶▶ 스웨덴 제국 최대 판도(1611-1712).

▶▶ 노르웨이와의 전쟁에서 목숨을 잃은 칼 12세. 스웨덴군은 이를 계기로 철수하게 된다.

약으로 종교의 자유가 허용되면서 개신교 국가들이 로마 가톨릭의 탄압으로부터 벗어날 수 있었다.

17세기 중반 스웨덴은 국토 면적 기준으로 유럽에서 러시아와 스페인에 이어 세 번째로 큰 국가였다. 30년 전쟁 이후에도 스웨덴은 이웃 나라인 폴란드-리투아니아 공화국과 발트해 연안 국가를 놓고 경쟁했는데, 반세기 이상 전쟁이 계속되자 스웨덴의 경제는 쇠락의 길로 접어들었다. 루이 14세가 벌인 수많은 전쟁으로 인하여 유럽의 최강국에서 내려온 프랑스의 선례를 그대로 답습하고 있었다. 폴란드 침공에 성공한 스웨덴의 칼 12세는 강력한 경쟁국인 러시아를 침공하지만, 결과는 스웨덴의 참패로 끝이 난다. 1709년 폴타바 전투에서 극도의 추위와 러시아군의 효과적인 공격에 무너지고 만 것이다. 당시 러시아의 차르는 떠오르는 유럽의 강자 표트르 대제였다.

스웨덴 제국 몰락의 조짐은 이것뿐만이 아니었다. 러시아에 패한 스웨덴은 이번에는 노르웨이를 상대로 두 번의 전쟁을 치렀는데, 두 번째 전쟁에서 칼 12세가 목숨을 잃고 만다(1718년). 왕의 죽음은 전세에 결정적이었다. 스웨덴군은 비록 전쟁이 끝나지 않았지만 군대를 철수시킨다. 스웨덴 제국의 시대는 저물고, 제정 러시아의 시대가 오고 있었다.

노벨상의 고향

해마다 10월이면 전 세계 언론은 노벨상 수상자를 앞다투어 보도한다. 세계 최고의 석학들에게 수여하는 노벨상의 명성은 익히 잘 알려져 있다. 수상 분야는 물리학상, 화학상, 생리·의학상, 문학상, 평화상 총 5개 분야다(추후 제정된 노벨 경제학상을 더하면 6개 분야다).

노벨상은 노벨의 유언에 따라 제정되었다. 생전에 여러 통의 유언을 미리 작성한 노벨은 1895년 11월 27일 파리에서 작성한 마지막 유언에서 노벨상 제정을 언급했다. 노벨이 이 상을 제정한 배경에는 여러 설이 있지만, 자신이 발명한 다이너마이트가 전쟁에서 사용되어 많은 사람들이 목숨을 잃는 것에 깊은 회한을 느꼈다고 한다. 가장 유명한 일화로는 형인 루드비히 노벨의 부고 기사를 노벨 자신이 죽은 것으로 착각한 언론사들이 노벨을 '죽음의 상인'으로 부른 것을 보고 노벨상을 제정했다는 설이다. 사후에 어떤 평가를 받게 될지 살아생전에 경험한 것이다.

노벨상의 수상자 발표는 스톡홀름에 있는 스웨덴 왕립 과학한림원에서 진행된다. 먼저 3명의 노벨 위원회 위원들이 착석하고 뒤의 스크

▶▶ 스웨덴 스톡홀름 시내에 있는 노벨뮤지엄.

린에 수상자의 프로필이 올라간다. 과학한림원에서 발표하는 수상자들은 물리·화학·경제학상 수상자들이다. 한편 노벨 생리·의학상은 스웨덴 카롤린스카 의과대학에서 결정하고, 우리에게 가장 친숙한 문학상은 스웨덴 아카데미에서 발표한다. 끝으로 평화상은 조금 특이한데, 노르웨이의 오슬로에 있는 노벨 위원회에서 결정한다. 여기에는 여러 설이 존재한다.

그중 하나는 노벨이 스웨덴과 노르웨이가 연합 국가가 되는 것을 바랐다는 설이다. 노벨이 유언장을 작성했던 1895년 당시에는 노르웨이가 스웨덴에 합병된 상태였다. 두 나라가 평화를 공유하며 살기를 바랐던 것일지도 모른다. 하지만 노벨의 바람과는 달리 노르웨이는 1905년 독립했고, 노벨 평화상은 그대로 오슬로에서 발표한다.

노벨상의 하이라이트는 매년 12월 10일 스톡홀름의 콘서트홀에서 열리는 시상식이다. 이날에 시상식이 열리는 이유는 1896년 12월 10

일에 노벨이 세상을 떠났기 때문이다. 시상식에는 스웨덴 국왕이 직접 참석하여 수상자에게 메달과 상패를 수여한다. 왕족과 수상자를 비롯하여 1,500여 명의 하객이 연미복과 이브닝드레스를 입고 시상식을 지켜본다. 입헌 군주제를 유지하고 있는 유럽의 몇몇 나라에서 열리는 대관식 다음으로 웅장하고 화려한 의식이다.

시상식이 끝나면 스톡홀름 시청의 홀에서 축하 연회Banquet가 벌어진다. 시상식에 참석했던 1,500명이 함께하여 새벽 2시까지 연회를 즐긴다. 군주제가 절정이었던 17세기 유럽 왕국의 연회 모습이 스톡홀름에서 매년 재현되고 있다.

스톡홀름 증후군

복지 제도가 잘 갖춰진 스웨덴은 치안도 안정된 나라일까? 결과는 예상 밖이다. 강력 사건이 일어나는 통계를 비교하면 스웨덴은 OECD 국가 중에서 치안이 불안한 나라로 분류된다. 대표적인 강력 사건은 1973년 발생한 은행 습격 사건을 꼽을 수 있다.

1973년 스톡홀름의 한 은행에 얀에리크 올손을 비롯한 일단의 청년들이 스톡홀름에서 가장 큰 은행 중의 하나인 크레디트반켄 은행에 난입해, 은행에 있던 4명을 인질로 삼아 6일 동안 경찰과 대치했다. 그들의 요구는 감옥에서 만난 동료의 석방, 300만 크로네, 탈출을 위한 머스탱 자동차였다.

그런데 시간이 지나자 이상한 일이 벌어졌다. 인질들이 강도에게 호감을 갖게 된 것이다. 하루가 지나자 강도들과 인질들은 통성명을 하고, 인질들도 더 이상 공포에 떨지 않게 되었다. 이윽고 경찰의 진압 작전이 시작되었다. 경찰이 최루탄을 발사하자 강도들은 즉각 항복했다. 그리고 인질들에게 먼저 나오라고 말했지만, 인질들은 경찰의 말을 듣지 않았다. 금고에 남아 있던 강도와 인질들은 서로 악수와 포옹을 하고 건물에서 나왔다. 인질들은 경찰에게 강도들을 거칠게 다루지 말라는 부탁까지 했다.

스톡홀름 증후군은 인질이나 피해자였던 사람들이 가해자들에게 마땅히 느껴야 할 공포나 증오심 대신에 애착이나 온정을 느끼는 증상을 가리킨다. 증후군이란 용어가 붙은 것으로 보아, 이 증후군이 현대인들의 일상과 밀접한 관계가 있다는 방증일지도 모른다.

베른,
스위스 연방의
수도

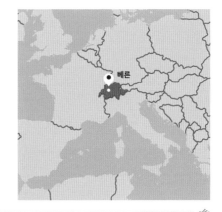

국가 스위스
도시 베른
유형 신중핵 수도

　스위스는 유럽을 찾는 사람들에게 가장 인기가 많은 나라다. 국토 면적이 남한의 41%에 지나지 않지만 빼어난 알프스의 풍광이 많은 사람들을 불러들인다. 하지만 지금이야 아름다운 산악 지방이 관광의 보물이지만, 중세로 돌아간다면 사정은 달라진다. 농경지가 거의 없고, 험한 산으로 교통이 단절된 이 지방은 아마도 사람들이 살기에 좋은 여건은 아니었을 것이다.

　스위스를 찾는 사람들은 최대 도시 취리히, 국제기구가 뉴욕 다음으로 많은 주네브(영어명 제네바), 보석같이 아름다운 루체른 같은 도시를 찾지만, 이 중에서 어떤 도시도 스위스의 수도는 아니다. 상대적으로 덜 알려진 도시인 베른이 어떻게 수도로 확정되었는지 살펴보자.

작은 연방국 스위스

　앞에서 소개한 스위스의 대표 도시들은 서로 다른 언어로 표기되어 있다. 취리히Zürich와 루체른Luzern은 독일어로, 주네브Genève는 프랑스어로 표기한다. 사실 스위스는 소국이지만 여러 민족이 살고 있는 연방제 공화국이다(전체 인구는 2024년 기준 892만). 민족 구성이 다양한 만큼 공식 언어 또한 여럿인데, 사용 인구순으로 보면 독일어(전체 인구 중 64%), 프랑스어(23%), 이탈리아어(8%), 로망슈어(0.5%)다. 스위스Suisse라는 국명은 프랑스어 표기이고, 독일어로는 슈바이츠Schweiz, 이탈리아어는 스비체라Svizzera, 로망슈어는 주비츠라Svizra, 영어로는 스위츠랜드Switzerland다.

　지도를 보면 서부 지방의 도시들(주네브, 뇌샤텔, 로잔)이 프랑스어권

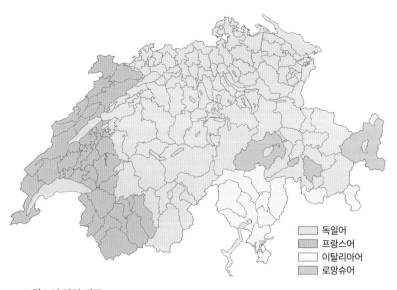

독일어
프랑스어
이탈리아어
로망슈어

▶▶ 스위스의 언어 지도

에 속하고, 나머지 지역은 거의 독일어권(취리히, 베른, 바젤)이고, 남부의 특정 주Canton에서만 이탈리아어가 사용되고 있음을 알 수 있다.

필자가 유학 시절 겪은 경험담이다. 프랑스 알프스의 산악 도시 샤모니Chamonix에서 몽블랑 등정 200주년 세계 산악인 대회가 열렸다. 당시 한국 대표단으로 참가한 어느 영어 교사가 샤모니에 오기 전에 제네바를 거쳐 왔는데, 국제기구가 뉴욕 다음으로 많은 제네바에서 영어가 통하지 않는다며 불평을 했다. 사실 제네바는 프랑스어권 도시라 영어가 잘 통하지 않는다. 도시명도 주네브라는 프랑스어 표기를 사용할 정도다.

스위스인의 조상

스위스의 공식 국명은 라틴어로 '헬베티카 연방Confederation Helvetica'이라고 표기되어 있다. 기원전 5세기경에 켈트족의 한 갈래인 헬베티족이 이 지방에 정주했다. 당시 유럽의 한복판은 켈트족이 주인이었고, 게르만족은 자신들의 고향인 북유럽에 머무르고 있었다. 헬베티족은 험한 산악 지형에 정착했다. 지금의 레만호 동쪽이다. 당연히 먹고살기 힘들었을 것이다. 그래서 헬베티카 부족은 남서쪽으로 이주를 결심한다. 그러나 지중해로 진출할 수 있는 나르보나 지방(지금의 남프랑스)은 이미 로마의 속주로 편입되어 있었다.

그 무렵, 북쪽의 게르만족은 끊임없이 헬베티족을 떠밀고 있었다. 뒤에는 게르만족, 앞은 당대 최강 로마의 속주에 막혀 있었다. 헬베티족의 선택은 하나였다. 고향을 떠나 집단 이주를 하는 것이다. 새로운 정착지는 프랑스의 브르타뉴 지방이었다. 지금도 브르타뉴 지방은 스위스에서 아주 멀리 떨어진 지방인데, 마땅한 교통수단도 없던 시절 프랑스의 서부 지방으로 집단 이주를 결정한 것이다.

카이사르의 《갈리아 전기》에 따르면 브르타뉴 이주에 나선 헬베티족은 아녀자들까지 포함해서 총 36만 8,000명이었다고 한다. 이들 가운데 건장한 남자는 9만 2,000명이었다. 헬베티족이 이주를 시작하자 카이사르는 군대를 이끌고 알프스를 넘어 남프랑스의 론강에 나타났다. 론강은 헬베티족이 브르타뉴 지방으로 가기 위해 꼭 건너야 할 강이었다. 헬베티족의 4분의 3이 론강을 건넜고, 나머지는 건너기를 기다리고 있을 때였다.[27] 카이사르의 군대가 이들을 급습했다. 헬베티족의 군대는 사분오열 흩어졌고, 로마군은 그들을 추격하여 섬멸했다. 이렇게 헬베티족의 집단 이주는 실패로 끝이 났다. 약소민족에게는 거주 이전의 자유도 없었던 것이다. 만약 헬베티족이 브르타뉴반도에 이주했다면, 오늘날의 스위스는 프랑스 서쪽의 브르타뉴반도에서 찾아야 했을 것이다.

베른이 수도가 된 이유

스위스 연방의 수도 베른은 스위스에서 5번째로 큰 도시다(취리히, 주네브, 바젤, 로잔 다음이다). 역사적으로 스위스는 신성 로마 제국의 지배를 받고 있었는데, 1291년 스위스 지역의 대표 3명이 지금의 수도 베른에 모여 영구 동맹을 맺고 연방을 선언했다. 물론 신성 로마 제국이 스위스를 가만히 놔둘 리가 없었다. 하지만 교황청의 수비대로 명성을 날리던 스위스인들이 아닌가? 신성 로마 제국의 막시밀리안 황제는 스위스를 공격했지만, 스위스군에게 패퇴한다. 이렇게 1499년 스위스는 독립을 쟁취했고, 1815년 빈 회의에서 영세 중립국으로 인정받았다. 이후에도 스위스는 연방 체제를 유지하기 위해 수도를 특정하지 않았다. 하지만 근대 사회로 넘어오면서 스위스도 수도를 정해야 할 처지에 놓였다.

1798년 프랑스 공화국의 침공으로 스위스에 임시 헬베티카 공화국이 성립되었고(1798-1803), 연방의회도 소집되었다. 스위스의 공화주의자들은 프랑스처럼 파리 같은 수도를 확정하여 중앙집권 국가를 완성하려 했으나, 수백 년간 연방 체제에 익숙했던 스위스인들은 이런 정치적 변화에 적응하지 못했다. 결국 1803년 프랑스 공화국의 나폴레옹은 스위스 연방 체제를 부활시키고, 6개의 주들이 1년씩 돌아가면서 수도의 역할을 한다는 법령을 공포한다. 프리부르, 졸로투른Solothurn, 루체른, 베른, 취리히, 바젤 등 6개에서 이후 3개 도시로 축소되었다(베른, 취리히, 루체른).

1848년 새로운 연방 정부가 들어서자, 수도 문제가 다시 수면 위로 올라왔다. 그해 11월 28일, 연방의회는 항상 유력한 수도 후보지였던 취리히와 루체른 대신에 지명도가 낮았던 베른을 수도로 확정한다. 제1의 도시 취리히가 수도가 된다면 권력과 경제가 특정 도시에 편중될 거라는 판단이었다. 루체른을 선택하지 않은 것은 정치적인 이유에서였다. 루체른은 새로운 연방 국가 설립을 반대하는 주州들의 리더였다. 한편, 베른은 국토의 중앙에 위치하고 있었고, 비록 독일어권이지만 프랑스어권 주민들의 지지도 받고 있었다. 게다가 베른주는 수도 건설에 필요한 부지를 무상으로 제공하겠다는 제안도 했다.

▶▶ 베른의 구도심. 베른은 스위스에서 가장 큰 도시 취리히를 제치고 수도가 되었다.

이렇게 베른은 예상을 깨고 스위스의 수도로 확정된다. 하지만 스위스의 수도가 베른이라는 조항은 스위스 헌법 어디에도 없다. 다만 연방의회법 제23조와 정부 및 행정조직법 제58조 등 두 개의 법률 조항에 따르면, 연방의회는 일반적으로 베른에 있고, 베른에는 정부, 각 부처 및 연방의 수상 집무실이 있다고 명시되어 있을 뿐이다. 의회, 정부, 외국 대사관이 모두 있는 베른은 명실상부한 스위스의 수도다.

곰의 도시, 베른

유럽을 여행하다 보면 각 나라와 도시를 상징하는 문장을 쉽게 발견할 수 있다. 잉글랜드 왕국은 사자, 오스트리아의 국장은 독수리, 프랑스는 백합 등 다양한 상징이 있는데, 스위스의 수도 베른시의 문장에는 곰이 나온다. 베른이라는 지명도 게르만어로 곰을 의미하는 'ber'에서 나왔다. 독일의 수도 베를린도 그 뿌리가 곰이다. 서양인들의 남자 이름 중에 버나드Bernard 역시 '곰처럼 용맹한 남자'라는 의미다.

유럽 국가들의 문장에 가장 많이 등장하는 동물은 독수리와 사자다. 독수리가 표장標章이었던 로마 제국의 전통이 중세 유럽의 제국에 많은 영향을 주었을 것이다. 훗날 신성 로마 제국의 영지에 속했던 많은 나라들이 독수리를 표장으로 사용하고 있다. 독일, 체코, 스페인, 네덜란드를 비롯한 나라들과 여기에 속한 도시들이 그렇다. 하지만 곰은 그리 많지 않다. 유럽인들은 곰을 어떤 동물로 생각하고 있었을까?

선사 시대부터 곰은 북반구에서 신성한 동물로 숭배를 받던 대표적인 동물이었다. 한국의 단군 신화에 등장하는 곰도 시베리아에서 숭배를 받던 곰 숭배 사상과 무관하지 않다. 일본도 마찬가지다. 일본의 도시 구마모토를 한자로 옮기면 웅본熊本인데, 일본 지명에서 '곰 웅熊'을 훈독한 결과다. 한 가지 흥미로운 사실은 고대 한국어에서 곰을 구마, 고마라고 불렀다는 사실이고, 일본어에서 신을 의미하는 가미 역시 곰과 관련이 있다는 사실이다. 다시 말해 동북아에서 곰은 신과 동일시되던 동물이었다.

유럽에서도 마찬가지로 곰이 동물의 왕이라는 인식이 있었다. 그런데 중세로 넘어오면서 곰에 대한 이미지가 부정적으로 바뀌게 된다. 프랑스의 저명한 중세 작가 파스투로Pastoureau는 곰의 이미지가 바뀌게 된 배경에 중세 교회가 있었다고 지적한다.[28] 작가에 의하면 유럽에서 곰은 오랫동안 동물의 왕으로, 때로는 신처럼 여겨지기도 했는데, 카롤링거 왕조 때부터 몰락의 길을 걸었고 그 이미지도 타락했다.

곰은 동물의 왕이자 지배자와 전사들의 상징이었다. 게르만족, 슬라브족, 발트

족, 라플란드인은 곰을 자신들의 우화 상징체계의 중심에 두고, 다양한 방법으로 숭배했다. 그들은 곰과 싸워 이겨서 그 힘을 얻으려고 했으며, 곰을 자신들의 상징이자 선조로 삼기도 했다.[29]

그렇다면 왜 중세 유럽의 교회는 곰을 몰살하기로 작정했을까? 그 이유는 곰이 일부 지역(독일의 작센과 그 주변)에서 신으로 숭배를 받고 있었기 때문이다. 곰은 기독교를 포교하는 데 결정적인 걸림돌이었다. 특히 전사들 사이에 곰 숭배가 성행했다고 한다.[30] 결국 교회는 곰을 악마화시킨다. 털이 많은 곰은 중세 유럽에서 악마의 화신으로 통했다. 교회는 곰의 갈색 털이 검은 털보다 더 악마적이라고 비난했는데, 그 이유는 갈색이 검은색과 지옥의 불길 색깔이 합쳐진 것처럼 보였기 때문이다. 그런 이유에서 암곰은 가톨릭의 7대 죄악에 해당하는 색욕을 상징하는 동물로 여겨졌다.

이렇게 곰은 악마의 상징 동물로 몰락의 길을 걸었고, 그 자리는 동방에서 들어온 사자가 대신했다. 유럽의 숲에 살지도 않는 사자는 어쩌면 그렇기 때문에 교회의 화살을 피할 수 있었을지 모른다.

▶▶ 베른시의 문장.

▶▶ 베를린시의 문장.

▶▶ 마드리드시의 문장.

그러나 동물의 왕 자리에서 쫓겨난 곰은 유럽 왕조의 여러 수도를 상징하는 문장에 살아남았다. 스위스 베른과 독일 베를린, 그리고 스페인 마드리드의 문장이다. 그중에서도 베른시의 문장이 가장 오래된 것으로 알려져 있다. 1224년 문서에 찍힌 인장에도 곰이 보인다. 아마도 도시가 세워지기 이전에 켈트족이 살던 이 지방에서 곰 숭배가 성행했던 흔적일 것이다.

신화와 역사 속의 사과

그리스 신화에 등장하는 불화의 여신 에리스는 테티스 여신의 결혼식에 초대받지 못하자, 결혼식장에 불쑥 나타나 "이 세상에서 가장 아름다운 여인에게"라고 외친다. 그리고 황금 사과 하나를 이다Ida산의 목동 파리스에게 던지고 사라진다. 그 후의 이야기는 잘 알려져 있다. 파리스는 여느 남자들처럼 미의 여신 아프로디테에게 이 사과를 준다. 그러자 사과를 받지 못한 헤라와 아테나 여신이 그리스와 트로이를 충동질하여 인간 세계에 전쟁을 불러온다.

스위스 전승에도 사과가 등장한다. 때는 스위스가 신성 로마 제국의 합스부르크 왕가의 지배를 받던 14세기 초반, 스위스 건국사를 정리한 역사학자 추디Aegidius Tshudi(1505-1572)는 빌헬름 텔Wihelm Tell이라는 전설의 인물 이야기를 기록해놓았다.

당시 합스부르크 가문은 스위스의 우리Uri주에 대한 지배를 강화하면서 주민들을 억압했다. 하루는 빌헬름 텔이 이 지방 영주 헤르만 게슬러의 모자가 걸린 창을 보고 그냥 지나쳤다. 병사들은 빌헬름 텔이 영주를 모욕했다고 생각해, 빌헬름 텔을 포박하고, 그의 아들을 불러 물었다. "네 아버지는 무엇을 잘하느냐?" 그러자 아들이 "우리 아버지는 100보 떨어진 곳에서도 석궁으로 사과를 맞힐 수 있어요"라고 답한다. 전설에 등장하는 장면은 이렇게 만들어졌다. 텔은 아들 머리 위에 놓인 사과를 정확히 맞혔다. 그러자 영주가 물었다. "만약 네 화살이 빗나갔으면 어쩔 뻔했느냐?" 텔이 말했다. "두 번째 화살은 당신의 심장을 향해 발사했을 것이오!" 이 이야기는 신성 로마 제국의 압제하에 있던 스위스 독립 정신의 귀감으로 널리 알려졌다. 독일, 프랑스, 오스트리아에 둘러싸인 작은 나라 스위스. 그러나 그들은 유럽에서 가장 사나운 민족 중 하나다. 수백 년 전부터 로마 교황청을 경비하는 스위스 근위대를 보면 알 수 있다.

아인슈타인의 도시

현대 물리학에 가장 큰 족적을 남긴 아인슈타인은 1879년 독일 제국의 뷔르템베르크 왕국 울름Ulm에서 태어났다. 그의 집안은 대대로 유럽에 거주하던 아슈케나즈 유대 가문이었다. '아슈케나즈'는 히브리어로 독일을 가리키는 말로, 아인슈타인 집안이 대대로 독일에 뿌리를 두고 살았음을 알 수 있다. 아슈케나즈 유대인은 11세기 당시 전 세계 유대인의 3%에 불과했지만, 아인슈타인이 살던 1931년에는 92%까지 그 수가 증가했다. 물론 홀로코스트를 겪으면서 인구수가 크게 줄었다.

아인슈타인은 가족들이 이탈리아의 파비아로 이주를 한 뒤에도 뮌헨에 남아 학업을 계속했다. 이후 16세에 스위스 취리히에 있는 스위스 연방 폴리테크닉 학교에 입학한다. 입학시험에서 일부 과목은 기준에 도달하지 못했지만, 물리학과 수학에서는 높은 점수를 받았다. 스위스에서 학업을 이어가던 아인슈타인은 하숙집 주인의 딸인 마리 빈텔러와 사랑에 빠졌다. 지금도 아인슈타인이 17세 때 첫사랑에게 쓴 편지가 베른 역사박물관에 보관되어 있다. 아인슈타인은 훗날 스위스 공과대학에서 만난 밀레바와 결혼하지만 둘의 사랑은 파국으로 끝난다. 아인슈타인은 첫사랑 마리에게 계속 편지를 보내 그리움을 토로했다고 한다. 세기의 천재 과학자도 사랑 앞에서는 한낱 평범한 남자에 불과할 뿐이다.

아인슈타인은 1905년 베른의 크람가세Kramgasse 49번지에 살면서 상대성 이론을 연구한다. 베른 도심의 시계탑 근방에 살던 아인슈타인이 버스들이 시계탑을 돌아나가는 것을 보면서 만약 버스가 빛의 속도로 움직이면 어떻게 될까 하는 궁금증을 가졌고, 이를 계기로 상대성 이론을 발전시켰다는 일화도 전해진다. 상대성 이론을 완성한 베른시의 크람가세 49번지는 유네스코 문화유산으로 등재되었다. 베른에 살던 이 무렵이 아인슈타인에게는 가장 행복한 시절이었다고 한다. 실제로 가장 많은 연구를 한 시기도 이 무렵이었다.

바르샤바,
폴란드의 비애

국가 폴란드
도시 바르샤바
유형 신중핵 수도

유럽 각국은 지정학적 위치에 따라 역사도 각자의 길을 갔다. 포르투갈, 스페인, 네덜란드, 영국처럼 바다를 끼고 있는 나라들은 일찌감치 바다로 나갔지만, 프랑스는 유럽에서 가장 넓고 비옥한 땅을 가지고 있었기 때문에 앞에서 언급한 나라들보다 상대적으로 해외 식민지 개척에 소극적이었다.

한 나라의 역사는 주변국의 흥망성쇠에 큰 영향을 받는다. 어떤 나라가 만약 강대국에 둘러싸여 있다면, 그 나라의 역사는 부침이 많았을 것이라고 예상할 수 있다. 동유럽의 폴란드가 그런 나라에 속한다. 동쪽에는 러시아, 서쪽에는 독일, 남쪽에는 오스트리아가 폴란드를 에워싸고 있다. 중국과 일본 사이에 있는 조선이 이런 위치에 있었다. 조선의 국왕은 중국의 책봉을 받아야 했다. 그런데 만약 조선이 청의 수도를 점령하고, 청의 황제로부터 조공을 받았다면 어땠을까? 물론 현실에서는 일어나지 않은 일이다. 그러나 폴란드에는 이런 역사가 있다. 폴란드가 모스크바를 점령하고 러시아의 차르로부터 조공을 받기도 했다.

역사는 돌고 도는 법이다. 강대국에 둘러싸여 있는 폴란드 그리고 수도 바르샤바의 역사를 이야기해보자.

폴란드의 등장

서유럽의 국가들이 로마 제국의 멸망과 함께 역사의 전면에 등장한 것과는 달리, 동유럽 국가들은 다소 늦게 국가의 형태가 완성되었다. 폴란드도 마찬가지였다. 폴란드는 서기 996년 기독교로 개종하면서 역사에 등장한다. 러시아를 비롯한 동유럽권의 국가들이 동방 정교회를 믿고 있는 것과는 대조적으로 폴란드는 로마 가톨릭을 믿는 국가다. 그런 이유에서 폴란드는 동구권에서 유일하게 로마 알파벳을 사용한다. 반면에 러시아가 중심인 동방 정교회는 그리스 문자에서 파생한 키릴 문자를 사용한다. 동방 정교회가 그리스 정교회에서 파생되었기 때문이다.

폴란드는 영어명이고, 폴란드인들은 자기 나라를 '폴스카Polska'라고 부른다. '폴인스의 나라'라는 뜻이다. 폴란드 왕국은 다른 동구권의 나라들처럼 서유럽보다 다소 늦게 성립되었다(1025). 이 무렵의 서유럽을 보면, 프랑스는 987년에 카페 왕조가 들어섰고, 영국은 덴마크의 크누트 대왕이 잉글랜드와 덴마크를 통치하고 있었다.

흔히 동유럽은 서유럽보다 문명의 수준이 떨어진다고 알려져 있다. 그러나 이런 생각은 근대 이후에 자리를 잡은 것일 뿐, 중세 초기 동유럽은 비잔티움 제국의 후광을 받아 서유럽보다 더 높은 수준의 문명을 향유하고 있었다. 실제로 키예프 공국(현재의 우크라이나)의 야로슬라프 1세(재위 1019-1054)의 딸 안나는 프랑스 왕국의 앙리 1세에게 시집을 갔는데, 다음과 같은 편지를 친정에 보냈다.

아버지가 저를 시집보내신 이 나라(프랑스 왕국)는 정말 야만스러운 나라예요. 집들은 어둠침침하고, 성당은 모두 끔찍하답니다. 미개한 문화의 나라에 사는 것 같아요.

이때는 아직 파리에 노트르담 대성당의 초석도 놓지 않았을 때다. 왕비는 시집오기 전에 분명히 콘스탄티노플의 소피아 대성당을 봤을 것이다. 그녀에 눈에 비친 파리의 모습은 보잘것없었고, 문화 역시 그랬을 것이다.

크라쿠프, 폴란드의 옛 수도

지금은 폴란드의 수도가 바르샤바지만, 중세 폴란드의 수도는 바르샤바 남쪽에 위치한 크라쿠프였다. 그런 점에서 바르샤바는 신중핵 수도로 분류한다. 그 이전에는 그니에즈노Gniezno와 포즈난Poznań과 같은 작은 도시가 수도였다. 현재 폴란드 제2의 도시인 크라쿠프는 제2차 세계 대전 때 대부분 파괴되어 원형을 많이 상실한 바르샤바와 달리, 중세 도시의 모습을 잘 보존한 덕분에 유네스코 세계유산으로 지

▶▶ 폴란드의 옛 수도 크라쿠프의 중앙 시장 광장.

정되었다.

　중세 폴란드의 귀족들은 이 도시를 차지하기 위해 많은 전쟁을 벌였다. 크라쿠프의 영주가 곧 폴란드 왕국의 군주였기 때문이다. 13세기에 폴란드를 침공한 몽골군도 마찬가지였다. 세 차례의 침공으로 도시가 폐허가 되었지만, 1257년 재건되어 지금에 이르고 있다. 한때는 보헤미아 왕국의 통치를 받기도 했으나, 다시 폴란드의 수중으로 돌아왔다.

　크라쿠프의 황금기는 폴란드 왕국의 혼란기가 끝난 14세기 초에 찾아왔다. 지금도 남아 있는 바벨성이 목재 건축물에서 석재 건축물로 바뀐 것도 이 무렵이다. 크라쿠프는 중부 유럽 교역의 중심지로 이름을 날렸다. 15세기 중순부터 크라쿠프는 이탈리아의 르네상스를 받아들이기 시작한다. 이탈리아의 예술가들이 이 도시로 초빙되었는데, 이 시기의 크라쿠프를 빛낸 가장 위대한 폴란드인은 지동설을 주장했던 코페르니쿠스였다. 그가 공부했던 야기엘론스키대학교는 폴란드 최초의 대학이자, 가장 오래된 대학이다. 다시 말해 당시의 크라쿠프는 폴란드의 정치, 문화, 학문의 중심지였다.

폴란드-리투아니아 공화국

유럽 지도를 보면 발트해 연안에 3개의 작은 나라가 있는데, 그중에서 남쪽에 있는 나라가 리투아니아다. 이 나라는 구소련 시절에는 소련의 지배를 받았고, 1990년대 이후 다시 독립했다. 리투아니아를 여기에서 소개하는 이유는 폴란드 왕국의 전성기와 관련이 있기 때문이다.

11세기에 성립된 폴란드 왕국의 주변 정세는 이러했다. 폴란드 북쪽에는 러시아가 호시탐탐 노리고 있는 리투아니아 대공국이 있었다. 1569년 폴란드 왕국과 리투아니아 대공국은 폴란드의 루블린에서 동군연합 합의 조약에 서명했다. 루블린 조약은 상대적으로 강대국이던 폴란드 왕국의 주도로 이루어졌을 것이라고 생각하기 쉽지만, 실상은 그렇지 않았다. 이 조약은 시대를 뛰어넘은 시민적, 공화주의적, 민주주의적인 조약이었다.

당시 유럽은 혼란기였다. 프랑스에서는 가톨릭의 맹주 카트린 드 메디치가 앙리 4세의 결혼식을 빌미로 파리에 올라온 신교도들을 학살한 바르텔레미 대학살이 일어났다. 한편 러시아는 수단과 방법을 가리지 않고 영토를 확장하고 있었다. 네덜란드도 종주국인 스페인과 막 전쟁에 돌입하던 시기였다. 이런 시대적 혼란이 폴란드와 리투아니아가 연합 국가를 만드는 데 촉매제로 작용하였다. 특히 이 조약은 2개의 국가가 정복이나 강압에 의하지 않고, 시민의 의지에 따라 대의기

▶▶ 폴란드-리투아니아 공화국의 최대 판도(1619년). 러시아를 능가하는 동유럽의 강국이었다.

관의 의결을 통해 이루어졌다는 점에서 역사적인 큰 의의를 지닌다.

폴란드-리투아니아 연합 국가가 탄생하자 수도 문제가 수면 위로 떠올랐다. 리투아니아는 폴란드 북쪽에 있었기 때문에 폴란드 남쪽에 있는 크라쿠프는 거리가 너무 멀었다. 게다가 폴란드는 1592년부터 1599년까지 스웨덴과 동군연합을 이루고 있었기 때문에 수도를 북쪽으로 옮기자는 목소리가 높았다. 결국 1595년 크라쿠프의 왕궁(바벨성)에 불이 난 것을 계기로 폴란드의 지그문트 3세는 왕궁을 바르샤바로 옮긴다. 그 후 바르샤바는 훗날 폴란드가 분할될 때까지 왕국의 수도로 자리 잡는다. 크라쿠프는 이렇게 수도의 위상을 상실하고 쇠퇴하기 시작한다.

새 수도 바르샤바

지그문트 3세가 새 수도로 정한 바르샤바의 폴란드어 표기는 바르셰바Warszewa였다. 이 지명의 어원에 대한 여러 설이 있지만 바르샤바시의 문장에 등장하는 인어를 통해 확인할 수 있다. 바르셰바가 한때 '바르쇼파'라고 불렸던 것은 라틴어 표기가 '바르사비아Varsavia'가 아니라 '바르소비아Varsovia'였기 때문이다. 그래서 지금도 프랑스에서는 '바르소비Varsovie'라고 불린다.

민간 전승에 따르면 바르샤바는 본래 작은 어촌이었는데, 거기 살던 바르스Wars와 그의 아내 사바Sawa의 이름에서 도시명이 나왔다고 한다. 사바는 본래 강에 살던 인어였다. 바르스는 그녀를 보자마자 사랑에 빠졌다. 바르스는 매일 아침 낚시를 하러 갔고, 사바는 채소밭에서 일을 했다. 그러던 어느 날 그 땅의 주인인 지에모미스라브Ziemomyslaw 왕이 사냥을 하던 중 사슴을 쫓다가 그만 숲에서 길을 잃고 말았다. 피곤하고 허기에 지친 왕은 사바의 오두막을 찾아 환대를 요청했고, 사바 부부는 왕을 정성을 다해 대접했다. 왕은 부부의 정성에 탄복하고, 이 땅을 바르쇼바Warszowa라고 부르겠다고 말했다.

바르샤바시의 문장에도 방패를 들고 있는 인어가 있다. 이와 관련된 전설이 전해온다.

어느 날 2명의 인어가 대서양에서 발트해로 왔다. 그중 한 명은 덴마크 해안과 절벽에 마음이 끌려서 그곳에 정착했고, 다른 인어는 발트해에서 비스톨라강을 거슬러 올라가다가 바르샤바 근처에 이르러 물에서 나왔다. 그런데 강기슭에는 바르스와 사바의 손자들이 살고 있었다. 그들은 그물에 무언가가 걸려 있다는 사실을

▶▶ 바르샤바시의 문장(좌)과 바르샤바 구도심 광장의 인어상(우).

재빨리 알아차렸고, 그것이 물고기가 아님을 알았다. 인어는 노래를 부르기 시작했다. 그러자 그들은 그녀의 노래에 정신이 나갔고, 인어에게 용서를 빌었다. 그런데 거기에서 멀지 않은 곳에 욕심이 많은 상인이 살고 있었다. 그는 인어를 잡아 팔면 많은 금화를 받을 것이라고 생각하고 있었다. 그는 몰래 강가로 와서 인어를 잡아 가두었다. 하지만 그날 밤 젊은 어부들이 인어를 풀어주었다. 그러자 인어는 그들에게 고마움을 표했고, 영원히 그들을 지켜주겠다는 약속을 한다.

폴란드의 인어상은 코펜하겐의 인어상과는 달리 오른손에 칼을, 왼손에는 방패를 들고 있다. 마치 주변의 강국 러시아와 독일로부터 조국을 지키겠다는 단호한 모습을 보는 듯하다. 하지만 전설에 등장했던 인어는 바르샤바와 폴란드를 지켜주지 못했다. 폴란드의 주변에 강대국들이 포위하고 있었기 때문이다. 결국 폴란드는 18세기에 유럽의 지도에서 사라졌다.

1795년, 지도에서 사라진 폴란드

현재 러시아는 국제 사회에 큰 영향력을 끼치는 대국이다. 반면 폴란드는 동구권에서 무시하지 못할 나라지만, 러시아와 비교하면 여러 면에서 국력의 차이를 확인할 수 있다. 그런데 16세기 폴란드가 리투아니아와 동군연합을 이룰 당시 동유럽의 정세는 지금과 같지 않았다. 당시 폴란드는 리투아니아를 포함하여 우크라이나와 벨라루스를 아우르는 동유럽의 강자였고, 러시아도 폴란드의 영향권에 있었다. 게다가 당시 러시아의 정세는 불안했다. 차르의 자리를 놓고 왕족 간에 치열한 권력 투쟁이 벌어지고 있었기 때문이다.

이 틈을 노리고 러시아 귀족들은 폴란드의 지원을 받아 표도르 2세를 살해하고 이반 4세의 친자라고 주장하는 드미트리를 차르로 옹립한다. 하지만 러시아의 반대파 귀족들은 10개월 만에 드미트리를 살해하고, 그의 시신을 불태웠다. 그리고 유골을 크레믈린 성벽 위에 있는 대포에 장전하여 폴란드 방향으로 발포했다. 드미트리를 경호하던 폴란드 병력 500명도 모두 살해당했다. 지금 벌어지고 있는 우크라이나와 러시아 전쟁에서, 폴란드가 우크라이나의 병참 기지 역할을 마다하지 않는 이유는 이렇게 그 뿌리가 깊다.

이후 폴란드는 러시아를 침공하여 모스크바를 점령하고, 러시아 귀족의 요청으로 폴란드 지휘관을 차르에 올리기도 했다. 현대사에서 폴란드는 피해자라고 알려져 있지만, 17세기의 폴란드는 정반대에 있

폴란드의 분할
러시아　프로이센　오스트리아
1772
1793
1795

러시아

프로이센

바르샤바

크라쿠프

오스트리아

▶▶ 1795년 지도에서 사라진 폴란드. 프로이센, 오스트리아, 러시아 3강에 둘러싸여 있던 폴란드의 운명이었다.

던 국가였다. 한편 폴란드의 영향력 밑에 있던 우크라이나가 독립을 하자, 폴란드의 국력은 빠르게 쇠퇴한다. 폴란드는 떠오르는 강국 프로이센, 원수지간의 러시아, 그리고 합스부르크가의 오스트리아에 에워싸이게 된다.

먼저 선수를 치고 나온 나라는 폴란드의 앙숙 러시아였다. 예카테리나 2세는 오스트리아의 신성 로마 제국 황제 요제프 2세에게 폴란드 분할을 제안한다. 결국 1772년 러시아는 폴란드의 벨라루스 지방을 차지하고, 프로이센은 폴란드의 북부 지방을 얻었으며, 오스트리아는 남부 지방을 제국에 편입시켰다. 이렇게 폴란드는 세 차례의 분할 조약에 따라 18세기 말 유럽의 지도에서 사라졌다. 폴란드의 영토는 러시아 제국이 63%, 프로이센이 19%, 그리고 오스트리아가 18%씩 나누어 가졌다. 포니아토프스키 국왕은 폐위되었고 쓸쓸히 바르샤바를 떠나야 했다. 폴란드는 제1차 세계 대전 때 다시 국가의 이름을 되찾기까지 부침을 겪으며 혼란의 시기를 보냈다.

반복되는 역사

중세 이후 러시아가 폴란드와 싸우면서 제국으로 성장하는 발판을 만들었다면, 폴란드는 러시아와의 전쟁에서 패하면서 유럽의 강대국 지위와 국권을 상실했다. 독일과의 악연도 반복된다. 제2차 세계 대전은 독일의 폴란드 침공으로 개시되었고, 그 이면에는 히틀러와 스탈린이 비밀리에 맺은 독·소 불가침 조약이 있었다. 물론 이 조약은 히틀러의 소련 침공으로 휴지 조각이 되었다. 이런 역사적인 배경에서 폴란드는 러시아를 영원한 적으로 간주하고, 독일 또한 항상 경계의 눈으로 바라보고 있다.

폴란드의 분할에 주도적인 역할을 했던 독일, 러시아, 오스트리아는 그 후에도 폴란드 역사에 지대한 영향을 미쳤다. 독일은 독소 불가침 조약을 맺은 다음 9일 후인 1939년 9월 1일 폴란드를 침공했다. 독일이 전혀 명분이 없이 전쟁을 일으킨 것은 아니었다.

다음 지도에서 보듯이 1939년 무렵 독일 제국은 폴란드와 단치히 자유시에 의해 분리되어 있었다. 지금은 폴란드 영토인 단치히 지방은 본래 독일의 뿌리인 프로이센 공국이 있던 곳이었다. 그런데 제1차

▶▶ 폴란드와 단치히 자유시에 의해 독일 제국의 연결 통로가 막혀 있었다.

세계 대전 이후 독일 제국은 동서로 분단되었다. 동프로이센 지방이 폴란드 동쪽 밖으로 제국에서 떨어져 나간 것이다. 독일은 히틀러가 정권을 잡기 이전부터 잃어버린 동프로이센의 수복 계획을 세우고 있었다. 히틀러는 한술 더 떴다. 폴란드가 동프로이센을 강탈한 주범이라고 국민들을 선동하고 나섰다. 이렇게 폴란드는 독일의 침공을 받아 무너졌다.

폴란드가 경계하는 두 번째 나라는 러시아다. 2022년 러시아가 우크라이나를 침공했을 때 폴란드는 긴장했다. 완충지대 역할을 했던 우크라이나가 러시아 수중으로 넘어간다면 그다음으로 폴란드가 러시아의 제물이 될 수도 있기 때문이다. 게다가 동쪽 국경을 맞대고 있는 벨라루스가 친러시아 국가인 것도 마음에 걸렸다. 1795년 지도에서 사라졌던 폴란드가 또다시 러시아의 위협을 받게 된 것이다. 폴란드와 러시아의 구원舊怨은 여전히 현재 진행형이다.

4

아시아와 중동의 수도

장엄하고 신비로운
역사를 품은 땅

도쿄,
에도 막부의
산실

국가 일본
도시 도쿄
유형 이중핵 수도

도쿄

일본의 간사이 지방을 여행할 때, 오사카, 교토, 나라를 패키지로 묶어 여행하는 경우가 많다. 그러면 보통 일정에 일본의 옛 수도를 여행하는 코스가 포함되어 있다. 일본의 영원한 수도 교토와 나라가 그런 도시다. 오사카도 비록 수도는 아니었지만, 임진왜란 당시 도요토미 히데요시 세력의 본산이었다. 비록 천황은 교토에 있었어도, 당시 일본의 최고 실력자가 있던 오사카는 준수도準首都에 해당하는 도시였다.

도쿄가 에도 막부 시대 이후 일본의 정치 수도였던 것은 분명한 사실이다. 그러나 천황이 거처하는 도시가 일본의 수도라고 한다면, 교토는 1,000년 이상 명실상부한 일본의 수도였다. 도쿄를 이중핵 수도로 분류한 이유다.

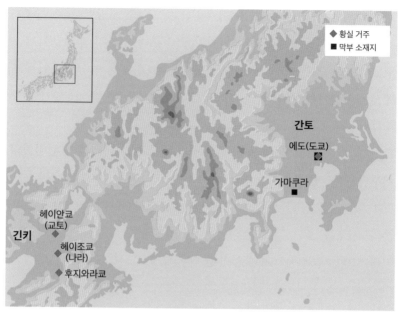

▶▶ 긴키 지방의 수도들과 간토 지방의 수도들.

동서양을 막론하고 수도는 왕조의 교체에 따라 옮겨지는 경우가 많다. 우리나라를 비롯한 유럽 제국에서 흔하게 찾아볼 수 있는 사례다. 그런데 일본은 조금 특이하다. 지금의 천황은 무려 126대 천황이다. 아무리 초기의 천황들을 신화로 치부한다고 해도, 일본 왕조는 하나의 날줄로 연결되어 있다. 일본의 수도가 어떤 이유에서 여러 도시로 옮겨지게 되었는지 살펴보고, 그 도시들에 얽힌 이야기도 알아보자.

영원한 수도, 교토

일본 열도 중에서 가장 큰 섬인 혼슈本州에는 가운데 산악 지대를 중심으로 서쪽에는 긴키近畿(간사이 지방의 다른 이름) 지방이 있고, 동쪽에는 간토關東 지방이 있다. 긴키 지방에는 고대 일본의 수도들이 모여 있었다. 헤이조쿄(나라), 헤이안쿄(지금의 교토), 후지와라쿄 등이 고대에서 중세를 거쳐 19세기 중반까지 일본의 수도였다.

서기 794년 간무 천황은 수도를 헤이조쿄(나라)에서 헤이안쿄(교토)로 천도한다. 수도를 옮긴 이유는 빈번한 홍수와 역병의 창궐이었다. 이후 가마쿠라 막부의 설립까지 390년 동안의 시대를 헤이안 시대(794-1185)라고 부른다. 헤이안 시대 이전은 나라 시대(710-794)라고 부른다. 지도를 보면 알 수 있듯이 나라와 교토는 지척에 있는 도시다. 나라 시대는 100년도 되지 않았던 반면에, 교토 시대는 거의 400년 동안 지속되었다. 일본인들에게 교토는 영원한 일본의 수도다. 지금도 교토 가는 것을 '올라간다'라고 말하고, 도쿄 쪽으로 가는 것은 '내려간다'라고 말한다. 우리나라 사람이 '서울에 올라간다'라고 말하는 것과 똑같다.

역사적으로 동아시아에서는 천자가 거주하는 수도에 '경京'과 '경사京師'를 사용했다. 중국 역대 왕조의 수도 중에서 남경과 북경이 여기에 해당하고, 일본의 교토京都(경도)와 도쿄東京(동경)가 그렇다. 그런데 지명의 역사를 살펴보면, 도쿄의 본래 이름이 에도江戶였던 것으로 보아, 도쿄는 천황이 거처하던 수도와는 거리가 있었다.

새로운 수도 헤이안쿄는 당대 당나라의 수도 장안을 모델로 세운 곳으로, 동서로는 4.5km, 남북으로는 5.2km 정도 되는 장방형 도시였다. 나중에 이곳에 많은 화재와 난이 일어났는데, 특히 1467년에 발발한 오닌의 난은 도시의 경관을 아예 바꿔 버렸다. 내란은 10년 동안 계속되었고, 헤이안쿄에 있는 3만 호의 가옥이 소실되었다.[1]

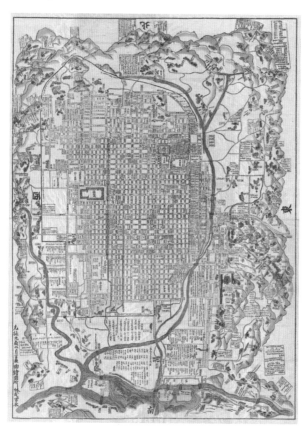

▸▸ 1696년에 그린 헤이안쿄의 모습.

이후 교토는 오다 노부나가와 도요토미 히데요시의 시대에 이르러 다시 부흥의 길에 접어든다. 천하를 거머쥔 히데요시는 천황의 거처를 교토에서 오사카로 옮길 생각도 했다. 하지만 이 계획은 실현되지 못했고, 1868년 막부가 무너지면서 수도는 에도로 옮겨 갔고, 이름도 도쿄로 바뀌었다.

나고야의 트리오

'난세에 영웅이 난다'라는 말이 있다. 일본 역사의 전국시대(1493년 또는 1467년-1600년)가 대표적인 경우다. 로마 공화정 말기에 카이사르, 폼페이우스, 크라수스가 삼두정치를 했던 것처럼, 일본에도 전국시대를 풍미한 3명의 영웅이 있었다. 그런데 이들은 모두 나고야 근방에서 태어났다.

첫 번째 주인공은 전국시대를 마감하고 일본의 통일을 거의 눈앞에 두었던 오다 노부나가다. 하지만 그는 1582년 신뢰하던 부하 장군의 배신으로 생을 마감한다. 적은 항상 내부에 있는 법이다. 교토에서 반란을 일으킨 미츠히데의 군대에 밀린 노부나가는 사무라이답게 할복을 하고 분신자살한다.

두 번째 주인공은 천하를 통일한 도요토미 히데요시다. 조선을 침략

▶▶ 히데요시의 본산 오사카성. 이에야스는 히데요시의 추종 세력을 제압하고 에도에서 막부를 연다.

▶▶ 교토에서 도쿄로 향하는 메이지 천황(르 몽드 일러스트, 1869년).

하여 임진왜란을 일으켰던 장본인이다. 나고야에서 태어난 히데요시는 신분이 낮은 계급 출신이었으나, 주군主君 노부나가의 복수를 하고 실권을 차지한다. 그러나 5살밖에 안 된 아들을 남기고 세상을 떠난다. 사망 전 그는 전국의 다이묘(지역의 권력자)로 구성된 고다이로(오대로)五大老를 조직하여 아들의 후견인 역할을 맡기고 나라를 통치하도록 했다. 그런데 고다이로의 수장이 히데요시의 정적 도쿠가와 이에야스였다.

이에야스도 나고야 주변에서 태어났다. 노부나가 및 히데요시와 동맹을 맺었던 이에야스는 두 정적이 사라지자 막부의 수장에 오르고 에도 막부 시대를 개창한다(1603년). 일본 정치의 주무대는 히데요시 가문의 안방인 오사카에서 이에야스 막부의 에도로 바뀌었다. 이후 일본은 메이지 유신으로 막부 정치가 막을 내린 1868년까지 별다른 전쟁 없이 평화의 시대를 구가한다. 그간 교토에 머물고 있던 천황은 1868년에 에도를 도쿄로 개칭하는 조서를 발표하고, 같은 해 10월 13

일에 에도성에 입성한다.

히데요시의 본심

히데요시의 천하통일에 마침표를 찍은 오다와라 전투 때의 일이다. 히데요시가 오다와라성城을 바라보면서 도쿠가와 이에야스에게 말했다. 이에야스는 전국시대를 통일한 당대의 실력자 오다 노부나가에게 굴욕적인 복종을 하고 그의 신뢰를 얻었으며, 오다 노부나가가 살해된 뒤에 실세로 뛰어오른 히데요시에게도 군신의 예를 깍듯이 갖추었다.

"호조 가문을 멸하고 나면 간토 8주(에도 지방을 포함한 간토 지방)를 그대에게 줄까 하네. 그때는 오다와라도, 가마쿠라도 아닌 에도에 본성을 짓는 것이 좋겠지."[2]

왜 히데요시는 느닷없이 간토 지방의 영지를 준다고 했을까? 당시 에도성 주변은 민가 100호 정도의 작은 촌락에 불과했다. 히데요시의 속내는 분명했다. 이에야스에게 한적한 시골 벽촌을 주어 그의 가문을 추락시키려고 했던 것이다.

에도라는 지명은 바다가 육지로 파고든 작고 좁은 만이나 강어귀를 가리키는 '이리에入江' 지형에서 나왔다. 당시의 해안선은 지금과는 달라서, 현재의 도쿄역과 신바시 일대가 바다로 둘러싸인 돌출된 반도였다.

히데요시의 사후에 벌어진 내전을 수습한 이에야스는 당시 막부의 권력자들이 교토에 기반을 두고 있던 것과 다르게, 에도에 막부를 개창했다. 히데요시가 이에야스에게 주었던 에도는 당시에는 변방의 촌락이었지만, 이에야스 막부의 심장으로 떠올랐다. 그리고 메이지 유신을 통해 아시아에서 가장 큰 도시, 세계 3대 도시 중 하나가 되었다.

17세기 조선 통신사의 눈에 비친 일본

통신사는 조선이 왜에 파견한 공식 사절단을 말한다. 수백 명의 인원으로 구성된 사절단은 오사카를 거쳐 쇼군이 있는 에도에 당도하여 국서를 전달하는 임무를 맡았다. 당시 통신사의 사행원들이 기록한 일본의 모습이 이채롭다.

통신사 일행은 한양을 떠나 안동, 경주를 거쳐 부산에서 배에 올랐다. 그리고 대마도 번주의 영접을 받고 혼슈로 떠났다. 통신사 일행은 오사카, 나라, 나고야를 거쳐 에도에 도착하여 쇼군에게 국서를 전달한다.

1719년 통신사로 갔던 신유한은 《해유록》에서 오사카의 모습을 다음과 같이 적고 있다.

오사카부터는 바다를 벗어나 하천을 거슬러 올라가기 때문에 하천 전용 배로 옮겨 타기 위해 처음으로 배가 육지에 정박했다. 그런데 육지에서 본 오사카 모습은 실로 놀라웠다. 도시를 가로지르는 많은 다리들, 시가지의 건물 모두가 화려하고 현란했고, 길은 넓고 평평하고 티끌이 없을 정도로 깨끗했으며, 사람들은 형형색색의 옷을 입고 우리를 구경하기 위해 길을 가득 메웠다.

통신사가 본 하천은 오늘날 오사카 중심을 관통하는 도톤보리강으로 추정된다. 일본은 조선 통신사가 생각했던 오랑캐의 나라와는 거리가 너무 멀었고, 인구와 도시의 규모도 비교가 되지 않았다. 실제로 18세기에 오사카와 교토의 인구는 40만 명이었고, 에도는 무려 100만 명을 넘었다. 19세기 말에 한양의 인구가 25만 명이었던 사실로 미루어 보아 일본 도시들의 규모를 짐작할 수 있다.

에도 막부가 조선 통신사 일행을 맞이하는 데는 무려 막부의 1년 치 수입과 맞먹는 비용인 100만 냥이 들어갔다고 한다. 그렇다면 왜 도쿠가와 막부는 천문학적인 비용을 써가면서 조선과 교류했을까? 여기에는 여러 이유가 있었다. 당시 철저하게 쇄국정책을 쓰고 있었던 막부가 유일하게 외교적 관계를 맺고 있는 나라가 조선이었다. 조선 통신사 일행을 받아들여 정권의 정당성을 내외적으로 과시하고 싶었을 것이다. 막부는 조선이 막부의 '무위武威'에 복속하는 형태처럼 국제 관계를 위장했고, 국민들에게는 조선통신사를 '복속 사절'로 인식시켰다.[3]

에도에 들어간 통신사

일본에 들어선 통신사 행렬은 마침내 쇼군이 있는 에도에 도착한다. 조선의 군인들은 활집과 활통을 갖추고 군대의 위용을 차렸다. 에도에 들어가니 수많은 인파가 조선통신사 행렬을 보려고 거리로 나왔다. 3명 중 1명이 거리로 나왔다고 하니 당시 인구가 100만 명이었던 에도를 생각하면 30만 명의 인파가 모였다는 말이다. 그런데 수백 명의 통신사 행렬이 어찌나 긴지 일행이 지나가는 데 무려 5시간이 걸렸

▶▶ 에도성의 1847년 모습. 막부 정치가 종말로 가던 무렵이다. 지금은 이곳을 황거皇居라고 쓰고 '고쿄'라고 부른다.

다고 한다.

에도에 들어간 통신사 신유한은 성 안으로 들어가면서 본 장면을 다음과 같이 적고 있다. 앞서 들렀던 오사카보다 에도가 세 배는 크다고 언급하고 있다.

드디어 성문을 들어가 다리 둘을 지나니 모두 화려한 비단 장막 속을 가는 듯하였다. (……) 해자에는 다리를 놓았는데 붉은 난간이 얼씬거리고 다리 아래로는 배가 다녀 수문 밖에만 나가면 바다에 통하게 되었다. (……) 거리에는 남녀 구경꾼들이 차고 넘쳤으며 (……) 오사카나 교토보다 세 곱이나 더 번화하였다.[4]

오늘날에도 도쿄를 가보면 황궁 주위에 해자가 있는 것을 볼 수 있다. 물론 황궁은 메이지 유신 이후 지어진 것이고, 조선 통신사가 에도를 찾았을 때에는 쇼군의 거처와 집무 공간이 있었을 것이다.

수도의 경합

1868년 메이지 유신 이후 일본의 새 수도 후보지로 세 도시가 물망에 올랐다. 먼저 천년의 수도 교토가 1순위였다. 그러나 너무 오랜 기간 동안 수도였다는 것이 오히려 약점이었다. 히데요시가 실각한 이후부터 천황의 거처를 에도로 옮기기 전까지 260여 년 동안(1603-1868) 교토는 천황의 도시이기도 했다. 두 번째 후보는 간사이 지방의 상업 중심지 오사카였다.

그렇지만 어느 한 도시도 수도를 포기하려고 하지 않았다. 교토와 에도를 모두 수도로 인정하고, 한 도시는 구舊수도 그리고 다른 하나는 신新수도로 정하자는 의견도 있었다. 심지어 천황이 세 도시를 번갈아 가면서 머물러야 한다는 의견도 있었다.[5] 교토는 일본 역사의 산 증인과 같은 수도이고, 오사카는 상업의 수도, 그리고 에도는 새로운 수도의 적임지라는 의견이 지배적이었다. 하지만 교토의 기득권층은 에도 천도를 반대했다. 도쿄의 이북 지방은 과거에 아이누족과의 전쟁이 잦았고, 그들을 복속시키는 데 적지 않은 희생을 치른 지역이라는 이유에서였다. 다시 말해 도쿄 이북은 그들에게 '오랑캐'의 땅이었다.

그러자 이 틈을 노리고 메이지 정부의 유력자인 오오쿠보 토시미치는 수도를 오사카로 천도할 것을 제안한다. 교토의 반대를 무력화시키기 위한 전략 중의 하나였다. 그러나 교토의 귀족들은 오사카가 교통이 불편하다는 이유를 들어 오사카 천도를 극구 반대했다. 실상은 교토의 고상한 귀족들이 오사카의 상인들을 멸시했기 때문이었다. 결국 교토의 귀족들은 오사카로 천도하는 것보다는 에도를 새 수도로 결정하는 것이 최악의 경우를 피하는 것이라고 생각하고 자신들의 주장을 접는다.

　에도는 그렇게 강력한 라이벌인 교토와 오사카를 누르고 새 수도로 낙점되었다. 이제 막 들어선 메이지 정부의 수도 이전에는 다른 목적도 있었다. 먼저 에도를 수도로 정한다면 동북 이북 지방에 근거를 둔 반대파들의 쿠데타를 막을 수 있었다. 막부를 에도에 두었던 이유 또한 거기에 있었다. 경제적 이유도 있다. 시골 무사들로 구성된 메이지 정부에게는 구정권의 막부가 소유한 건물과 토지를 무상으로 접수하여 사용할 수 있다는 것도 중요한 이유였다. 이렇게 도쿄가 일본의 새로운 수도로 결정되었다.[6]

도쿄, 660년 만에 공격을 받다

　제2차 세계 대전에 참전을 꺼리고 있던 미국이 본격적으로 참전을 선언한 계기는 일본의 진주만 공격이었다. 일본은 선전 포고도 하지 않고 하와이 진주만을 공습했다. 1941년 12월 7일 일요일이었다. 이날의 공습으로 12척의 미 해군 함선이 피해를 입거나 침몰했고 188대의 항공기가 격추되거나 피해를 입었다. 기지에 없었던 태평양 함대 소속의 항공모함 3척만이 무사했다. 이제 미국의 참전은 시간문제였다.

　미국은 일본에 대한 보복에 나섰다. 그러나 하와이는 일본에서 너무 멀리 있었고, 항공 모함을 일본 본토에 접근시키는 작전은 너무 위험했다. 미국은 장거리 폭격기를 보유하고 있었으나, 일본 인근에는 출격할 기지가 없었다. 결국 미국은 항공모함에서 B-52 폭격기를 출격하기로 결정했다. 폭격기가 항공모함에서 발진한 사례는 처음이었다.

1942년 4월 18일, 진주만 공습이 있은 지 반년 만에 미국은 일본 본토에 대한 공습을 감행한다. 목표는 일본의 심장 도쿄였다. 둘리틀 Doolittle 중령이 이끄는 16대의 폭격기가 도쿄 상공을 향해 항공모함에서 발진했다. 도쿄에서 1,200km 떨어진 곳이었다. 도쿄를 비롯한 일본의 본토 도시에 포탄이 떨어졌다. 1274년 원나라의 쿠빌라이 칸이 고려와 연합하여 일본 원정에 나선 지 660여 년 만에 일본 본토가 공격을 당한 것이다. 물론 세종 때 대마도를 정복한 적은 있지만 본토가 공격당한 것은 처음이었다.

진주만에서 미국을 무력화시켰다고 자만하던 일본은 공황 상태에 빠졌다. 전쟁이 막바지로 가던 1945년 1월 27일 미국은 도쿄를 중심으로 대규모 공습을 감행했고, 도쿄의 중심 시가지인 긴자가 폭격으로 초토화되었다. 이날 공습으로 1,500명의 사상자가 발생했다. 아시아 민족이 서양 세력의 식민 지배로부터 해방되려면 일본을 중심으로 대

▶▶ 1945년 3월 도쿄 대공습으로 폐허가 된 도시.

동아 공영권을 결성하여 서양 세력을 몰아내야 한다며 일으킨 전쟁의 종말이었다.

도쿄의 부활

제2차 세계 대전에서 패망한 후 도쿄를 비롯한 주요 도시들이 완전히 파괴되었다. 그런데 전쟁이 끝난 지 5년도 되지 않아 한국에서 전쟁이 일어났다. 일본은 전쟁에 필요한 물자와 서비스를 제공하는 한국전쟁의 병참기지로 떠올랐다. 일본 경제는 단번에 살아났다. 1952년 일본이 벌어들인 외화의 36.8%가 한국 전쟁에서 나왔을 정도였다.

1950년대 한국 전쟁을 발판으로 고도성장을 이룬 일본은 1964년 도쿄에서 개최된 하계 올림픽을 통해 일본의 부활을 전 세계에 알렸다. 본래 도쿄 올림픽은 1940년에 개최될 예정이었다. 잘 알다시피 1936년 베를린 올림픽은 히틀러가 나치 정권의 선전으로 이용한 올림픽이었다. 일본 제국주의자들도 1940년에 올림픽을 도쿄에서 개최하려고 했었다. 물론 진주만을 습격하고 일으킨 제2차 세계 대전으로 인해 1940년의 올림픽은 취소되었다.

경제를 재건한 일본은 1964년 아시아에서 최초로 하계 올림픽을 개최하였다. 도쿄 올림픽은 당시로는 최첨단 올림픽이었다. 위성 생중계와 컬러 TV 송출부터 모노레일과 고속철도까지, 신기술의 각축장이었다. 일본은 전쟁의 폐허에서 유럽의 선진국을 능가하는 국가로 부활했다. 그런데 국가의 운명도 차면 기우는 법이다. 1990년대 엄청난 경제 호황을 누렸던 일본은 아직도 잃어버린 30년의 벽에 갇혀 출구를 찾지 못하고 있다. 이미 한국의 1인당 구매력은 일본을 추월했고, 2024년 수출액도 턱 밑까지 추격 중이다.

1964년 도쿄 올림픽의 영광을 재현하려는 2020년 도쿄 올림픽은 코로나로 연기되다가, 이듬해에 관중도 없이 개최되었다. 그리고 일본의 영광을 재현하려던 아베 총리는 괴한의 총탄에 맞아 불귀의 객이 되었다. 불행은 혼자 찾아오지 않는다는 격언이 국가에도 그대로 적용되는 듯하다.

방콕,
동남아시아의
수도

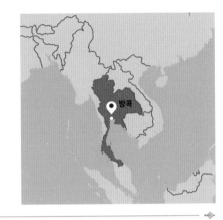

국가 태국
도시 방콕
유형 신중핵 수도

19세기는 제국주의의 파도가 전 세계를 휩쓸었던 시대였다. 동남아시아도 예외는 아니었다. 빅토리아 여왕은 인도 제국의 여제로 등극하였고, 인도차이나반도는 프랑스가 가져갔다. 필리핀은 스페인이, 그리고 인도네시아는 네덜란드가 제2차 세계 대전 직전까지 식민지로 지배했다. 하지만 태국만은 유일하게 서구 열강의 지배를 받지 않았다. 태국인들은 이런 과거에 큰 자부심을 가지고 있다고 한다.

태국의 수도 방콕은 18세기에 수도로 확정된 도시다. 태국의 전신인 시암 왕국의 수도는 버마(지금의 미얀마)의 침략을 받기 전까지 아유타야였고(1350-1767), 방콕이 수도로서 세상에 이름을 알린 해는 1782년이다. 그러므로 방콕은 신중핵 수도로 분류한다.

인드라의 도시

방콕은 태국의 수도이자 동남아시아 경제의 중심이다. 그리고 무엇보다도 세계에서 가장 많은 관광객이 찾는 도시 중 하나다. 파리는 '빛의 도시', 로마는 '영원의 도시'라고 부르듯이 세계의 주요 도시들은 별칭이 있다. 방콕에도 긴 수식어가 붙은 이름이 있다.

천사의 도시, 위대한 도시, 영원한 보석의 도시, 인드라 신이 지켜주는 난공불락의 도시, 아홉 개의 고귀한 보석을 지닌 장대한 세계의 수도, 환생한 신이 다스리는 하늘 위의 땅의 집을 닮은 왕궁으로 가득한 기쁨의 도시, 인드라가 내리고 비슈바카르마가 세운 도시

놀랍게도, 외울 수 없을 정도로 긴 이 이름이 바로 방콕의 정식 명칭이다. 인도-유럽어에 속하는 산스크리트어와 팔리어를 옮긴 것으로, 이름을 읽어 보면 방콕보다 더 많은 축복을 받은 도시가 어디 있겠냐는 생각이 절로 든다. 화려한 수식어 중에서 인도와 힌두 신화의 신인 '인드라'와 '비슈바카르마'의 이름도 보인다.

인드라는 인도 신화에서 날씨와 전쟁을 관장하는 천신들의 왕이다. 인도 신화와 유럽의 신화, 그중에서도 그리스 신화와의 유사성을 연구한 프랑스의 비교신화학자인 뒤메질Dumézil에 따르면, 인드라에 대응하는 신은 그리스 신화의 천신이자 만신의 아버지 제우스다. 여기에 인드라는 전쟁의 신까지 맡고 있다. 한편 비슈바카르마는 힌두교의 신인데, 힌두 신화와 인도 신화는 공통점이 많다. 비슈바카르마는 인드라를 비롯한 모든 천신의 전차와 무기를 제작한 신이다. 그리스 신화로

치면 올림포스 최고의 제작공인 헤파이스토스라고 할 수 있다.

방콕의 어원을 설명하자면 'Bang Ma-Kok'의 준말이 방콕이 되었다는 설이 있다. 여기에서 'Bang'은 태국 해변 도시에 자주 등장하는 지명이고, 'Ma-kok'은 자바산產 자두라는 뜻이라고 한다. 이 밖에도 다른 설명이 있지만, 지명의 어원은 언제나 불확실한 법이다.

태국의 옛 이름

영어 국명 타일랜드는 태국어 국호의 일부인 '타이'에서 유래했다. 태국이란 명칭은 '타이'를 음역한 한자어 '태泰'를 사용한 것이다. 태국어로는 자유의 나라를 의미하는 '쁘라텟 타이'라고도 불린다. 하지만 타이라는 국명은 1936년 군사 쿠데타 이후 생겨난 이름이고, 14세기 이래 태국은 시암Siam이라고 불렸다.

신체의 일부가 붙어 태어난 쌍둥이를 샴쌍둥이라고 부르는데, 여기에서 '샴'이 태국의 옛 이름 시암에서 나온 말이다. 실제로 태국에서 태어난 샴쌍둥이 형제가 잉글랜드에서 서커스 단원으로 활동하다가 훗날 미국으로 귀화하는데, 이때부터 결합 쌍둥이를 샴쌍둥이라고 부르게 되었다.

태국이 본격적으로 외부 세계에 알려진 시기는 시암 왕국 시대다. 1351년부터 1767년까지의 왕조를 아유타야 시대라고 부른다. 아유타야 왕국은 시암의 첫 번째 왕조로, 중국과 인도 및 유럽을 잇는 중간에 위치하여 주변국들과 왕성한 무역을 했다. 아유타야 왕국이 멀리 조선까지 통상 사절을 보냈다는 기록이 조선왕조실록에 있다. 태조실록 2년(1393년) 6월 16일 자에 시암인이 온 사실이 적혀 있다.

섬라곡국暹羅斛國(시암의 명칭)에서 장사도張思道 등 20인을 보내어 소목蘇木 1천 근, 속향束香 1천 근과 토인土人 2명을 바치니, 임금이 두 사람으로 하여금 대궐 문을 지키게 하였다.

시암 왕국에서 보낸 사절의 대표는 이름으로 보아 화교華僑로 보인다. 지금도 태국을 비롯한 동남아시아에 화교들이 많이 살고 있는데, 예전에도 상황은 비슷했다. 태조 때의 시암인의 도래는 고려 말에 이어 두 번째로 역사에 기록된 것이다. 실록의 기록이 맞다면, 고려 말에 왔던 시암 사절단이 본국에 돌아가 고려를 소개했을 것이다. 이후 새로운 무역 대표단을 보냈는데, 그사이에 왕조가 고려에서 조선으로 교체되었다. 흥미로운 사실은 토인 2명을 조선에게 바쳤다고 했는데, 아마도 동남아시아 열도에 살던 노예로 추정된다. 태조는 이들에게 대궐 문을 지키게 했다. 요즘으로 치면 도성에 사는 사람들에게 이벤트를 선사한 것이다.

왕조도 유기체처럼 탄생과 죽음을 맞이한다. 아유타야 왕조는 이웃 왕국인 버마(현재의 미얀마)의 침략을 받아 1767년에 멸망했다. 18세기에는 미얀마가 태국보다 더 강성한 국가였다. 시암은 톤부리 왕조(1767-1782)로 명맥을 이어가지만, 탁신 왕(톤부리 왕조의 마지막 왕이다)의 측근이었던 차크리 장군이 역성易姓 쿠데타를 일으키고 라마 1세로 차크리 왕조(라타나코신 왕조라고도 함)를 개창한다. 라마 1세는 현재 태국 국왕인 라마 10세의 조상이다.

▶▶ 시암 왕국의 전성기 지도. 지금의 라오스와 캄보디아, 미얀마의 일부가 포함되어 있다.

18세기에 태어난 방콕

방콕은 본래 차오프라야강 동쪽 기슭에 있는 작은 마을이었다. 1687년 10월 16일 프랑스군이 이 마을을 점령하자, 아유타야 왕국의 왕은 프랑스와 조약을 체결하고 마을을 프랑스에 양도했다. 그러나 1688년

6월 나라이Narai 왕이 죽음의 문턱까지 갔을 때, 그의 후계자 페트라차 Phetracha가 방콕 요새를 포위하고, 11월에 프랑스인을 쫓아내는 데 성공한다. 동남아시아에서는 드물게 유럽 열강의 군대를 제압한 경우다.

1782년에는 차크리 장군이 라마 1세로 즉위하면서 차오프라야강 맞은편에 있는 톤부리에서 지금의 방콕으로 수도를 옮긴다. 방콕은 이렇게 작은 마을에서 차크리 왕조의 새 수도로 태어났다.

19세기에 들어서자 유럽 열강은 시암 왕국과 통상 조약을 맺기 위해 문을 두드렸다. 1826년 시암 왕국은 영국과 조약을 맺었다. 태국인들은 공식 문서에서 방콕이라는 이름을 영어로 사용했지만, 태국어로 된 공식 문서에는 '크룽텝 마하나콘Krungthep Mahanakhon'이라는 명칭을 사용했다.

1782년부터 1850년대까지 방콕은 대부분 밭과 논이었으며, 수많은 운하로 연결되어 있었다. 방콕에는 궁전과 불탑을 제외하고는 육지에 지어진 집은 거의 없었고, 수상 가옥들이 도시를 형성하고 있었다. 그런 이유에서 유럽인들은 방콕을 '아시아의 베네치아'라고 불렀다. 현

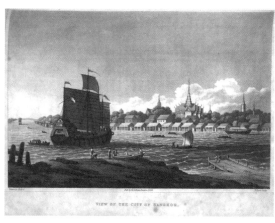

▶▶ 1822년 방콕의 모습. 수상 가옥이 많아 '아시아의 베네치아'로 불리기도 했다.

재 태국 인구의 15%가 방콕에 살고 있다.

태국 왕실의 상징, 가루다

태국 왕실의 상징은 힌두교에 등장
하는 상상의 동물 '가루다^{Garuda}'이다.
1911년 라마 5세가 국장으로 채택했다.
역대 태국의 왕들은 자신들이 신 비슈
누의 화신인 나라야나^{Narayana}라고 여겼
다. 비슈누는 힌두교 3대 신 중 하나다.
브라흐마가 창조를 맡고, 시바가 파괴
를, 그리고 비슈누는 우주의 유지를 담

▶▶ 태국 왕실의 상징 가루다.

당하는 평화의 신이다. 비슈누는 여러 명의 화신으로 등장하는데, 나라
야나가 그중 하나다. 나라야나는 '태초에 바다에서 온 자'라는 뜻이다.

힌두교와 불교에 등장하는 가루다는 평화의 신 비슈누를 태우고 매
일 동쪽에서 서쪽으로 태양을 옮기는 일을 담당한다. 가루다의 모습
은 여느 신화에 나오는 합성 괴물과 같은 모습을 하고 있다. 몸통은
사람의 모습이지만, 머리와 날개, 다리는 독수리의 형상을 하고 있다.

14세기 불교 문학 작품에 등장하는 가루다의 크기는 엄청나다. 가루
다의 몸은 150요야나스^{yojanas}(1요야나스는 1.6km)이고, 날개의 펼친 크
기는 각각 150요야나스에 이른다고 한다. 인간이 만든 신화에 등장하
는 창조물 중에서 이보다 더 큰 창조물은 없을 듯하다. 산스크리트어
로 기록된 경전인 푸라나^{Purana}에 따르면, 날개를 가진 동물 중에서 가

루다를 능가하는 동물은 존재하지 않는다고 한다. 태국 왕들이 비슈누의 화신 나라야나와 가루다를 왕실의 상징으로 여긴 이유가 바로 여기에 있다.

태국이 식민 지배를 받지 않은 이유

대항해 시대를 거쳐 아시아는 유럽 제국의 통상 요구에 떠밀리다시피 문호를 개방하고 대부분의 국가가 유럽의 식민지로 전락했다. 인도가 대영 제국에 편입되었고, 중국도 역사상 가장 파렴치한 전쟁으로 불리는 아편 전쟁으로 홍콩을 영국에 할양했다. 인도차이나반도 역시 사정은 비슷했다. 영국에 밀려난 프랑스가 베트남, 라오스, 캄보디아를 프랑스 제국에 편입시켰다. 버마도 영국과의 전쟁에서 패하고 영국령으로 넘어갔다. 하지만 태국만이 유럽 열강의 식민지로 전락하지 않았다.

태국이 독립을 유지할 수 있었던 이유는 어디에 있었을까? 먼저 제국주의가 절정인 19세기 중엽, 태국은 영국과 프랑스의 식민지들 사이에 있었다. 영국은 인도에 이어 버마를 식민지로 삼았고, 프랑스는 인도차이나반도를 손아귀에 넣었다. 이제 남은 나라는 태국뿐이었다. 먼저 당대의 최강국 영국이 선수를 치고 나왔다.

아편 전쟁과 버마 전쟁에서 승리한 영국은 거칠 것이 없었다. 홍콩 총독이었던 바우링Jhon Bowring이 영국 사절 대표로 방콕을 찾았다. 그가 제안한 조약의 골자는 치외법권, 협정 관세, 최혜국 대우라는 불평등 조항이었다. 만약 태국이 이 조약을 거부하면, 태국의 선택지는 전쟁밖에 없었다.

당시 태국의 국왕 라마 4세는 현실을 직시하고 있었다. 영국과의 전쟁은 승산이 없었다. 결국 라마 4세는 주위의 반대에도 불구하고 조약에 서명을 한다. 그리고 다른 유럽의 열강과도 조약을 체결한다. 대신 철저하게 유럽 제국을 상호 견제하게 만들어 태국의 실리를 챙겼다. 구한말 조선의 경우와 상황이 비슷하지만 결과는 정반대였다. 태국과 조선의 외교 전략에서 결정적인 차이를 찾는다면, 조선의 각 정파는 자신들의 유불리를 좇아 외세를 끌어들였고, 그것이 조선의 패망으로 이어졌다는 사실이다.

여기에 당시 영국과 프랑스가 태국을 사이에 놓고 식민지를 보유하고 있었다는 상황도 태국에게 유리하게 작용했다. 태국이 두 열강 사이에 힘의 균형추 역할을 하고 있었던 셈이다. 그런 점에서 조선의 사정은 최악이었다. 지정학적으로 청과 일본 사이에 놓인 것도 모자라, 러시아와 미국까지 조선을 넘보고 있었으니 이보다 더 불행한 나라도 없었으리라.

이렇게 태국은 제국주의가 판을 치던 19세기에 아시아에서 유일하게 독립을 유지했다. 하지만 일부 학자들은 태국이 지나치게 많은 것을 대가로 내어주고 독립을 유지했다고 지적한다. 실제로 앙코르와트가 있는 지방을 캄보디아에 내주었고, 라오스의 지배권도 프랑스에 넘겼고, 말레이반도의 상당 부분도 영국에 할양했다. 다시 말해 태국은 국토의 절반 이상을 상실하고 나서야 독립을 유지할 수 있었다.

강대국의 틈바구니에서 독립을 유지할 수 있게 된 태국에 조선의 세종대왕 같은 군주가 출현한다. 라마 5세 쭐랄롱꼰(재위 1868-1910)이다. 그는 지식인과 왕족들의 해외 유학을 장려했으며, 행정을 비롯한 여러 분야에서 조국의 근대화에 전력을 다했다. 라마 5세는 1905년 노예제를 폐지했고, 왕족 앞에서 온몸을 바닥에 붙이고 절하는 의식도 폐지했다. 하지만 그의 아들 라마 6세는 왕실 재산을 거의 탕진한 상태

▶▶ 방콕의 왕궁(좌)과 근대화 업적으로 대왕 칭호를 받은 라마 5세(우).

에서 1925년 사망하고, 그의 동생이 라마 7세로 즉위한다. 그러나 전세계의 대공황으로 태국 경제는 늪에 빠지고, 결국 인민당 주도의 쿠데타가 일어난다. 하지만 쿠데타 세력이 요구한 것은 절대 왕정의 폐지였지 군주제의 폐지는 아니었다.

이 쿠데타는 태국의 현대사에서 일어났던 첫 번째 쿠데타였고, 그후에도 태국에는 수차례의 군부 쿠데타가 일어났다. 하지만 국왕은 국민들의 절대적인 지지를 받으며 지금도 군림하고 있다. 군부 독재와 입헌군주제가 공존하는 태국식 정치는 이렇게 탄생했다.[7]

화교들이 많은 도시

전 세계의 대도시에는 어김없이 차이나타운이 존재한다. 태국에도 다른 동남아시아의 도시처럼 화교들이 많이 살고 있다. 방콕에 화교들이 거주하기 시작한 때는 태국에 수코타이 왕조가 성립된 13세기까

▶▶ 방콕의 차이나타운 야오와랏 로드.

지 거슬러 올라간다. 우리로 치면 고려 말에 차이나타운이 생긴 셈이
다. 이미 말레이반도에는 화교들이 정착한 도시가 많았는데, 태국에
화교들이 많이 들어온 것은 16세기 중반 광둥성과 푸젠성을 휩쓸고
다녔던 해적왕 임도건(린따오껀)林道乾이 태국 남부를 약탈한 이후다.
중세에 서유럽을 침탈하고 다녔던 바이킹들이 영국의 북동부 지방과
프랑스의 노르망디에 정착한 경우와 유사하다.

　19세기 중국 남부 지방을 휩쓴 대기근 또한 화교들이 본격적으로
이주하게 된 계기다. 특히 라마 3세 때 방콕에 운하를 건설하면서 많
은 화교 노동자들이 방콕으로 이주했다. 지금 방콕을 이어주는 수많
은 운하들은 화교 노동자들이 건설한 것이다. 태국의 노비들이 주거
제한에 묶여 방콕으로 이주할 수 없었던 것도 화교 노동력이 유입된
원인 중 하나였다. 당시 인구 통계에 의하면 방콕의 총인구 7만 명 중
에서 4분의 3이 중국인이었다고 한다.

　현재 태국에는 20여 개의 재벌이 1,000개 이상의 자회사를 거느리
고 있는데, 그중 80%가 화교 그룹이다. 태국에 거주하는 화교들은 다

른 나라의 화교들과 다르게 중국인이라기보다 태국어를 사용하는 태국인에 가깝다. 아마도 이런 점에서 라마 5세는 태국인에 동화되어 살아가는 화교들에게 호의적인 입장을 취했을 것이다. 이렇게 정착한 화교들의 3세 혹은 4세들이 오늘날 태국의 지배층을 형성하고 있다는 주장에 설득력이 있어 보인다.

자카르타, 세계 최대 이슬람 국가의 수도

자카르타

국가 인도네시아
도시 자카르타
유형 신중핵 수도

세계에서 인구가 가장 많은 나라는 중국이라고 생각하기 쉽지만, 2023년 4월 AP통신에 따르면 인도가 14억 2,577만 명으로 중국을 제쳤다고 한다. 중국이 수십 년 동안 한 자녀 정책을 편 결과다. 3위는 3억 3,400만 명의 미국이다. 그렇다면 4위는 어디일까? 바로 이번 이야기의 주인공인 인도네시아로, 인구수가 2억 7,900만 명에 이른다. 인도네시아에는 1만 7,000여 개나 되는 섬이 있다. 세계에서 가장 많은 섬을 가진 나라다. 면적도 세계에서 14번째로 크다.

네덜란드의 오랜 식민 통치를 받은 인도네시아는 1949년 네덜란드를 완전히 축출하고 독립을 선언한다. 신생 독립국의 수도인 까닭에 자카르타는 신중핵 수도로 분류했다.

인도양의 섬들

인도네시아Indonesia는 인도인을 의미하는 그리스어 'Indos'와 섬을 의미하는 'nêsos'가 합쳐진 말로, '인도인들의 섬'이란 뜻이다. 이 명칭은 1850년 영국의 민속학자인 조지 얼George Earl이 만든 신조어로, 당시의 형태는 'Indu-nesians'였다. 호주 북동쪽의 태평양에 흩어진 1,000여 개의 섬 또한 '많은 섬들'이라는 뜻으로 폴리네시아라고 부른다.

기록을 찾아보면 인도네시아의 군도는 서기 7세기부터 중국 본토 및 인도와 교역을 하고 있었다고 한다. 당시는 스리위자야 왕국과 마자파힛 왕국이 있었다. 전자는 말레이반도를 중심으로 강력한 제해권을 가지고 있었고, 후자는 자바섬 중부에 존재하던 왕국이었다. 자바섬은 인도네시아의 수도 자카르타가 있는 섬이다.

그런데 인도네시아의 역사를 정리하면서 한 가지 의문점이 머리에 떠올랐다. 7세기 무렵부터 인도네시아에서 불교와 힌두교가 번성했고 해외 무역도 활발했는데, 인도네시아 군도의 바로 아래에 있던 호주 대륙과는 전혀 교류가 없었던 것일까?

먼저 지리적인 요인이 인도네시아와 호주의 교류를 가로막았다. 인도네시아의 군도(수마트라섬, 자바섬, 발리섬 등)는 호주의 북부 지방, 그중에서도 호주의 북서부 지방과 가까운데, 이 지방은 대부분 사막 지형이었다. 인간이 정착하기 적합한 동남부 지역과는 너무 멀리 떨어져 있었다. 그래서 인도네시아인들은 호주에 정착할 필요를 거의 느끼지 못했다. 굳이 멀리 호주까지 가서 무역을 하는 것보다, 가까운 인도나 중국을 통해 교역을 하는 것이 훨씬 이득이었다. 이런 이유로 인도네시아는 호주 진출에 전혀 관심을 보이지 않았고, 18세기에 들어

▸▸ 세계에서 가장 많은 섬을 가진 나라 인도네시아. 나라 이름에도 섬이라는 의미가 들어가 있다.

와서 유럽인들이 본격적으로 호주에 진출한다.

네덜란드와의 악연

모든 것은 유럽인들의 필수 식품이었던 후추에서 시작되었다. 1600년 엘리자베스 1세가 설립을 허락한 동인도회사의 배 4척이 런던을 떠나 수마트라섬의 아체Aceh에 도착했다. 1603년 동인도회사의 상인들은 당시 금보다 더 귀하던 후추를 100만 파운드 넘게 구입하고 영국으로 돌아왔다. 이들이 후추를 팔아 거둔 이윤은 천문학적 규모였다.

네덜란드도 영국의 동인도회사 모델에 관심을 갖기 시작했다. 네덜란드 정부는 영국보다 2년 뒤인 1602년에 동인도회사를 설립했는데,

이 회사에 군대를 보유할 수 있는 권한까지 부여했다. 이후 네덜란드의 동인도회사는 영국과 포르투갈을 제압하고 동남아시아의 제해권과 무역의 독점권을 확보한다. 네덜란드인들은 무력으로 말레이제도를 장악하고 원주민들을 학살하거나 삶의 터전에서 내쫓았다. 그리고 무역을 총괄하는 총본부를 바타비아(지금의 자카르타)에 두었다.

자카르타가 탄생하기 이전에 이 지방에는 술탄국 순다 왕국(669-1579)이 있었다. 그들은 지금의 자카르타를 순다 켈라파Sunda Kelapa라고 불렀다. 1502년 자바섬 서쪽에 있었던 반튼Banten 술탄국의 점령 이후에는 자야카르타Jayakarta로 이름이 바뀌었다. 인도의 고어인 산스크리트어로 승전을 뜻하는 'jaya-'와 완수의 'krta'가 합쳐진 말이다. 그러므로 자카르타는 완전한 승리를 의미한다. 비록 네덜란드와 일본의 지배를 받았지만, 자카르타의 뜻은 이런 영광스러운 의미를 지니고 있었다. 일설에는 자카르타의 지명이 동남아시아의 특산 과일인 두리안과 관련이 있다고 한다. 이 지방을 다녀갔던 영국인들은 이 도시의 별명을 '큰 두리안'이라고 기록했다.

그 후 1619년 이 도시를 점령한 네덜란드인들은 자신들의 조상인 바타비아족의 이름을 붙여 도시의 이름을 바타비아Batavia라고 개명했다. 바타비아는 네덜란드인들이 자야카르타를 점령하고 폐허 위에 새로 세운 도시였다. 1800년에 네덜란드의 동인도회사는 해체되지만, 인도네시아는 네덜란드령이란 이름으로 통치를 받는다.

인도네시아의 독립은 제2차 세계 대전 와중에도 찾아오지 않았다. 네덜란드령 인도네시아가 일본의 손에 넘어간 것이다. 일본은 바타비아를 본래의 이름인 자카르타로 되돌려 놓았지만, 인도네시아의 입장에서 보면 침략자들만 바뀐 형국이었다. 1949년 인도네시아 독립의 영웅인 수카르노가 네덜란드 군대를 몰아내고 완전한 독립을 전 세계에 선언한다. 도시의 철자는 1972년 'Djakarta'에서 'Jakarta'로 바뀌었다.

세계 최대의 무슬림 국가

이슬람교는 기독교(25억 명)에 이어 두 번째로 많은 신자(19억 명)를 보유한 종교다. 그런데 놀랍게도 이슬람교가 가장 많은 나라는 중동의 나라가 아니라 인도네시아(2억 484만 명)다. 그 뒤를 파키스탄(1억 8,000만 명)과 인도(1억 7,000만 명)가 따르고 있다.

인도네시아는 전체 인구의 87%가 무슬림이다. 그렇다면 인도네시아의 국교는 이슬람인가? 그렇지 않다. 인도네시아 헌법에는 종교의 자유를 인정하고 있으며, 국민들은 6개의 종교(이슬람, 힌두교, 개신교, 천주교, 불교, 유교) 중에서 하나의 종교를 의무적으로 선택해야 한다. 과거 공산당이 인도네시아를 전복하려고 했을 때, 무신론자인 공산주의자들과 구분하기 위해 생긴 법이라고 한다.

이슬람은 아라비아반도의 성지 메카에서 전 세계로 퍼진 종교인데, 알다시피 유럽은 기독교의 벽으로 막혀 있었으므로 포교 자체가 불가능했지만, 반대 방향으로는 아라비아 상인들을 통해 널리 퍼졌다. 그런데 무함마드가 이슬람을 창시한 7세기 후반에 이슬람의 포교가 질풍노도와 같이 중동과 아프리카를 삼켰다면, 동남아시아에서의 이슬람 포교는 그 속도가 느렸고 점진적이었다.

기록에 의하면 인도네시아에 이슬람교가 소개된 때는 17세기 초로 알려져 있다. 아라비아 상인들과 교역을 하면서 인도네시아 주민들은 이슬람교로 개종한다. 이슬람의 포교 과정은 중동처럼 급진적이지 않았고, 기존 종교들을 인정하면서 현지에 뿌리를 내리기 시작했다.

그렇다면 2억이 넘는 무슬림이 있는 인도네시아는 동남아시아의 이슬람교 국가들의 구심점 역할을 하고 있는가? 결론부터 말하면 그렇지 않다. 그 이유는 첫째, 국민의 절대다수가 무슬림이지만, 이들은 중동의 무슬림처럼 엄격하게 계율을 지키지 않는다. 기존의 토속 신앙이나 불교 또는 힌두교의 색채가 여전히 남아 있다. 두 번째는 종파 간의 반목 때문이다. 중동 수니파와 시아파의 대립이 이슬람 세계에서 일어나는 분쟁의 원인인 것처럼, 인도네시아에서도 종파 간의 분열이 이슬람교의 통합을 막고 있는 장애물이다. 마지막으로 지역에 따라 무슬림의 분포가 큰 차이를 보이는 것도 이유다. 예를 들어 북부 수마트라에는 비非이슬람교도가 38%를 차지하기도 한다.

가루다의 재등장

각국의 국적 항공사의 엠블럼에는 그 나라의 상징물이 들어 있는 경우가 있다. 호주의 국적 항공사 콴타스에는 호주의 상징 캥거루가 그려져 있다. 인도네시아의 국적 항공사 '가루다 인도네시아'의 엠블럼에는 태국에서 본 것처럼 독수리가 그려져 있다. 태국 왕실의 상징 가루다가 이번에는 인도네시아의 국적 항공사에 나타났다. 불교와 힌두교가 널리 퍼진 동남아시아에서 인기 있는 신과 상징물은 이렇게 여러 나라가 공유하고 있다. 예로부터 인도네시아인들은 가루다를 정의의 신이자 태양의 신으로 숭배했다.

인도네시아 국장의 이름도 '가루다 판차실라Pancasila'다. 가루다를 독수리로 형상화한 모습이다. 두루마리에 쓰인 국장의 모토는 '다양성 속의 통일'이다. 인도네시아는 수많은 민족으로 구성된 다민족 국가이기 때문에, 국가의 단일성이 무엇보다 중시되었다. 국장 가운데 5개 그림은 국장의 핵심 이데올로기인 다섯 가지의 원칙 '판차실라'를 상징한다.

▶▶ 인도네시아의 국장인 가루다 판차실라.

Garuda Indonesia

▶▶ 가루다 항공의 로고.

1) 일신교 신앙

2) 정의와 문화적인 인간성

3) 인도네시아의 단결

4) 합의제와 대의제를 통한 민주주의의 지혜로운 길잡이

5) 인도네시아 국민에 대한 사회 정의

1만 8,000여 개의 섬, 300여 개의 인종, 600여 개의 언어를 사용하는 인도네시아의 건국 이데올로기가 가루다 판차실라에 압축되어 있다.

해마다 가라앉는 수도

동남아시아에서 가장 많은 인구와 큰 국토를 가진 인도네시아는 요즘 수도를 천도한다는 계획을 실천에 옮기고 있다. 실제로 2022년에 인도네시아 의회는 수도 천도 법안을 통과시켰다. 그런데 현지인들도

수도를 어디로 옮기는지 제대로 모른다고 한다.

수도를 이전하려는 이유는 자카르타의 지반이 잦은 홍수로 인해 가라앉고 있기 때문이다. 실제로 자카르타의 40%가 해수면 아래 잠겨 있고, 지금도 해마다 25cm씩 가라앉고 있다. 지나치게 인구가 자카르타에 집중된 것도 이유 중 하나다. 마지막으로 자카르타가 군도의 한쪽에 치우쳐 있다는 점도 작용했다.

새로운 수도가 들어설 섬은 자바섬 북쪽의 보르네오섬이다. 자카르타에서 1,200km 떨어진 곳에 수도를 건설하는 것이다. 자바섬은 인도네시아의 총면적의 7%에 불과하지만, 이곳에 전체 인구(2억 7,900만 명)의 60%가 모여 살고 있다. 그러므로 자바섬을 떠나 보르네오섬으로 수도를 옮긴다는 것이 인도네시아 역사에서 큰 사건임에는 틀림없다.

표를 보면 자카르타의 수도권 인구가 도쿄에 이어 아시아에서 두 번째로 많은 것을 알 수 있다. 도쿄와 서울은 도시의 인프라가 잘 갖추어져 있지만, 나머지 3개 도시는 주거 환경이 열악하다. 인도네시아 정부가 수도를 이전하려는 이유 중에는 지반이 가라앉는다는 점도 있지만, 지나치게 수도권에 집중된 인구를 분산하려는 의도가 크다.

보르네오섬으로 옮겨갈 행정 수도의 이름은 열도列島를 의미하는

●● 아시아 5대 도시의 광역권 인구

순위	국가	도시	광역권 인구(단위: 100만 명)
1	일본	도쿄	37.3
2	인도네시아	자카르타	33.4
3	인도	델리	29.0
4	한국	서울	25.5
5	인도	뭄바이	24.4

출처: Banerjee(2023)

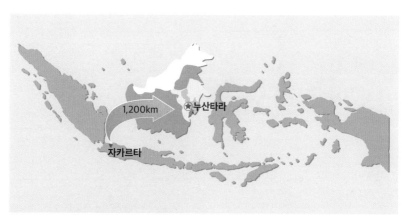

▸▸ 보르네오섬에 들어설 신수도 누산타라.

'누산타라'다. 자카르타는 경제 수도로 남게 된다. 2045년 건설을 마치는 새 수도의 이전 비용은 무려 466조 루피아(약 40조 원)라고 한다. 사실 인도네시아의 수도 이전은 네덜란드와 일제의 잔재를 청산하고 싶었던 국부 수카르노 대통령의 숙원 사업이었다. 그러나 자카르타의 기득권층의 반대를 넘을 수가 없었다. 역대 인도네시아 대통령 9명 중에서 8명이 자카르타 출신인 것을 봐도 알 수 있다.

인도네시아의 신수도는 아무것도 없는 고원에 건설한 신수도 브라질리아(브라질의 수도)의 모델을 따르고 있다. 인도네시아의 수도 이전이 브라질리아의 전철을 밟지 않고 성공한다면, 인도네시아가 아시아의 대국으로서 부상할 날도 머지않을 것이다.

뉴델리,
인도의 신수도

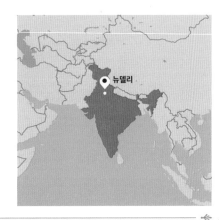

국가 인도
도시 뉴델리
유형 신중핵 수도

　인도는 오랜 역사를 가진 나라다. 고대 4대 문명 중의 하나인 인더스 문명의 발상지이고, 유럽인들과 같은 조상인 아리안족의 후예들이 전인구의 70%를 차지하는 나라다. 특이한 점은 한 나라 안에서 무려 190여 개의 언어가 사용된다는 점이다.

　세계사에서 인도가 차지하는 비중은 상당하다. 인도의 역사가 장구한 만큼 많은 왕국들이 들어섰다가 사라졌고, 그만큼 많은 수도가 있었다. 이름에서 보듯 뉴델리는 새로운 델리라는 뜻이므로 신중핵 수도로 분류한다. 인도의 수도였던 도시들을 왕조의 변천을 통해 살펴보자. 아울러 인도가 어떻게 영국의 식민지로 전락했는지도 알아보자.

베다 시대의 수도

서양을 대표하는 서사시로 《일리아드》, 《오디세이아》, 《아이네이스》가 있다면, 인도를 대표하는 서사시로는 《마하바라타》가 있다. 《마하바라타》는 인도의 베다 시대(기원전 1500년경-기원전 500년경)를 대표하는 대서사시로, 동서양을 통틀어서 가장 위대한 서사시라고 불러도 손색이 없는 작품이다. '위대한 바라타 왕조의 이야기'라는 뜻의 《마하바라타》에는 수많은 등장인물과 플롯이 뒤섞여 등장한다. 작품의 줄거리는 이러하다.

인도의 북서부에 있는 쿠루 왕국의 국왕 판두는 2명의 아내가 있었다. 정실인 쿤티와 애첩인 마드리다. 판두는 젊은 시절 숲에 사냥을 나갔다가 사랑의 희열을 맛보고 있던 사슴을 활로 쏘아 죽인 적이 있다. 사슴은 사실 고행자의 변신이었다. 그는 판두에게 사랑의 쾌락을 맛보는 순간 죽을 것이라는 저주를 내리고 죽는다. 이렇게 해서 판두는 불구자가 되었다. 하지만 쿤티의 덕성 덕분에 그녀와 마드리는 신의 자식들을 차례로 낳는다. 쿤티는 다르마, 바유, 인드라 신을 차례로 불러 유디스티라, 비마, 아르주나를 낳았고, 마드리도 쌍둥이 신 아슈빈을 불러내어 나쿨라와 사하데바 쌍둥이 형제를 낳았다.

판두의 형 드리타라슈트라Dhritarastra도 간다리 공주와 결혼을 하고, 100명의 자식을 보았다. 그런데 그 방법이 사뭇 달랐다. 먼저 큰 살덩어리를 단지 안에 넣고, 그것을 100개의 조각으로 나누어 자식들을 만들었다. 이렇게 해서 태어난 장남 두르요다나는 바람의 신 바유에게서 비마가 태어났던 같은 시간에 세상에 나왔는데, 그는 무시무시한 악마 칼리Kali의 화신이었다. 《마하바라타》는 판두의 자식들인 판두바 5형제와 드리타라슈트라의 자식들인 카우라바가 벌이는 전쟁을 그린 서사시다.

《마하바라타》는 쿠루 왕국을 배경으로 한 작품이다. 시대적으로는 철기 시대와 중첩되고, 지리적으로는 인도의 서북부 지방에 있던 왕국이다. 이 왕국의 수도는 하스티나푸라Hastinapura였는데, 이 이름은 산스크리트어로 코끼리를 의미하는 'hastina'와 도시를 뜻하는 'pur'가 합쳐진 말이다. 현재 하스티나푸라는 인구가 2만 6,000명 정도밖에 되지 않는 작은 도시지만,《마하바라타》에 나오는 하스티나푸라는 선한 무리(판두바 형제)와 악의 무리(두르요다나 형제=카우라바)가 격돌한 베다 문학의 중심 무대였다.

세계 최대의 고대 도시, 파탈리푸트라

파탈리푸트라는 네팔과 가까운 비하르주의 주도인 파트나에 존재했던 고대 인도의 수도다. 특히 마우리아 제국(기원전 321-기원전 185)과 굽타 제국(4세기 초-6세기 말)이 전성기를 구가한 당시의 수도였다. 마우리아 제국은 알렉산드로스 대왕의 시기와 중복된다. 그리스 예술의 영향을 받은 간다라 예술이 탄생한 시기이기도 하다. 당시 인도인들은 이민족의 침략을 받으면서 서서히 민족의식을 자각하기 시작했다. 특히 마우리아 제국의 찬드라굽타(기원전 321-기원전 297)는 그런 시대정신을 바탕으로 인도의 서부 지방을 통일한 군주였다. 물론 알렉산드로스 대왕의 급사도 이런 변화에 영향을 미쳤다.

마우리아 왕조는 찬드라굽타의 손자인 아소카 대제(기원전 273?-기원전232?) 시기에 이르러 절정을 맞이한다. 아소카 대제는 인도반도의 남단부인 타밀 지역을 제외한 모든 지방을 아우르는 제국을 건설했다.

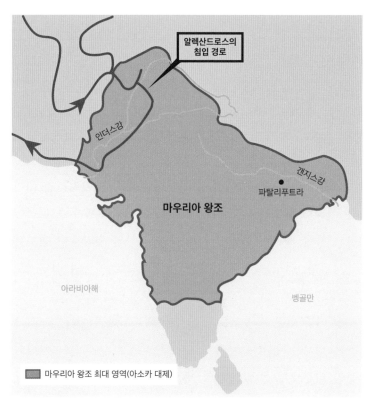

알렉산드로스의
침입 경로

인더스강

갠지스강

파탈리푸트라

마우리아 왕조

아라비아해

벵골만

마우리아 왕조 최대 영역(아소카 대제)

▶▶ 기원전 250년경 마우리아 왕조의 최대 전성기 판도. 지금의 네팔 아래 파탈리푸트라가 있었다.

그는 불교를 널리 보급한 황제이기도 했는데, 그런 점에서 무력 전쟁에 회의를 느끼고, 불법佛法에 의거해서 나라를 통치하려고 힘썼다.

아소카 대제 시대에 파탈리푸트라는 15만 명에서 40만 명의 인구를 거느린 당시 세계 최대의 도시였다. 면적 25.5km²에 도시의 둘레가 33.8km에 이르렀다고 한다. 당시 그리스 대사인 메가스테네스는 이 도시의 성벽에는 570개의 탑과 64개의 문이 있다고 적었다. 로마의 역사가 아리아노스는 말하길, 이 도시는 감탄할 것이 너무 많아서 일일이 적을 수가 없다고 했다. 하지만 이렇게 화려한 도시도 세월 앞에서는 어쩔 수가 없었다. 당나라의 승려 현장이 파탈리푸트라를 방문했을 때는 이미 도시의 대부분이 폐허로 변해 있었다고 한다.

불교에서 이슬람교의 나라로, 무굴 제국

마우리아 왕조에서 꽃을 피우던 불교는 이슬람교에 그 자리를 내어 준다. 많은 이슬람 왕조가 인도에 들어서게 되는데, 16세기 초에는 이슬람 계열의 무굴 제국이 들어선다. 이때는 서양의 열강들이 인도를 침탈하던 시기다. 인도는 무굴 제국을 마지막으로 영국의 식민지로 전락한다.

본래 '무굴'이란 말은 몽골인을 의미하는 페르시아 말이다. 무굴 제국의 시조는 티무르 왕조에 속한 바부르다. 티무르 제국은 차가타이 칸국 출신인 티무르가 몽골 제국의 재건을 주창하며 세운 나라인데, 그 후 티무르 왕조에 속한 바부르가 인도의 델리를 중심으로 번성하던 술탄국을 멸망시키고 무굴 제국을 세웠다. 정리하자면 인도의 마지막 왕조인 무굴 제국은 멀리 몽골 제국에 뿌리를 둔 이슬람 제국이고, 초기 수도는 지금의 뉴델리를 포함한 델리 지역이었다.

무굴 제국의 공식 국호는 '구르카니'였다. 티무르 왕조의 지배자들이 칭기즈 칸의 일족과 결혼함으로써 얻은 칭호 '구르칸(부마, 사위)'에서 비롯된 말이다. 17세기 초에 인도에 왔던 영국인들은 무굴인들이 자신들이 칭기즈 칸의 후손들이라는 사실을 강조하기 위해 무굴이라는 명칭을 사용하고 있다고 적었다.

무굴 제국은 수도를 델리에서 아그라Agra로 옮긴다. 아그라는 1526

▶▶ 인도의 대표적 유적지인 타지마할은 이슬람 양식의 대표적인 건축물로 무굴 제국의 샤 자한 황제가 죽은 아내를 애도하기 위해 지은 영묘다.

년부터 1658년까지 무굴 제국의 수도로 발전한다. 그 유명한 타지마할이 바로 아그라에 있다. 타지마할은 무굴 제국의 황제 샤 자한이 총애하던 황비 뭄타즈 마할을 위해 만든 영묘다. 그녀는 황제의 14번째 아이를 낳다가 사망했다고 한다.

인도는 어떻게 영국의 식민지가 되었는가?

타지마할을 지을 때 당시 화폐로 3,200만 루피아가 들었다고 한다. 현재의 가치로 환산하면 8억 2,700만 달러가 들었다는 말이다. 당시 무굴 제국의 국력과 경제력을 가늠할 수 있는 부분이다. 그런데 이렇게 막강하던 무굴 제국이 어떻게 영국의 식민지로 전락하고 말았을까? 역사가들은 그 이유를 찾고 싶어 한다. 분명히 무굴 제국이 무너진 데에는 그만한 이유가 있을 것이다.

무굴 제국의 경제는 17세기부터 쇠락의 조짐을 보이고 있었다. 중앙 정부의 징세권을 지방의 관리들이 점차 세습하는 바람에 중앙 정부의 재정에 균열이 생기기 시작했다. 농업 생산성도 떨어지고 있었다. 노동 인구는 늘어나고 있었지만, 대부분의 인구 증가는 불가촉천민층에서 이루어졌다. 여기에 귀족층의 타락과 당파 싸움, 그리고 독립 상태를 유지하고 있는 수많은 토후 세력들로 인해 중앙 정부는 허수아비에 지나지 않았다. 게다가 당시 인도인들은 중세 유럽인들처럼 국가에 대한 인식이 전혀 없었다.

그런 까닭에 영국을 비롯한 유럽인들이 인도에 진출하기 시작한 16세기부터 무굴 제국은 균열 조짐이 보였다. 그리고 유럽이 인도에 본격적으로 진출한 17세기에는 인도와 유럽 제국의 싸움은 이미 기울어진 운동장이 되어 있었다. 유럽이 인도를 손아귀에 넣는 것은 시간 문제였다.

한편 유럽의 사정은 인도와 정반대였다. 절대 왕정과 맞섰던 자본주의 세력이 승리를 한 것이다. 그 대표적인 나라가 영국이었다. 자본 계층으로 막 성장하려던 위그노들을 국외로 추방한 프랑스와 대비된다.

그런 과정에서 대항해의 시대가 열렸고 유럽 국가들은 원자재를 값싸게 확보할 수 있었다. 게다가 유럽에서 생산한 상품을 쉽게 팔 수 있는 식민지의 개척은 유럽 제국에 막대한 부를 가져다주었다. 문제는 이 게임에 승자독식의 원칙이 적용된다는 점이다. 영국은 비록 인도네시아에서 네덜란드에 밀렸지만 그것이 오히려 전화위복이 되었다. 인도에 전력을 다할 수 있었기 때문이다.

영국의 동인도회사는 인도에 진출해 각 지역의 통치자들로부터 상관을 설치할 수 있는 허가를 받아낸다. 하나둘씩 상관을 늘려나간 영국은 동인도회사를 앞세워 면직물 가내 수공업이 크게 발달한 벵골 지역을 호시탐탐 노리고 있었다. 마침내 이 지역을 놓고 플라시에서 벵골 토후국과 프랑스의 연합군이 전쟁을 벌였고, 영국의 숙적 프랑스는 이 전쟁에서 패퇴한다. 이제 인도는 영국의 차지가 되었다.

이 전쟁을 통해 영국은 두 가지 전리품을 챙겼다. 먼저 숙명의 라이벌 프랑스를 인도에서 축출한 것이다. 그리고 인도의 지방 태수 임명권을 확보했다. 시간은 영국 편이었다. 아무리 인도가 광활한 대륙이라고 해도, 벵골의 태수를 굴복시킨 것처럼, 다른 지역도 같은 방식으로 하나씩 영국의 통치권 안으로 들어갔다.

동인도회사를 앞세운 영국은 비하르, 오리사 등의 북부 지방을 수중에 넣었다. 물론 명목상의 통치권은 엄연히 무굴 제국에 있었다. 하지만 무굴 제국은 껍데기만 남은 제국이었다. 이후 동인도회사는 현지 용병을 고용하여 더 많은 지방을 수중에 넣었다. 인도를 차지하기 위해 인도인들이 첨병으로 고용된 것이다. 결국 토후국들은 하나씩 영국에 제압되었다. 1757년 인도에서 시작된 영국의 영토 확장은 1858년 동인도회사가 빅토리아 여왕에게 인도의 통치권을 이관하면서 대

단원의 막을 내린다. 무굴 제국은 1859년 통치권을 박탈당하고, 1877년 인도는 영국의 식민 제국으로 전락한다. 이렇게 영국은 100년 만에 대국 인도를 식민지로 만들었다.

델리로 수도를 이전한 이유

인도에서 세 번째로 큰 도시 캘커타는 인구가 무려 1,300만 명이 넘는 대도시다(2001년 도시 이름을 콜카타로 바꾸었다). 1772년 인도가 영국령이 되었을 때 영국은 캘커타를 수도로 정했다. 그리고 1877년 인도 제국이 들어섰을 때도 여전히 제국의 수도는 캘커타였다.

영국이 캘커타를 인도 제국의 수도로 정한 것은, 당시 미얀마가 인도 제국에 포함되어 있었기 때문이다. 지금은 캘커타가 인도 동부에 있지만, 미얀마가 인도 제국에 포함되었던 시절에는 인도 제국의 중심에 있었다. 그런데 문제가 생겼다. 캘커타는 제국의 수도로서는 하등의 문제가 없었는데, 인도 독립의 중심지이기도 했다. 역설적으로 식민 제국의 수도가 인도 독립의 거점이었던 것이다.

영국은 과거 무굴 제국의 수도였던 델리를 캘커타의 대안으로 들고 나왔다. 두 도시의 거리는 무려 1,300km였다. 이 정도 거리면 기존에 활동하던 독립운동 세력들이 약화될 것이라고 판단한 영국은 캘커타가 속한 벵골주를 두 구역으로 나누고, 1911년 인도 제국의 수도를 델리로 옮긴다. 영국에 땅을 넘겨준 무굴 제국의 수도는 또 한 번 치욕의 현장을 목도해야 했다. 하지만 기존의 델리는 제국의 수도가 들어서기에는 너무 낙후된 도시였다. 그렇게 해서 델리 근처에 새로 만들어진 수도가 뉴델리New Delhi다.

조지 5세, 인도 제국의 수도를 옮기다

대영 제국의 국왕은 인도의 황제를 겸했다. 영국 역사에서 두 번째로 오랫동안 제위에 있었던 빅토리아 여왕(재위 1837-1901)의 공식 직함은 그레이트 브리튼 아일랜드 연합왕국의 여왕과 인도 여제Empress of India였다. 수천 년 역사를 지닌 인도는 영국의 국왕을 황제로 모셔야 했다.

영국이 인도 제국의 새 수도를 뉴델리로 옮기기 전까지 인도의 황제는 델리에서 즉위식을 올렸다. 이 의식을 델리 더바Delhi Durbar라고 불렀다. 델리 더바는 영국의 국왕이 인도의 황제로 즉위한 것을 축하하는 행사였다.

빅토리아 여왕의 뒤를 이어 왕위를 계승한 여왕의 장남 에드워드 7세의 델리 더바는 1902년 말에서 1903년까지 계속되었다. 더바의 주요 행사는 새해 첫날 열리는 대관식 무도회였다. 인도 총독은 영국 국왕을 대신하는 황제의 대리인이었다. 총독은 위대한 대영 제국의 영광을 전 세계에 알리기 위해 비용을 아끼지 않았다. 마치 일본의 막부 정권이 도쿄를 찾은 조선 통신사 일행을 위해 엄청난 예산을 집행한 것과 비슷했다.

총독 부부는 아시아에서 가장 큰 코끼리를 타고 행사장에 도착했다. 이 순간을 시작으로 화려한 불꽃놀이가 시작되었고, 가든파티, 폴로 경기, 호랑이 사냥, 군사 퍼레이드가 뒤를 이었다. 영국령 인도 제국이

▶▶ 1911년 델리 더바의 모습. 중앙 연단에는 당시 영국의 국왕 조지 5세와 메리 왕비가 자리를 잡았다.

무굴 제국을 합법적으로 계승한 것을 대외적으로 알리는 온갖 종류의 퍼포먼스였다. 하지만 델리는 인도 제국의 화려함을 뒤로 하고, 새로운 수도 뉴델리에 수도 자리를 양보한다.

1911년 에드워드 7세를 계승한 조지 5세는 인도 제국의 수도를 델리에서 뉴델리로 옮긴다고 공식적으로 발표했다. 영국은 위대한 대영제국을 영원히 유지할 수 있다고 생각했지만, 제국주의의 몰락과 함께 '해가 지지 않는 제국'도 서서히 저물고 있었다. 1857년부터 인도를 지배했던 영국은 결국 1947년 인도의 독립을 허용한다. 마침내 거인 인도는 식민지의 사슬에서 벗어나 찬란한 과거의 영광을 재현할 준비를 마친다.

예루살렘,
3대 종교의
수도

국가 이스라엘
　　 (현재 수도 텔아비브)
도시 예루살렘
유형 중핵 수도

　이슬람의 창시자 무함마드는 40세가 되던 610년부터 주위 사람들에게 이상한 말을 하기 시작했다. 바위가 자기에게 인사를 했다는 것이었다. 그는 결국 히라산의 동굴에 머물면서 명상에 빠졌다. 그런 무함마드에게 갑자기 어떤 남자가 나타나 "읽어라!"라고 말을 한다. 무함마드가 "읽을 수가 없습니다"라고 답하자, 남자는 무함마드를 강하게 끌어안고 다시 읽으라고 말했다. 무함마드가 신의 계시를 받는 장면이다. 훗날 무함마드는 그 남자가 천사 가브리엘이라고 밝힌다.

　여기까지 보면 다소 이상한 생각이 든다. 가브리엘 천사는 마리아에게 수태고지를 해준 천사가 아닌가? 그런데 이슬람의 창시자 무함마드 앞에 또 나타났다. 영화로 치면 동일 배역의 배우가 여러 영화에 나온 셈이다.

이번에 살펴볼 도시는 유대교, 기독교, 이슬람교의 성지 예루살렘이다. 천사 가브리엘이 기독교와 이슬람교에 모두 등장하는 이유도 여기에서 찾을 수 있다. 물론 현재 이스라엘의 실질적 수도는 예루살렘이 아니고, 텔아비브다(자국법상으로 예루살렘을 수도로 정하고 있지만 국제법상으로 인정되지 못했다). 하지만 예루살렘은 세계 5대 종교(기독교, 이슬람교, 불교, 유대교, 힌두교) 중에서 무려 3개 종교의 수도로 꼽힌다. 유구한 역사를 지닌 예루살렘은 인류가 세운 가장 오래된 도시이며, 중핵 수도 중에서도 가장 오래된 수도라 할 수 있다.

3대 종교의 비교

먼저 유대교와 이슬람교의 뿌리를 따라 올라가면, 아브라함이라는 공통점을 발견할 수 있다.

유대 민족의 조상인 아브라함에게는 사라라는 조강지처가 있었다. 사라는 아브라함의 이복누이였다. 그런데 두 부부 사이에는 여든이 넘도록 자식이 생기지 않았다. 아이가 생기지 않자 사라는 이집트 출신의 노예 하갈을 아브라함에게 첩으로 들여보낸다. 그리고 자식이 태어나자 이름을 이스마엘이라고 지었다. 그런데 문제는 이후 늙은 사라에게 아기가 생긴 것이다. 아이의 이름은 이사악이라고 지었다. 이렇게 이스마엘은 함족(아랍인)의 조상이 되고, 이사악은 셈족(유대인)의 조상이 되었다.

구약의 이야기에 따르면 아랍인과 유대인의 조상은 모두 아브라함이다. 실제로 두 민족의 언어를 언어학적 계보를 통해 보아도, 두 언어는 동일 어족에 속한다. 이 말은 두 민족이 하나의 조상에서 나왔다는 말이다. 신앙도 공통점이 많다.

먼저 유대교와 기독교는 당연히 유대인들의 신앙에서 나온 종교이다. 그런데 가장 근본적인 차이는 유대교에서는 예수를 메시아, 즉 구세주로 인정하지 않는다는 사실이다. 한편 이슬람의 코란에는 예수를 마리아의 아들 예수라고 부르고 있다. 그리고 "예수를 존경하지 않는 자는 무슬림이 아니다"라는 대목도 보인다. 하지만 이슬람교는 예수를 위대한 예언자로 볼 뿐이고, 그의 신성은 인정하지 않는다. 예수는 '마지막 예언자'인 무함마드가 올 것을 예언하는 자로 소개되어 있다. 마치 신약에서 예수에게 세례를 베푼 세례자 요한이 말하길, "나는 그분(예수)의 신발 끈을 풀어 드릴 자격도 없다"라고 말하는 대목이 떠오른다. 종합해보면 이슬람에서 가장 위대한 예언자는 무함마드라는 말이다.

이슬람에서 예수의 신성을 인정하지 않는 것처럼, 초기 기독교에서도 비슷한 주장을 펼치는 사람들이 있었다. 4세기 말에 알렉산드리아 교회의 아리우스 사제는 예수의 신성을 부정하고, 예수가 성부의 피조물에 불과하다고 주장했다. 하지만 알렉산드리아의 대주교 아타나시우스는 예수의 신성과 삼위일체 동일본질을 주장했다. 결국 서기 381년 제1차 콘스탄티노플 공의회에서 니케아 공의회(예수의 신성을 인정)의 결정을 재확인하여 지금에 이르고 있다.

역사에 등장한 예루살렘

인류가 거주했던 가장 오래된 도시 중의 하나인 예루살렘의 역사는 멀리 청동기 시대까지 거슬러 올라간다. 예루살렘이라는 도시의 이름은 이집트의 〈저주의 문서Execration texts〉에서 처음으로 확인된다. 〈저주의 문서〉는 주술을 통해 파라오의 원수들에게 저주를 내려달라고 간청하는 내용으로, 조각상이나 그릇의 깨진 조각에 적혀 있는 글이다. 주로 원수들의 도시와 그들의 지도자들에게 저주가 내린다는 내용이 새겨져 있다. 이집트의 사제들은 이 그릇을 부수어 그 파편을 무덤이나 제사를 올리는 곳에 놓았다. 이런 관습은 고대 이집트와 인접한 아시아 국가들이 전쟁을 벌일 때 흔히 사용되었는데, 그중에서도 이집트의 중왕조 시대인 12왕조(기원전 1991-기원전 1782) 시기에 빈번히 사용되었다. 〈저주의 문서〉에 이스라엘이 등장하는 것으로 보아 이스라엘이 고대 이집트의 원수였음을 알 수 있다.

구약의 〈출애굽기〉에는 모세의 지도 아래 이집트를 탈출하는 사건이 나온다. 그러나 여기에 나온 파라오가 구체적으로 어떤 파라오인지는 알 수 없다. 일부 성서학자들은 이 파라오를 람세스 2세(이집트 19왕조, 재위 기원전 1279-기원전 1213)로 추정한다. 그런데 고대 이집트의 문헌이나 상형문자의 기록에는 히브리 민족이 이집트를 탈출하였다는 기록이 보이지 않는다.

예루살렘의 존재를 이집트의 기록에서 찾을 수 있는 문헌은 아멘호테프Amenhotep 3세와 그의 후계자인 아케나텐Akhenaten 파라오(재위 기원전 1352-기원전 1335년)의 재판 기록이다. 이 기록을 보면 예루살렘은 파라오의 가신인 압디헤바Abdi-Heba가 감독하는 작은 도시로 묘사되어 있다. 학자들의 견해에 따르면 당시 예루살렘은 가나안 왕국의 수도였다는 설과, 작은 도시에 불과했다는 설이 팽팽하게 맞서고 있다. 어쨌든 예루살렘의 역사가 아주 오래되었다는 사실만은 부인할 수 없다.

예루살렘의 여러 이름들

〈저주의 문서〉에서 예루살렘은 '루샤리무Rushalimu'라는 이름으로 등장한다. 예루살렘이 가졌던 최초의 이름이다. 당시에는 도시명을 지방신의 이름으로 부르는 것이 관례였기 때문에, 루샤리무라는 이름은 '샬렘Shalem' 또는 '샬리무Shalimu' 신을 숭배하는 도시라는 의미다. 샬렘 신은 지금의 시리아 지방에서 숭배하던 신으로, 창조의 신, 완벽함의 신, 그리고 석양의 신이었다.

예루살렘에서 첫음절 '예루'는 '우루uru'에서 왔다. 우루는 가나안어로 도시라는 뜻의 '예루yeru'가 된다. 그러므로 예루살렘은 샬렘 신이 세운 도시라는 의미다. 두 번째 음절인 '살렘'에서는 히브리어의 '샬롬shalom'(평화)과 아랍어의 '살람salaam'(평화)이라는 말이 나왔다. '샬롬'이라는 이스라엘의 인사말과 '이슬람'이란 단어도 모두 여기에서 나왔다.

서기 130년, 로마 황제 하드리아누스는 예루살렘의 이름을 '아일리나 카피톨리나Aelia Capitolina'로 개명한다. 아일리나는 하드리아누스 황제의 가문명이고, 카피톨리나는 로마의 최고신 유피테르의 신전이 있었던 카피톨리노Capitolino 언덕에서 나온 이름이다. 그러므로 아일리나 카피톨리나는 '유피테르와 하드리아누스 집안의 도시'라는 뜻이다. 이후 예루살렘은 325년 콘스탄티누스 황제가 기독교를 공인하면서 본래

▶▶ 성전산의 전경. 솔로몬의 성전(제1성전)이 있었던 산이다. 제2성전은 서기 70년 예루살렘 함락 때 파괴되었다. 유대인들은 메시아가 나타나면 제3성전이 지어질 것이라고 믿는다.

▶▶ 7세기에 예루살렘을 점령한 이슬람교도들이 세운 예루살렘의 황금 사원. 솔로몬의 성전이 있던 성전산 위에 세웠다.

의 이름을 되찾았다.

638년에는 오마르 칼리파가 예루살렘을 정복하면서 도시의 이름이 '일리야Iliya' 또는 '바이트 알 마크디스Bayt al-Maqdis'로 바뀌었다. 히브리어의 '베이트 하-미크다슈'를 옮긴 말로, 히브리어로 '성소聖所의 집'이라는 의미다.

디아스포라

로마 제국에는 여러 속주가 있었지만 유대 속주만큼 골치가 아픈 곳은 없었다. 로마는 다신교의 제국이었다. 지금도 로마에 남아 있는 판테온 신전 또한 그리스어로 '만신전萬神殿'이라는 뜻이다. 그런데 로마 제국의 속주 중에서 유독 유대인들만 유일신을 섬기고 있었다. 이 같은 차이는 갈등을 불러왔고 로마와 유대의 전쟁으로 비화했다. 특히 그리스계 로마인과 유대인 사이의 종교적 분쟁이 갈등의 씨앗이 되었다. 예를 들어, 칼리굴라 황제(재위 37-41)가 자신의 조각상을 설치하라는 칙령을 내렸을 때, 유대인들은 황제의 조각상을 섬기는 것은 우상숭배라고 크게 반발했다.

그중에서도 로마와 유대 간 전쟁의 도화선이 된 사건이 있다. 서기 66년 유대 속주의 수도 카이사레아에 있는 유대교 회당 앞에서 그리스인들과 유대인들이 충돌한다. 그런데 로마 주둔군이 중재하지 않고 사태를 방관했고, 마침내 유대인들이 로마 군대를 급습하는 사건으로 커지고 말았다.

이렇게 시작된 로마와 유대의 갈등은 전면전으로 확대된다. 네로 황제는 베스파시아누스 장군을 진압군의 사령관으로 임명하여 유대로 보낸다. 베스파시아누스는 훗날 폭군 네로 황제가 폐위되자 황제의 자리에 오른 인물이다. 베스파시아누스는 유대 반란을 철저히 응징했다. 갈릴리 지역의 반란을 진압한 로마군은 서기 67년 여름에 예루살렘 근처까지 포위망을 좁혔다. 하지만 이때 네로 황제가 자결했기 때문에 전쟁은 1년 반 동안 소강상태에 들어간다. 69년 12월 22일 베스파시아누스는 동방 군단에 의해 로마의 황제에 오른다. 카이사르에서 시작하여 아우구스투스를 거쳐 내려온 율리우스 왕조는 종말을 고했다. 한편, 유대 전쟁의 지휘는 베스파시아누스의 아들 티투스가 맡았다.

예루살렘은 이중 성벽으로 둘러싸여 좀처럼 함락하기 힘든 천혜의 요새 성이었다. 티투스는 공격에 앞서 항복한 자는 용서하겠다고 말했지만 유대인들은 듣지 않았다. 그들의 항전은 결사적이었다. 도주하려는 자들은 동족에 의해 모두 십자가형에 처해졌으며, 결사 항전의

▶▶ 티투스 개선문의 부조. 예루살렘을 함락하고 메노라를 옮기는 장면이다.

표시로써 성안의 식량마저 모두 불태웠다.

70년 8월 10일 마침내 예루살렘이 함락되었다. 도시는 완전히 파괴되었고, 유대인들이 신성하게 여기는 성전도 철저히 약탈당했다. 로마에 가면 콜로세움 옆에 서 있는 티투스의 개선문을 볼 수 있는데, 예루살렘을 함락하고 메노라(유대교 제식에 사용하는 일곱 가지 모양의 촛대)를 옮기는 장면이 부조로 조각되어 있다.

예루살렘이 로마군에 의해 점령당하자, 살아남은 유대인들 중에서 열심당원 960명은 마사다 요새로 피신하여 결사 항전에 들어간다. 하지만 3년 동안 계속된 유대인들의 항전은 집단 자결로 막을 내린다.

131년 로마의 황제 하드리아누스는 유대인들의 전통 의식인 할례를 금지한다. 유대인들은 격렬하게 저항했지만, 로마는 반란을 강력하게 진압한다. 이를 계기로 하드리아누스는 예루살렘에 유대인들의 출입을 금지했다. 이후 1948년 이스라엘이 건국될 때까지 유대인은 세계 각지로 흩어지게 되었는데, 이를 디아스포라Diaspora라고 부른다. 디아스포라는 특정 민족이 기존에 살던 땅을 떠나 다른 지방으로 이주하여 집단을 형성하는 것 혹은 그 집단을 부르는 말이다.

유대인들의 반란을 무력으로 진압하고, 예루살렘을 점령한 티투스는 훗날 황제의 자리에 오른다. 그런데 유대인들의 원한 때문이었을까? 그는 황제가 된 지 2년 만에 열병으로 사망한다. 티투스는 단명한 황제였지만, 그의 러브 스토리 때문에 사람들에게 자주 회자된다. 그는 유대 공주 베레니케와 사랑에 빠졌다. 그녀는 티투스보다 12살 연상이었고, 이미 두 번의 결혼을 한 여인이었다. 티투스는 베레니케를 로마로 불러들였다. 하지만 로마인들은 이 사랑을 좋게 보지 않았다. 결국 베레니케는 로마를 떠났고, 두 사람은 다시는 만나지 못했다고 한다. 하기야 티투스가 황제에 오른 지 2년 만에 죽었으니 당연한 결과였다. 혹자는 말한다. 티투스가 예루살렘을 점령하면서 십자가형에 처했던 수많은 유대인들과 베레니케 공주의 원망이 티투스의 명을 단축시켰다고.

이스라엘은 1948년 건국을 한 뒤에 1967년에는 중동 전쟁을 벌였다. 그리고 예루살렘을 자신들의 수도라고 천명했다. 하지만 국제법상 예루살렘은 그때부터 지금까지 이스라엘의 수도로 인정받지 못하고 있다. 2017년 트럼프 당시 미국 대통령이 예루살렘을 이스라엘의 수도로 인정한다고 공식 발표했지만, 국제 사회의 반응은 싸늘했다. 예루살렘은 3대 종교의 성지이자, 지금도 많은 무슬림들이 소유권을 주장하고 있는 곳이기 때문이다.

이스라엘 민족이 영원한 수도 예루살렘에 다시 돌아올 수 있었던 것은 영국의 힘이 컸다. 1917년 제1차 세계 대전이 한창일 무렵 영국군은 예루살렘을 점령했다. 이 사건은 이 지역에서 오스만 제국의 지배가 끝났다는 신호탄이었다. 유럽의 연합국들은 성지 예루살렘이 무슬림의 지배에서 기독교도들의 품으로 돌아왔다고 선전했다. 그러나 알다시피 이 사건은 중동 지역의 끊임없는 분쟁의 시발점이 되었다.

예루살렘의 팔레스타인인들도 가만히 있지 않았다. 1936년에 대반란을 일으켰고, 영국은 무력으로 반란을 지배했다. 그리고 1948년 제2차 세계 대전 때 연합군을 후원한 유대인들에 대한 보상으로 미국과 영국은 이스라엘 건국을 허락한다. 그러나 이스라엘과 팔레스타인의 충돌과 분쟁의 역사는 현재도 진행형이다.

카이로,
나일강의 선물

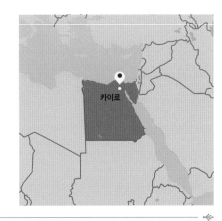

국가 이집트
도시 카이로
유형 신중핵 수도

　문명의 전성기는 반복되지 않는다는 것은 진리인가? 아테네와 바그다드의 경우, 문명의 정점은 한 번 지나가면 다시 오지 않는다는 속설을 뒷받침한다. 이번에 소개하는 카이로도 유사하다. 과거 화려했던 이집트 고대 문명의 흔적은 기자의 피라미드와 룩소르에서 확인할 수 있지만, 이집트의 역사는 클레오파트라 이후 세계사에서 큰 존재감을 드러내지 못했다.

　로마 제국 시절 '제국의 곡창'이라고 불렸을 만큼 풍요로웠고, 상형문자의 발명 등 찬란한 문화가 꽃피었던 이집트의 수도 카이로는 어떤 질곡의 역사를 품고 있는지 알아보자.

멤피스와 테베

이집트의 수도 이야기를 시작하면서 멤피스라는 다소 낯선 도시를 출발점으로 삼은 이유는 고대 이집트의 수도가 멤피스였기 때문이다. 멤피스는 카이로의 남쪽 20km 지점에 있다. 지금은 몇몇 석상들만 남은 허허벌판이지만, 이집트 고왕국 시대(기원전 2543-기원전 2118)의 수도였다. 중왕국 시대(기원전 2080-기원전 1760)에 테베로 수도를 옮기기 전까지, 멤피스는 고대 이집트 왕조의 역사를 보존한 도시였다.

지리적으로 보면 카이로는 나일강의 가장 하류에 있고, 상류로 거슬러 올라가면 멤피스와 테베가 있고, 가장 상류에는 람세스 2세의 거상으로 유명한 아부심벨이 있다. 멤피스는 강력한 파라오 람세스 2세 시대까지 번영을 누렸다. 하지만 로마의 지배를 받기 시작한 후부터 급격히 쇠퇴했고, 서기 640년에 이슬람 제국에 의해 정복된 후 역사에서 잊혔다. 하지만 멤피스는 미국에서 부활한다. 미국 테네시주의 최대 도시 멤피스는 고대 이집트의 수도 멤피스에서 이름을 따왔다.

이집트 고왕국의 수도 멤피스가 흔적도 없이 사라진 반면에, 중왕국과 신왕국의 수도인 테베는 카르나크와 룩소르의 사원들, 그리고 왕가의 계곡과 왕비의 계곡이 있는 네크로폴리스Necropolis로 역사에 이름을 남겼다. 네크로폴리스라는 말은 '사자死者들의 도시'를 뜻한다. 테베는 이집트 신화에 등장하는 아몬Amon 신을 모시는 도시다. 아몬 신은 태양신 라, 저승의 신 오시리스와 함께 이집트 신화에 등장하는 주요 신이다. 소년 파라오로 유명한 투탕카멘의 이름 또한 '아몬 신의 살아 있는 형상'이라는 뜻이다.

▶▶ 나일강을 따라 늘어선 고대 이집트의 도시들.

▶▶ 람세스 2세가 건설한 아부심벨 신전.

최대 항구 도시, 알렉산드리아

이집트의 수도는 카이로지만, 제2의 도시 알렉산드리아는 카이로보다 더 오래된 도시이자 이집트 최대의 항구 도시다. 알렉산드리아는 알렉산드로스 대왕의 이름에서 따온 지명이다. 마케도니아 출신인 알렉산드로스 대왕은 기원전 334년 페르시아 원정길에 오른다. 원정의 목표는 당대 최강국 페르시아 제국이었다. 하지만 알렉산드로스는 도중에 군대를 이집트로 돌려 이집트를 정복했다. 당시 페르시아의 지배를 받고 있던 이집트는 아무런 저항도 없이 마케도니아 군대의 입성을 환영하고 알렉산드로스에게 파라오의 칭호를 바쳤다. 대왕은 동방으로 진군하면서 곳곳에 자기의 이름을 딴 도시를 건설했는데, 오늘날 남아 있는 도시는 이집트의 알렉산드리아가 유일하다.

파죽지세로 주변을 정복하던 알렉산드로스 대왕은 바빌론에서 급사하고 만다. 그러자 대왕의 부하 장군이자 부관의 역할을 했던 7명의 소마토필라케스(왕의 경호대) 중의 한 명인 프톨레마이오스는 마케도니아로 돌아가지 않고 이집트의 수도 멤피스에 남아, 새 왕조를 열었다. 이 왕조의 이름이 프톨레마이오스 왕조다. 클레오파트라가 이 왕조의 마지막 파라오다. 프톨레마이오스와 클레오파트라가 그리스 이름처럼 보이는 이유가 여기에 있다.

알렉산드로스가 건설한 알렉산드리아는 프톨레마이오스 왕조의 수도였으며, 파라오가 통치한 마지막 도시였다. 특히 알렉산드리아는 세계에서 가장 큰 도서관이 있었을 만큼 헬레니즘 문명의 중심지로 번성했다. 이 도시 앞바다에는 파로스섬이 있었는데, 거기에는 고대 7대 불가사의로 꼽히는 거대한 '파로스의 등대'가 있었다. 이 등대는 당시

▶▶ 3D로 재현한 파로스의 등대. 기원전 3세기에 세워진 거대한 등대로, 세계 7대 불가사의 중 하나다.

지중해에서 가장 높고 커서, 나중에 '파로스'라는 말 자체가 그리스어로 '등대'를 의미하는 단어가 되었다. 그러나 1303년과 1323년에 발생한 대지진으로 등대는 파괴되었다.

카이로의 탄생

이집트의 역대 수도는 나일강을 따라 건설되었다. 서기 4세기경 멤피스가 도시로서 그 역할이 축소되자, 로마인들은 나일강을 따라서 요새를 짓기 시작했다.

이집트가 로마 제국의 수중으로 들어간 해는 로마의 초대 황제인 아우구스투스(당시에는 옥타비아누스였다)가 클레오파트라 7세(클레오파트라

여왕의 정식 칭호)와 안토니우스를 제압하고 이집트의 지배자가 된 기원전 30년이다. 그런데 이집트는 로마의 속주로 편입된 것이 아니라, 황제의 사유지가 되었다. 이집트는 프톨레마이오스 왕조가 몰락하고, 로마 황제의 사유지가 되면서 역사의 주무대에서 잊혔다.

카이로는 이슬람 제국의 팽창과 함께 탄생한 도시로, 고대 이집트 왕조의 역사에 비하면 신생 도시에 불과하다. 4세기 무렵, 지금의 나일강가에 요새 도시를 처음으로 건설한 사람들은 로마인들이었다. 그들은 카이로에 요새를 건설하고 이곳을 '바빌론 요새'라고 불렀다. 바빌론 요새는 현재 카이로에 남아 있는 건물 중에서 가장 오래된 곳으로, 지금은 이집트의 기독교인 콥트교 구역에 있다.

카이로의 역사는 이슬람 제국이 팽창하기 시작한 서기 642년을 시점으로 삼는다. 이슬람의 지휘관 아무르 이븐 알 아스Amr ibn al-As의 군대는 바빌론 요새의 북쪽을 통과하고 있었다. 그런데 알렉산드리아로 출발하기 직전에 비둘기 한 마리가 천막에 알을 낳았다. 알 아스는 이것을 신의 징조로 선언했고, 비둘기가 알을 낳은 천막을 그대로 두고 알렉산드리아로 진격했다. 알 아스의 군대는 비잔티움 제국의 알렉산드리아를 포위하고 마침내 항복을 받아내었다. 이후 칼리파의 자리에 오른 아무르 이븐 알 아스는 군대의 주둔지를 포스타트Fostat 혹은 푸스타트Fustât, 미스르 알 푸스타트Miṣr al-Fustât, 푸스타트 미스르Fustât Miṣr 등의 이름으로 불렀다. 모두 '천막의 도시'라는 뜻이다. 이슬람 시대의 첫 번째 수도인 카이로는 이렇게 탄생했다. '미스르'라는 지명은 지금도 이집트를 가리키는 아랍어 국명으로 사용된다. 이집트라는 국명은 그리스인들이 붙인 이름이다.

카히라와 푸스타트

이슬람 세력의 이집트 정복은 10세기에도 계속되었다. 서기 962년
에는 파티마 칼리파국(909-1171)이 이집트를 정복한다. 969년 파티마
칼리파국의 장군 야화르 알 시킬리Jawhar al-Siqilli는 푸스타트 북쪽에 면
적이 136헥타르(약 40만 평)에 달하는 새 도시를 건설했다. 그는 이 도
시를 카히라Qâhira로 명명했다. 카히라는 나일강의 범람으로부터 안전
한 도시였다. 푸스타트로부터 떨어져 있다는 것도 장점으로 작용했다.
게다가 시아파 무슬림이 기독교와 수니파 무슬림으로부터 보호받을
수 있는 도시였다. 알 시킬리는 카히라에 시아파의 이슬람 사원을 건
축하여 포교에 힘썼다(현재 전 세계에 퍼진 무슬림의 85%는 수니파인데, 이란
을 비롯한 몇몇 국가에서는 소수인 시아파가 장악하고 있다).

973년 6월 10일, 튀니지에 있던 칼리파 알 무이즈 리-딘 알라Al-Muizz
li-Din Allah는 파티마 칼리파국의 수도를 카히라로 옮긴다. 카이로가 역
사에 출생 신고를 한 순간이다. 카이로라는 지명은 이탈리아어 '일 카
이로Il Cairo'로 유럽에 알려졌다. 이는 아랍어 '알 카히라Al-Qâhira'를 음
역한 것으로, 아랍어로 정복의 도시 혹은 용감히 맞서는 도시라는 뜻
이다. 즉, 원수들의 침입을 물리친 도시라는 의미다. 영어로는 카이로
Cairo지만, 프랑스어와 이탈리아어에는 정관사 'le'나 'il'이 붙는다. 아
랍어 알 카히라에서 알Al이 정관사이기 때문이다.

칼리파국의 수도가 된 카히라에는 많은 궁전이 들어서서 도시를 여
행하는 이방인들의 감탄을 자아냈다고 한다. 특히 칼리파의 궁전을
방문한 유럽의 프랑크인들에게 이는 경탄의 대상이었다. 당시 중동은
유럽보다 더 세련된 문화를 향유하고 있었다. 카히라는 푸스타트와

▶▶ 970년 파티마 칼리파국이 알 카히라(카이로)에 세운 알 아즈하르 모스크. 무함마드의 딸 파티마 자흐라에게 바친 모스크다. 그 중심에는 이슬람 세계에서 가장 오래된 대학으로 알려진 신학교가 있다.

거리상 다소 떨어져 있었기 때문에 독자적으로 상업이 번창하고 공방들도 늘어났다.

카히라가 칼리파의 궁전이 위치한 신도시였다면, 11세기에도 푸스타트는 여전히 교역의 중심이었다. 푸스타트의 무역로는 홍해와 인도양을 통해 연결되어 있었고, 칼리파 궁정에 사치품을 보급하는 역할을 했다. 그러나 기근과 전염병으로 인해 푸스타트는 쇠락의 길로 접어들었고, 카히라와 푸스타트 사이에 있었던 거주 지역은 주민들이 살지 않는 구역으로 버려졌다. 그럼에도 불구하고 푸스타트는 12세기 초에 다시 부활하여, 인구가 10만에서 17만 명에 이르는 지중해의 가장 큰 도시로 부상한다. 하지만 칼리프의 고위 관료들(와지르vizier라고 불렀다)은 푸스타트보다 카히라를 선호했고, 카히라는 무슬림뿐만 아니라 기독교도와 유대인들이 공생하는 도시가 된다.

살라딘 vs. 사자심왕 리처드

3차 십자군 전쟁(1189-1192)은 예루살렘을 재정복하기 위해 유럽의 십자군이 벌인 전쟁이다. 아이유브 왕조의 시조이자, '이슬람의 수호자'라고 불렸던 살하흐 앗 딘(살라딘)이 예루살렘을 기독교도들로부터 탈환했기 때문이다. 아이유브 왕조는 1171년 살라딘이 이집트의 파티마 왕조를 멸망시키고 개창한 왕조다. 카이로는 아이유브 왕조의 수도로 다시 역사에 등장한다.

십자군의 위협이 가시화되자, 파티마 왕조의 마지막 칼리파 알 아디드al-Adid는 시리아 수니파의 영주 시르쿠에게 도움을 청하는데, 이때 시르쿠와 함께 이집트에 온 사람이 시르쿠의 조카 살라딘이었다. 그러니까 살라딘은 도움을 청한 왕조를 무너뜨리고 스스로 술탄이 된 인물이었다. 하지만 살라딘은 십자군과의 전쟁에서 전설로 남게 된다.

3차 십자군의 스타는 단연코 잉글랜드의 사자심왕 리처드(리처드 1세)였다. 그는 라이벌인 프랑스의 존엄왕 필리프(필리프 2세)와 같은 시기에 유럽을 떠나 배를 타고 성지로 향했다. 두 군주는 운명의 라이벌이었다. 당시 리처드는 잉글랜드 왕이 소유한 노르망디를 수복하려는 존엄왕 필리프의 야심을 간파했고, 자신이 잉글랜드를 비운다면 필리프가 노르망디로 쳐들어올 것이라고 예상하고 있었다. 그런 까닭에 두 군주는 같은 시기에 성지로 향했다.

성지로 출발한 십자군은 출발부터 좋지 않았다. 십자군의 주력 부대를 통솔하고 있던 3명의 군주 중에서 신성 로마 제국의 황제 프리드리히 바르바로사가 킬리키아(지금의 튀르키예 남부 지방)의 살레흐강에서 수영을 하다가 익사하고 만 것이다. 결국 십자군에는 견원지간인 나머지 2명의 군주, 즉 프랑스의 필리프 2세와 잉글랜드의 리처드 1세만이 남게 되었다. 1191년 7월 십자군은 아크레를 함락했다. 하지만 리처드 1세가 십자군의 지휘관 오스트리아 공작 레오폴드 5세를 공개적으로 망신을 주자, 레오폴드가 귀국하는 일이 있었다. 필리프 2세도 이런저런 핑계를 대고 귀국길에 오른다. 이후 리처드만 성지에 남아 고군분투하지만 이미 살라딘이 점령한 예루살렘의 탈환에는 실패한다.

리처드 1세가 용맹스러운 무장武將이라면, 살라딘은 덕장이었다. 리처드는 살라딘이 십자군과 맺은 협정을 준수하지 않았다는 것을 구실로 아크레 함락에서 잡은 3,000명의 포로를 모두 처형했다. 하지만 살라딘은 리처드와는 다른 관용의 군주였다. 예루살렘을 공격할 당시 성안의 사람들은 살라딘이 정복하는 것은 불에 타 아무것도 남지 않은 예루살렘이 될 것이라며 살라딘을 협박했다. 그러자 살라딘은 무력으로 예루살렘을 얻을 수 없다고 판단하고, 몸값을 받고 성 안의 사람들을 풀어주었다. 심지어 돈이 없는 노인이나 여인, 그리고 고아들은 살라딘이 몸값을 대신 지불해주었다. 1차 십자군 원정 때 예루살렘을 함락한 십자군이 학살을 저지른 것과 극명하게 대비되는 장면이었다.

카이로는 이렇게 아이유브 술탄국의 수도로서 십자군 전쟁 당시 이슬람 세계를 수호한 살라딘의 도시로 역사에 남았다. 한편 이 기간 중에 푸스타트는 국제 무역의 중심 도시로서 그 위상을 상실한다. 그리고 1250년, 푸스타트 중심에 있던 유대인 공동체도 카이로로 옮겨갔다.

오스만 제국의 카이로

아이유브 왕조 이후 이집트는 여러 술탄이 번갈아 통치했지만, 외세에 정복되지 않았다. 하지만 1517년 1월 23일 튀르키예를 중심으로 세력을 크게 떨치던 오스만 제국에 정복당한다. 물론 이집트는 역사적으로 원주민이 따로 없이 여러 민족이 거쳐 간 땅이었으므로, 오스만 제국의 지배 역시 이집트 역사의 한 부분이다.

이슬람 세계의 맹주를 자처하던 카이로는 오스만 제국의 지배 아래서는 더 이상 이슬람 제국의 수도가 아니었다. 오스만 제국의 수도는 콘스탄티노플이었기 때문이다. 하지만 카이로는 제국에서 가장 부유한 지방의 수도였다. 이집트는 오스만 제국이 임명하는 파샤pache(지방 총독)가 다스리는 나라가 되었고, 총독의 관저는 카이로에 있었다. 그러나 파샤의 권위는 상징적인 것에 불과했고, 실권은 전 왕조의 실권자들인 맘루크인에게 있었다. 다시 말해 오스만 제국 속의 이집트는 자치권을 누리고 있었다고 볼 수 있고, 그 중심에는 카이로가 있었다.

1798년에는 나폴레옹이 이집트 원정에 나선다. 프랑스는 맘루크 지배를 종식시키고, 오스만 제국의 정통성을 인정한다는 명분을 내걸었다. 하지만 속내는 이 지방에서 영국의 지배력을 약화시키는 데 있었다. 이후 이집트의 지배권은 알바니아군의 지도자 무함마드 알리에게 넘어간다. 오스만 제국의 황제가 공식적으로 알리를 제국의 부왕副王으로 인정한 것이다. 1882년에는 이집트가 사실상 영국의 식민지로 전락하였고, 1952년 혁명이 일어나 무함마드 알리의 왕조는 멸망한다.

1952년에 일어난 이집트 혁명은 영국의 영향에서 벗어나려는 반제국주의 혁명이었다. 영국은 1922년 이집트의 독립을 승인했지만 영국의 영향력은 여전했다. 그러던 중에 제2차 세계 대전이 끝나고 이집트에서도 민족주의자들이 군주정 타도를 요구하며 정치 개혁에 동참했다. 그중에는 소련으로부터 후원을 받고 있는 좌익 성향의 젊은 장교들이 있었다.

수도 카이로에는 혁명의 기운이 무르익고 있었다. 마침내 나세르가 이끄는 자유장교단이 쿠데타를 일으켰고 카이로 전역에 반군주제 캠페인 포스터를 살포했다. 결국 당시의 국왕 파루크 1세는 혁명을 인정하고 망명길에 오른다. 혁명을 지휘한 젊은 장교 나세르는 수에즈 운하를 국유화하고, 시리아와 아랍 연합 공화국을 창립하면서 중동의 지도자로 부상한다. 하지만 1970년 심장마비로 급사한 후 이집트의 정권은 군부로 넘어갔다. 이후 독재 정치가 계속되다가 2011년 무바라크 대통령의 폭정에 항거하는 대규모 시위가 일어났다. 결국 무바라크 대통령은 카이로를 탈출했지만, 권력은 또다시 군부로 넘어갔다. 이집트의 민주화는 아직도 그 열매를 맺지 못하고 있다.

리야드,
알라의 축복

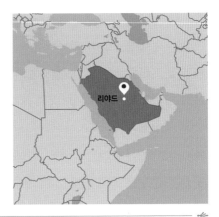

국가 사우디아라비아
도시 리야드
유형 신중핵 수도

각국의 수도 여행을 하면서 수도의 지리적 위치를 생각하지 않을 수가 없었다. 서유럽처럼 살기 좋은 곳도 있지만, 그렇지 않은 수도도 여럿 있었다. 적도 근처에 있는 자카르타가 그 예다. 캐나다의 수도 오타와는 1월 평균 최저 기온이 영하 14.4도에 이른다. 빅토리아 여왕이 캐나다의 수도를 점지할 때, 오타와의 겨울 기후에는 관심이 없었던 모양이다.

이번에는 중동에서 가장 큰 나라인 사우디아라비아의 수도 리야드로 여행을 떠나보자. 뜨거운 열사熱沙의 나라이지만 오일머니가 넘치는 나라, 중동의 전제 군주국이자 여성 권리 침해가 만연한 나라, 사우디아라비아의 수도는 어떤 이야기를 품고 있을까? 사우디아라비아의 메카가 이슬람의 성도聖都라면, 리야드는 사우드 가문의 중심 거점이었다. 역사는 메카 지방의 호족을 제압하고 왕국을 통일한 사우드 가문의 이름을 국명에 붙여주었다. 새롭게 등장한 수도 리야드는 신중핵 수도로 분류했다.

알라의 축복

사우디아라비아의 면적은 한반도의 약 10배지만, 경작 가능한 지역은 1.6%밖에 안 되고, 나머지는 사막이다. 아무리 국토가 넓어도 이 정도면 이 지방에서 대대로 살아왔던 사람들의 삶이 어떠했을지 짐작할 수 있다. 하지만 사우디아라비아 북쪽에는 고대 문명을 꽃피웠던 메소포타미아 지방(지금의 이라크)이 있다. 이슬람교가 태어난 곳도 이곳이다.

사우디아라비아의 국기에는 아랍어로 "알라 이외에 다른 신은 없으며 무함마드는 알라의 사도다"라고 적혀 있다. 기독교가 예수의 신성을 인정한 것과 달리, 이슬람교는 창시자 무함마드를 사도로 본다.

1932년은 사우디아라비아 왕국이 건국된 해다. 그런데 그로부터 6년 뒤인 1938년 사우디에서 엄청난 양의 석유가 발견되었다. 현재 사우디아라비아의 석유 생산량은 세계 2위다.

만약 사우디아라비아에서 석유가 나오지 않았다면, 현재는 어떤 모습이었을까? 중동 지방은 이집트와 메소포타

▶▶ 국기 속의 칼은 신앙의 이름으로 치른 전쟁을 의미한다. 녹색은 이슬람교도의 색상이다.

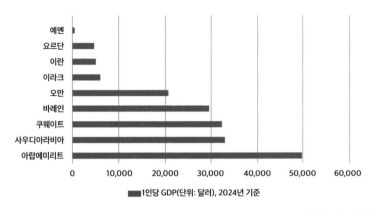

중동 국가별 1인당 GDP 근황

■ 1인당 GDP(단위: 달러), 2024년 기준

출처: IMF(국제통화기금)

미아를 중심으로 찬란한 고대 문명을 꽃피웠고, 중세 때는 아시아와 유럽 사이에서 중개 무역을 통해 부를 축적했다. 하지만 근대에 들어와 유럽에 성장 동력을 내준 중동은 결국 영국과 프랑스를 비롯한 제국주의 국가들의 먹잇감이 되었다. 20세기에 들어와서도 이 지방이 산업화될 가능성은 거의 보이지 않았다. 그러던 중에 석유가 발견된 것이다.

위의 그래프는 중동 9개국의 1인당 GDP를 보여준다. 당연히 산유국들의 1인당 국민소득이 비산유국(요르단, 예멘)보다 월등히 높음을 알 수 있다. 물론 이란과 이라크도 산유국이지만, 이 나라들은 정치적인 문제로 인해 지금도 경제 발전에 어려움을 겪고 있다. 그런 점에서 사우디아라비아는 '알라의 축복'을 받은 나라라고 해도 과언이 아니다.

사우디 왕국의 탄생

우리는 사우디아라비아가 무함마드의 탄생(570년) 이후 본격적으로 역사에 등장했다고 알고 있지만, 이 지역은 본래 고대 예멘 왕국이 번창했던 지역이었다. 아라비아반도의 남쪽에 있는 예멘은 지금은 국내 정치 사정이 불안한 국가지만, 고대에는 에티오피아를 비롯한 동아프리카 문화의 영향을 받아 번영을 구가하던 나라였다. 예멘 왕국은 유대교를 국교로 하는 힘야르 왕국(기원전 115-서기 522년)이 들어서고, 이후에는 에티오피아의 악숨 왕국(서기 100년경-940년경)에 병합되기도 했다.

그 후 사우디아라비아의 역사는 두 시기로 나눌 수 있다. 무함마드 사후 12세기까지는 여러 칼리파 왕조가 이 지방에 들어섰고, 그다음에는 이슬람권에서 명예 칭호로 불리는 '샤리프'들이 이곳을 통치한다. 하지만 이슬람이 태동한 메카는 지방 토후가 통치하는 도시였기 때문에, 바그다드와 카이로의 이슬람 제국, 그리고 이스탄불의 오스만 제국의 간접 통치를 받았다.

근대 유럽과 중동의 역사에서 오스만 제국(1299-1922)은 많은 국가의 존립 자체를 위협할 정도로 국제 정세를 쥐락펴락하던 제국이었다. 비잔티움 제국을 멸망시킨 것도 오스만 제국이었으며, 서양 문명의 원천인 그리스도 오스만 제국의 지배를 받았다. 서유럽의 관문 오스트리아도 두 번이나 오스만 제국의 침공을 받아 이슬람 세계로 들어갈 뻔했다. 중동 지방도 비록 인종은 다르지만, 오스만 제국의 울타리 속으로 들어갔다. 오스만족은 오스만 투르크족을 가리키는 부족명으로, 투르크족은 중국에서 돌궐족이라 부르던 부족이다.

16세기부터 오스만 제국의 영토에 편입된 사우디아라비아에 독립의 움직임이 나타난 것은 17세기에 들어서다. 그 중심에는 사우드Saud 가문이 있었다. 현재의 국명 맨 앞에 보이는 '사우디'가 여기에서 나왔다. 그러므로 사우디아라비아 국명의 의미는 '사우드 가문이 세운 아라비아 왕국'이라는 뜻이다.

사우드 왕가는 중부 아라비아의 네지드 지방에 본거지를 두고 있었다. 이 집안의 시조인 무함마드 이븐 사우드는 네지드 지방의 종교 지도자였다. 사우드 가문은 1744년 디리야 토후국이라 불리는 사우디 제1왕국을 세운다. 제1왕국의 수도가 현재 사우디아라비아의 수도인 리야드였다. 사우디 왕국은 반도의 핵심 도시인 메카를 점령할 정도로 그 세력을 떨쳤다. 그러자 오스만 제국은 이집트 총독의 군대를 동원하여 반격했고, 결국 첫 번째 사우디 왕국은 사라지고 말았다(1818년). 하지만 오스만 제국의 세력이 점차 약화되자, 이때를 놓치지 않고 사우드 가문은 두 번째 사우디 왕국을 세운다(1824년). 제2의 사우디 왕국은 여전히 네지드 지방에 뿌리를 두고 있었지만, 그 세력은 제1왕국보다 훨씬 축소되었다. 게다가 주변에 있던 아랍에미리트 왕실의 라시드 가문과도 충돌한다. 결국 사우드 가문의 압둘아지즈 이븐 사우드(1875-1953)는 오스만 제국의 지원을 받은 라시드 가문에 쫓겨 쿠웨이트로 망명한다. 지금은 작은 토후국들의 연합 국가인 아랍에미리트가 한때 사우드 왕가를 축출했다는 사실이 놀랍다.

이븐 사우드는 1902년 쿠웨이트에서 돌아

▶▶ 사우드 왕조의 초대 왕이자 사우디아라비아 왕국의 설립자, 이븐 사우드.

와 리야드를 탈환한다. 그리고 1921년 드디어 라시드 가문을 멸문시키고 네지드의 술탄이 되었다. 1925년에는 이슬람의 성지 메카의 영주인 하심가의 후세인을 몰아내고 메카를 포함한 히자즈 지방을 수중에 넣는다. 이제 사우드 가문이 아라비아반도의 중동부 지방인 네지드 지방과 메카가 속한 서부 지방을 모두 정복했다. 이븐 사우드는 1927년 영국과 제다 조약을 체결하고 독립을 얻어내었고, 1932년에 국호를 사우디아라비아라고 선포했다.

리야드, 오아시스의 도시

이븐 사우드가 세운 사우디아라비아 왕국은 과거 사우드 집안이 있던 네지드 지방(반도의 중앙부)과 메카가 있는 히자즈 지방(반도의 서쪽 지방)을 아우르는 지역이었다. 이슬람교가 들어오기 전까지 리야드 지역은 '하지르Hajir'라고 불렸다. 리야드라는 이름은 1590년에 처음으로 기록에 등장한다. 리야드는 '정원' 혹은 '오아시스'를 가리키는 말이다.

사우디아라비아의 수도가 이슬람의 성지 메카가 아니라 리야드인 이유는 앞에서 소개한 사우드 왕가의 역사를 보면 알 수 있다. 하지만 무함마드가 태어난 이슬람의 성지인 메카와 비교하면 리야드의 무게는 다소 떨어진다. 이를테면 메카는 모든 이슬람의 영적인 수도이지만, 리야드는 사우드 가문의 수도라고 말할 수 있다. 실제로 리야드가 본격적인 도시로 개발된 것은 1940년대 이후다.

리야드가 수도로 정해진 이유에는 앞에서 언급한 리야드와 메카 사이에 벌어진 전쟁과도 관련이 있다. 이 전쟁은 리야드를 수도로 하는

▶▶ 리야드의 랜드마크인 킹덤 센터 타워. 오아시스의 도시가 화려한 수도로 탄생했다.

네지드 술탄국(사우디 왕국)과 메카를 수도로 하는 히자즈 왕국 간에 벌어진 패권 전쟁이었다. 결과는 현재 사우디아라비아의 수도가 리야드인 것을 보면 알 수 있을 것이다.

메카, 이슬람의 성지

리야드 이야기를 마무리하면서 이슬람의 성지 메카를 빼놓을 수 없다. '메카'라는 보통 명사로도 잘 알려진 이 도시는 무함마드가 태어난 이슬람교의 성지로, 과거에 히자즈로 불렸다. 현재는 사우디아라비아에서 세 번째로 큰 도시다.

메카의 옛 이름은 카바Kaaba다. 카바란 메카에 있는 이슬람의 제1성

▶▶ 메카에 있는 이슬람의 제1성지 카바. '키스와Kiswah'로 불리는 검은 비단천으로 덮여 있다.

지를 가리킨다. 즉, 메카라는 이름 자체가 '성스러운 도시'를 의미한다. 현재 메카에 있는 카바 신전은 전 세계 무슬림들의 성지 순례 장소이기도 하다. 수많은 무슬림들이 검은 비단으로 덮여 있는 카바를 둘러싸고 있는 모습이 잘 알려져 있다.

이슬람 율법에 따르면 카바는 아브라함과 이스마엘이 주춧돌을 놓은 신전이다. 늦은 나이에 이집트 출신 노예 하갈로부터 이스마엘을 얻은 아브라함은 첫 부인 사라의 질투로 인해 하갈과 이스마엘을 광야에 버릴 수밖에 없었다. 하갈은 며칠 동안 물을 마시지 못한 이스마엘을 위해 광야의 언덕을 일곱 바퀴나 돌았고, 이를 가상히 여긴 야훼는 이스마엘 발밑에서 샘물을 솟게 했다. 그 후 하갈 모자가 잘 지내고 있음을 확인한 아브라함은 사막에서 운석을 구해 와서 이스마엘과 함께 제단을 쌓고 감사 예배를 올렸다. 카바 속의 검은 돌은 아브라함

▶▶ 무함마드가 묻혀 있는 '예언자의 모스크(초록색 돔)'. 이슬람의 두 번째 성지인 메디나에 있다.

이 가져온 운석을 의미한다.

무슬림들은 평생 다섯 가지의 의무가 있는데, 그중 하나가 성지 메카 순례다. 이슬람에서는 이 성지 순례를 '하즈'라고 부르고, 성지 순례를 마친 사람을 '하지'라고 부른다. 제1성지는 메카이고, 두 번째 성지는 메디나다. 무함마드가 622년 메카에서 추방당하여 헤지라(성스러운 천도. 무함마드가 박해를 피해 추종자들을 이끌고 피신한 사건)를 행한 곳이다. 세 번째 성지는 무함마드가 계시를 받은 도시 예루살렘이다.

무슬림은 기도할 때 항상 메카를 향한다. 이슬람 방식의 도축을 의미하는 할랄 의식을 치를 때도 역시 짐승의 머리를 메카 방향으로 향하게 한다. 혹자는 이슬람 문화권에 천문학이 발달한 이유도 여기에 있다고 한다. 하지만 메소포타미아 문명의 주인공이었던 고대 수메르인들이 천문학에 조예가 깊었기 때문은 아닐까.

이슬람 근본주의의 요람

사우디아라비아의 수도 리야드 이야기를 마치는데, 2011년 뉴욕에서 일어난 9·11 테러가 머리를 스쳐 갔다. 이슬람의 종파에 큰 관심이 없던 세계인들을 경악시킨 사건이다. 잘 알려진 것처럼 이 테러의 주범은 사우디 출신의 빈 라덴이었다. 사람들은 왜 사우디 같은 중동의 부국 출신이 끔찍한 테러의 주범이 되었는지 의아해했다. 이러한 의문은 현대 사우디 사회의 일면을 보면 어느 정도 이해할 수 있다.

18세기 아라비아반도에는 이슬람 이전 상태와 차이가 없을 정도로 미신과 우상 숭배가 만연하고 있었다. 이 무렵에 리야드에서 태어난 이븐 압둘 와하브(1703-1792)는 정통 이슬람으로 돌아갈 것을 촉구했다. 압둘 와하브가 주창한 이슬람 개혁 운동을 와하비즘Wahhabism이라고 부른다. 메카가 이슬람의 성지라면, 리야드는 이슬람 개혁의 도시라고 할 수 있다. 와하비즘의 목표는 종교적인 동시에 정치적이었다. 당시 이 운동에 동참한 무슬림들은 궁극적으로 이슬람 국가를 건설하고자 했다.[8] 와하비즘의 추종자들은 이슬람의 순수성을 복원해야 한다고 주장했고, 모든 미신을 타파하고 이슬람을 부정하는 세력들과 투쟁해야 한다고 역설했다.

당시 사우디아라비아의 통치권은 오스만 제국에 있었다. 그런 이유에서 오스만 제국은 와하비즘을 순수한 종교적 운동으로 간주하지 않았고, 이 운동에 동참하는 무슬림들을 탄압했다. 전술한 것처럼 리야드는 사우드 가문의 요람이었고, 와하비즘 역시 리야드를 중심으로 일어났다. 결국 사우드 가문은 와하비즘을 통해 사우드 왕조를 열었고, 이슬람의 주류인 수니파의 맹주로 군림하게 된다.

이렇게 이슬람 근본주의의 요람이 된 사우디아라비아는 지금도 이슬람 율법을 엄격히 지킨다. 몇 년 전까지 사우디의 여성들은 가족 등의 남성 후견인이 동의하지 않으면 결혼과 취업, 심지어 해외여행도 떠나지 못했다. 코란에 적힌 대로 살아야 한다는 것이 와하비즘을 추종하는 사우디 정부의 입장이었다.

정리하자면 사우디아라비아 왕국은 리야드를 중심으로 정치적 패권을 가진 사우드 가문과 이슬람 율법의 정통성을 주장한 와하브파의 연합을 통해 이루어진 국가라고 말할 수 있다. 실제로 사우드 가문과 와하브파는 여러 세대에 걸쳐 혼인으로 확보한 정치적·종교적 헤게모니를 거의 275년 이상 유지하고 있다.

종교적 맹신은 광신을 낳는다. 오사마 빈 라덴이 극단적인 이슬람 근본주의에 빠져 저지른 테러는 그 어떤 이유로도 용서받지 못할 것이다. 이슬람의 창시자 무함마드가 한 말을 되새겨 볼 때다.

"가장 완성된 인간이란 이웃을 두루 사랑하는 사람이다. 그 이웃이 좋고 나쁜 것을 가리지 않고 모든 사람에게 착한 일을 하는 사람이다."

5

신대륙의 수도
새로운 권력의 등장

워싱턴,
뉴욕의 대항마

워싱턴 D.C.

국가 미국
도시 워싱턴 D.C.
유형 신중핵 수도

세계 최강의 군사력과 경제력을 가진 미국은 제1차 세계 대전이 끝난 이후 지금까지 한 번도 그 자리를 내놓지 않고 있다. 중국이 미국의 턱밑까지 추격했지만, 과연 미국을 추월하여 그 자리에 오를지는 아직 미지수다.

잘 알려진 것처럼, 미국의 수도는 워싱턴 D.C.다. 미국의 국부인 조지 워싱턴에게서 나온 지명은, 물론 독립 당시에는 유럽인들의 주목을 받지 못했지만, 20세기 이후 뉴욕의 대항마 자리를 지키고 있다. 하지만 미국이 독립할 당시 워싱턴은 수도가 아니었다. 워싱턴은 인위적으로 만든 새로운 수도였다는 점에서 신대륙을 대표하는 신중핵 도시로 분류할 수 있다. 워싱턴이 수도로 자리매김하기까지의 여정을 따라가 보자.

쫓겨 다니는 수도

영국이 북미 식민지에 무거운 세금을 부과하자, 식민지의 주민들이 무장봉기에 나선다. 이렇게 시작된 미국의 독립 전쟁은 1783년 파리 조약을 통해 미국이 국가로 인정받는 것으로 끝이 났다. 하지만 그 과정은 순탄하지 않았다. 각 주의 대표들이 모여 회의를 할 도시가 수시로 바뀌었기 때문이다. 대륙회의Continental Congress라고 불린 이 회의는 현재 미국 의회의 전신으로 볼 수 있다. 그런 이유에서 엘렌 아르테르 Hélène Harter 같은 학자는 1791년 미국의 수도가 워싱턴으로 확정되기 전까지, 대륙회의가 개최된 도시와 입법부와 행정부가 있던 도시를 미국의 수도라고 부르고 있다.[1]

일반적으로 한 나라의 수도는 행정부의 제안과 입법부의 동의를 얻어 결정된다. 강력한 정부 기구를 가진 나라들은 수도를 정하는 데 큰 어려움이 없다. 하지만 미국의 경우는 다르다. 서양사 전체를 보아도 미국 같은 국가가 출현한 적이 한 번도 없었다. 미국 독립 당시 13개 주는 미합중국의 수도를 자신들의 주로 유치하기 위해 치열한 경쟁을 벌였다.

1776년 7월 4일, 북미 동부 지방에 남북으로 길게 뻗은 13개의 식민지(이후 '주'라고 부른다) 대표들이 펜실베이니아의 필라델피아에 모여 독립 선언을 한다. 장소는 카펜터스 홀Carpenters' Hall이었다. 하지만 열강으로부터 독립을 인정받아야 한다는 난제가 남아 있었다. 대륙회의는 영국 군대의 사정권으로부터 벗어나야 했기에 수시로 장소를 옮겨 개최되었다.

미합중국의 수도 후보지 중에서도 대륙회의가 열린 도시가 유리한

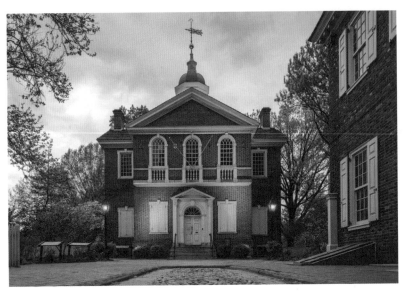

▶▶ 제1차 대륙회의가 열렸던 필라델피아의 카펜터스 홀.

위치를 차지했다. 독립 선언을 했던 장소인 필라델피아가 그런 도시였다. 하지만 필라델피아는 영국 군대에 점령당했기 때문에, 대표들은 메릴랜드의 볼티모어로 옮겨 헨리 피츠 하우스Henry Fite's House에서 대륙회의를 개최했다. 이 기간(1776년 12월 20일-1777년 2월 27일)만 보면 볼티모어가 수도가 될 수도 있었다.

이렇게 대륙회의는 이 도시, 저 도시를 전전하며 개최되었다. 필라델피아를 떠난 대륙회의는 볼티모어를 거쳐 펜실베이니아의 요크에서 9개월 동안 열렸지만, 1778년 7월 다시 필라델피아로 돌아왔다. 여기까지만 보면 미국 독립 선언의 도시인 필라델피아가 수도로서 가장 유력한 도시였다. 그런 점에서 미국인들은 이 도시가 미합중국의 첫번째 수도라고 말한다. 그런데 이 무렵 필라델피아에서 폭동이 일어났다. 대륙회의의 분위기가 강력한 연방 정부의 탄생으로 흐르자, 이에 반대하는 사람들이 폭동을 일으킨 것이다.

결국 각 주의 대표는 독립기념관('Independence Hall', 'State House'라고도 불린다)을 떠나 뉴저지의 프린스턴으로 회의 장소를 옮긴다. 그때 대륙회의가 열렸던 장소가 바로 현재 프린스턴대학교의 본관이다. 하지만 프린스턴도 안전한 도시는 아니었다. 결국 다시 회의 장소를 메릴랜드주의 아나폴리스로 옮겼다. 1784년 11월까지 아나폴리스에 머무르고 있던 주 대표들은 그다음에는 뉴저지주의 트렌턴으로 장소를 옮겼다. 마치 집 없는 세입자가 거주할 집을 찾아 헤매는 모습이 떠오른다.

세계 최강국인 미국의 출발은 이와 같이 순탄치 않았다. 트렌턴도 대륙회의 종착역, 즉 수도는 아니었다. 대표들은 1784년 12월 23일 뉴욕을 합중국의 임시 수도로 결정한다. 세계 최대의 도시 뉴욕이 미국의 경제 수도뿐만 아니라, 정치 수도로 데뷔하는 순간이었다. 뉴욕이 한때 미국의 수도였다는 사실은 잘 알려져 있지 않다. 그러므로 여기서는 워싱턴 이야기보다, 왜 뉴욕이 한때 합중국의 수도로 결정되었는지, 그리고 왜 궁극적으로 미국의 수도가 되지 못했는지 좀 더 이야기해보자.

뉴욕이 임시 수도로 정해진 이유

뉴욕을 합중국의 임시 수도로 정한 배경에는 여러 이유가 있었다. 먼저 뉴욕은 영국과의 독립 전쟁 당시 다른 도시보다 치열하게 영국군에게 저항한 도시였다. 물론 보스턴이나 필라델피아보다는 덜 화려했지만, 뉴욕의 저항은 다른 도시들과 견주기에 충분했다. 실제로 독립 전쟁이 일어나기 전인 1765년 10월 7일, 식민지 대표들이 영국의 정책에 항의하기 위해 모인 곳도 뉴욕이다. 이 무렵 뉴욕에서는 많은 시위가 있었고, 뉴욕은 '자유의 아들Sons of Liberty'이라는 별명을 얻었다.

뉴욕은 수도로서 또 다른 장점을 가지고 있었다. 뉴욕은 허드슨 계곡을 통해 캐나다로 직접 연결되고, 동시에 뉴잉글랜드와 남부의 주들과도 인접해 있는 전략적인 요충지였다. 이런 이유에서 독립 전쟁 때 영국군은 뉴욕을 점령하고, 1776년 9월 15일부터 1783년 11월 25일까지 총사령부를 설치하기도 했다.[2]

세 번째로, 지금도 그렇지만 당시에도 뉴욕은 무역의 중심 도시였다. 1750년대 뉴욕은 식민지 중에서도 보스턴에 이어 두 번째로 교역 규모가 큰 도시였다. 독립 전쟁이 끝난 후에는 인구가 눈에 띄게 증가했고, 비약적인 경제 성장을 지속했다. 1640년 뉴욕의 인구는 고작 400명이었지만, 1737년에는 1만 2,000명, 1783년에는 2만 4,000명으로 증가하여 필라델피아 다음으로 큰 도시로 성장했다.

그렇다고 뉴욕의 경쟁 도시가 없었던 것은 아니었다. 남부의 중심 도시인 찰스턴(사우스캐롤라이나)이 뉴욕의 경쟁 도시로 부상했다. 당시 찰스턴은 인구가 약 1만 2,000명 정도 되는 네 번째로 큰 도시였으며, 남부 주들의 지지를 받고 있었다. 세 번째로 큰 도시 보스턴도 빠질 수 없는 수도 후보지였다. 비록 인구와 경제력에서 뉴욕에 추월당했지만, 독립 전쟁에서 보스턴이 했던 역할은 아무도 부정할 수 없었다.

하지만 뉴욕의 강력한 라이벌은 역시 필라델피아였다. 18세기 중엽에 필라델피아는 여러 지표를 놓고 보아도 서열이 가장 높은 도시였다. 필라델피아의 인구는 2만 8,000명으로 연방의 도시 중에서 가장

NIEUW AMSTERDAM OFTE NUE NIEUW IORX OPT TEYLANT MAN

▶▶ 뉴욕에 처음으로 정착한 유럽인은 네덜란드인이었다. 1664년 뉴암스테르담(뉴욕의 이전 이름) 모습.

많았고, 경제 성장 속도도 가장 빨랐으며, 특히 광대하고 비옥한 배후 지가 펼쳐져 있어 농업 생산성이 가장 높은 지방의 핵심 도시였다. 게 다가 보스턴처럼 필라델피아도 독립 당시 중요한 역할을 한 도시였 다. 독립 과정에서 수도의 역할을 하지 않았던가.

실제로 1774년 9월의 제1차 대륙회의, 그리고 1775년 제2차 대륙회 의(1775년 5월 10일-1781년 3월 1일)가 모두 이 도시에서 열렸다. 제2차 대륙회의가 열렸던 1776년 7월 4일, 미국이 독립을 선언한 곳도 역시 필라델피아였다. 또한 1787년 9월 18일, 미합중국의 헌법이 제정된 곳 도 필라델피아에 있는 독립기념관의 동쪽 홀이었다. 당시 미국인의 머릿속에는 필라델피아가 미국 자유의 요람으로 각인되어 있었다. 게 다가 이 도시가 13개 주의 중심에 있다는 점도 분열주의자들이 득세하는 상황에서 유리한 요인으로 작용했다. 사실 지리적 위치도 무시하지 못할 요인이었다. 실제로 보스턴은 너무 북쪽에 있었고, 남부의 후보 도시들도 마찬가지였다. 게다가 경쟁 도시 뉴욕은 다소 북쪽에 위치하고 있기 때문에, 반대파들은 뉴욕이 수도로서 적합하지 않다는 주장을 폈다.

수도 확정의 문제는 1787년 연방 헌법을 제정할 당시부터 분명하게 헌법에 명시되어 있었다. 연방 헌법 1조 8절을 보면, "의회는 입법의 권리를 독점적으로 행사한다. 연방 입법권은 특정 구역에 소재하며(10 제곱마일을 초과하지 않는 지역), 이 구역에 연방 정부를 설치한다(이 구역은 특정 주가 제공하고 의회가 승인한다)"고 나와 있다. 그러므로 합중국의 수도는 연방의회가 운영한다. 헌법에 따르면, 연방의회는 대통령과 대법원보다 더 중요한 권력의 소재 기관으로 명시되어 있다.

이렇게 미합중국 수도의 정치적 위상이 헌법에 명시되자, 뉴욕주를 비롯한 많은 도시가 연방의회에 부지를 제공하겠다고 공표한다. 메릴랜드주, 뉴저지주, 버지니아주, 펜실베이니아주와 킹스턴(뉴욕주), 노팅햄(뉴저지주) 같은 도시들이 수도를 건설할 부지를 의회에 제공하겠다고 나선다. 뉴욕시는 1789년 옛 요새인 배터리Battery 요새를 철거하고, 그 자리에 정부 청사를 건설하겠다고 결정한다. 그리고 맨해튼의 남쪽 곶에 헌법이 명시한 연방 정부의 구역을 건설하겠다는 계획도 발표한다.

결론적으로 말하면 뉴욕은 미합중국의 수도로 결정되지 않았다. 하지만 뉴욕은 1785년부터 워싱턴 D.C.가 수도로 확정된 1790년까지, 미국의 수도로서 그 역할을 다했다. 1785년 1월 11일 대륙회의가 처음으로 뉴욕에서 개최되었다. 이후 뉴욕의 연방홀Federal Hall은 1789년까

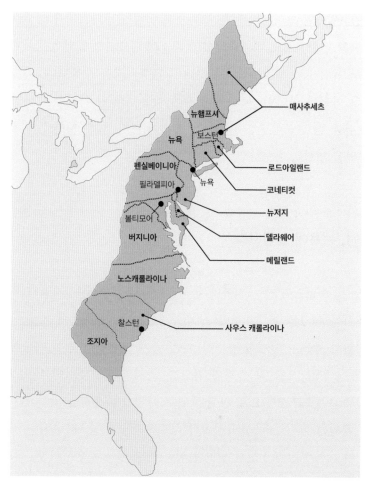

▶▶ 13개 식민지의 위치. 뉴욕과 다른 도시들은 미합중국의 수도가 되기 위해 경쟁했다.

지 합중국 입법부의 중심이었다. 많은 법안들이 이 시기에 의회를 통과했다. 뉴욕은 또한 주요 정부 부처가 자리를 잡고 있는 도시였다. 우편부, 외무부, 그리고 전쟁부가 뉴욕에 있었고, 국무 회의실까지 있었다. 하지만 당시까지만 해도 필라델피아의 정치적 위상이 뉴욕과는 비교할 수 없을 정도로 높았다.

1789년 4월 6일 조지 워싱턴은 뉴욕에서 열린 연방의회에서 대통령 선거인단의 만장일치로 미합중국의 초대 대통령으로 선출되었고, 4월 30일부터 뉴욕에서 행정부의 수반으로서 대통령직을 수행했다. 버지니아주의 마운트 버넌Mount Vernon 농장에 머물고 있던 워싱턴은 군인들의 호위를 받으며 행정부가 있는 뉴욕까지 왔다. 뉴욕 시민들은 초대 대통령을 열렬히 환영했다.

워싱턴, 뉴욕에 입성하다

워싱턴이 뉴욕으로 가는 길목마다 군중들은 환호했으며, 지방의 유력한 인사들도 그를 환대해주었다. 대통령이 가는 길에는 축포가 터지고 교회의 종들이 일제히 울렸다. 마치 중세 유럽에서 왕이 대관식이 열리는 대성당으로 가는 장면 같았다. 뉴저지의 트렌턴에서는 13개의 기둥(13개 주를 상징)으로 장식된 나무 아치가 대통령을 맞이했다. 뉴욕도 예외는 아니었다. 뉴저지에서 허드슨강을 건널 때 수많은 소형 배들이 대통령을 에스코트했다. 워싱턴이 탄 배는 붉은색이었는데, 하얀 제복을 입은 13명의 군인이 노를 저었다.

마침내 워싱턴의 배가 맨해튼의 남쪽 끝에 도착했다. 대통령이 배에서 내리자 수천 명의 군중들이 열광했다. 워싱턴이 지나가는 거리는 그의 초상화와 이니셜이 적힌 패널로 가득 찼다. 워싱턴이 연방 홀의 발코니에 나타나자, 축제의 분위기는 최고조에 달했다.

정오 무렵, 대통령은 성경에 손을 얹고 서약했다. "나는 미합중국 대통령으로서 성실하게 그 임무를 다하며, 내가 할 수 있는 모든 수단

▶▶ 뉴욕에서 대통령 취임 선서를 하는 조지 워싱턴.

을 통해 미합중국의 헌법을 수호할 것을 서약합니다." 그리고 대통령
은 "맹세합니다. 그리고 신이 그 증인입니다"라고 말했다. 워싱턴은 뉴
욕주의 법무장관 로버트 리빙스턴 앞에서 이 서약문을 또박또박 읽어
내려갔다. 그는 연방 홀 안으로 들어가 의회 앞에서 취임사를 낭독했
다. 그런 다음 의원들과 함께 브로드웨이에 있는 세인트 폴 예배당으
로 가서 추수감사절 의식에 참여했다. 군중의 환호는 그치지 않았고,
그날 저녁 뉴욕 하늘은 화려한 불꽃놀이로 물들었다.

　워싱턴 대통령에 대한 환호는 이렇게 해석할 수 있다. 그는 독립 전
쟁의 영웅이었으며, 취임식 날의 의전은 이제 막 탄생한 신생 국가의
수반에 대한 경의의 표현이었다. 그러나 일부 사람들은 연방 정부의
차원에서 대통령에게 지나친 권한이 부여되었다고 걱정하기도 했다.
다양한 구성원들로 구성된 연방 국가의 통합을 어떻게 이룰지 회의적

인 시선을 보내는 사람들도 있었다.

미국은 독립 사실을 대외적으로 알렸으나, 이제 막 태어난 신생국 미국은 작은 나라에 불과했다. 게다가 유럽 열강의 대표들은 취임식 날 뉴욕에 오지도 않았다. 오직 프랑스 대표단만이 취임식에 참석했다. 프랑스는 1778년 2월 6일 미국과 조약을 맺은 유일한 국가였다. 당시 미국과 동맹 조약을 맺은 프랑스는 신생국인 미국이 프랑스의 식민지가 될 것이라고 예상했었다. 이쯤 되면 역사적인 동상이몽이라고 불러도 손색이 없다.

뉴욕에서 정무를 시작하다

워싱턴이 뉴욕에서 대통령의 업무를 보기 시작했을 때 뉴욕은 연방 기구를 유치하기 위해 백방으로 노력하는 중이었다. 그런데 도시에 관청을 건설하기에는 부지가 충분하지 않았다. 이미 많은 주민들이 밀집한 정착 지역이었기 때문에 연방 관청을 지을 공간이 없었던 것이다. 게다가 독립 전쟁으로 인한 인플레이션의 여파가 1788년까지 지속된 상황이라, 공공 재원을 통한 연방 청사의 건설은 어려웠다. 뉴욕 시민들은 점차 자신들의 도시가 합중국의 정식 수도가 아닌 임시 수도라는 생각을 가지기 시작한다. 그러나 뉴욕시가 수도를 유치하려는 노력은 계속되었다. 1789년에 대규모의 연방 청사를 건설한다는 계획이 수립되었고, 배터리 요새가 연방 청사의 건축을 위해 철거되었다. 이러한 계획은 각 주의 대의원들에게 뉴욕이 연방의 수도로서 자격이 있다는 것을 보여주기 위함이었다.

워싱턴 대통령은 취임 후 처음에는 체리스트리트Cherry Street에 있는 타인의 사저에서 머물렀다. 사저의 이름은 '대통령 관저Presidential Residence'였다. 소유자인 새뮤얼 오스굿의 이름을 따, 새뮤얼 오스굿 하우스Samuel Osgood House라

▶▶ 조지 워싱턴과 가족들이 거처했던(1789-1790) 뉴욕의 대통령 관저.

고 불렸다. 그리고 1790년 2월부터 그해 8월 30일 뉴욕을 떠나기까지는 아내 마르타Martha와 함께 브로드웨이 39번지에 있는 당시 뉴욕의 거상巨商 알렉산더 마콤Alexander Macomb의 집에 머물렀다. 그런데 미국 대통령이 뉴욕에 머물러 있는 동안 상당한 재정 비용이 발생했다. 체리스트리트 관저를 보수하는 데만 무려 2만 파운드의 사비가 들어갔다. 물론 이 비용은 대통령 주변 사람들의 기부금으로 충당했다. 브로드웨이의 관저 역시 1년에 2,500달러 정도의 많은 임대료가 들어갔다. 당시로서는 엄청난 금액이었다. 이 집에는 7명의 노예를 포함한 21명의 하인들이 있었다. 이 시기 브로드웨이는 정치 엘리트들을 끌어들이는 장소였다. 그런 이유에서 외무부 장관도 브로드웨이에 거주했다. 이처럼 워싱턴이 뉴욕에 있는 동안 관료들과 정치인들이 뉴욕으로 모여들었다.

워싱턴 대통령이 뉴욕에 머물 때 개인의 사택에서만 지낸 것은 아니었다. 호텔에서 거처하기도 했다. 지금의 미국 대통령에게는 상상할 수 없는 일이지만, 이제 막 독립한 신생 국가의 대통령의 관저는 소박했다. 대통령이 호텔에서 기거하고 있다는 사실은 일부 사업가들과

투기꾼들의 관심을 끌었다. 대통령의 관저를 건설하면서 챙길 수 있는 막대한 이익 때문이었다.

워싱턴의 고향과 이름

미국 독립 전쟁의 영웅 조지 워싱턴의 고향은 당연히 잉글랜드다. 워싱턴 가문은 잉글랜드 중북부의 더비셔Derbyshire주에 살았다. 1066년 잉글랜드를 정복한 정복왕 윌리엄 1세는 왕국의 호구 조사를 하고 1086년에《둠스데이 북Domesday Book》을 편찬했는데, 이 책을 보면 워싱턴의 선조가 정복왕 윌리엄으로부터 하사받은 영지의 이름이 나온다. 그 영지의 이름이 위스타네스툰Wistanestune이었다. 앵글로-노르망 방언(정복 이후 잉글랜드에 들어간 프랑스어 계열의 노르망디 방언)의 표기로, '물water'과 '장소, 마을tune'의 합성어다. 이후 'Wistanestune'은 영어식 표기인 'Wessyington(웨싱턴)'이 되었고, 다시 'Washington(워싱턴)'으로 바뀌었다. ton은 마을을 의미하는 말로 town과 그 뿌리가 같다. 다시 말해 워싱턴이란 지명은 '습기가 찬 마을'이란 뜻이다. 워싱턴의 이름에 언뜻 보이는 wash는 그 뿌리가 '물'에 닿아 있다. 지금도 잉글랜드 중북부의 더비셔에는 웨싱턴이라는 작은 마을이 있다. 이 작은 마을의 이름에서 전 세계를 호령하는 미합중국의 수도 이름이 나왔다.

워싱턴 집안은 대대로 부유했지만, 워싱턴의 증조부인 존 워싱턴이 찰스 2세를 지원하는 왕당파에 속했다는 이유로 몰락했다. 이후 미국의 식민지인 버지니아로 이주한 워싱턴 가문은 담배 농장과 상당수의 노예를 소유한 부유한 가문으로 성장한다.

미국 독립 전쟁을 승리로 이끈 총사령관이었던 워싱턴은 로마 제국에서 군대의 통수권을 장악하고 있던 임페라토르, 즉 황제와 다름이 없었고, 식민지 시민의 권력을 위임받은 대통령이었다. 워싱턴은 유럽의 군주처럼 행동할 때도 있었지만, 두 번의 임기가 끝나자 미련 없이 대통령 자리에서 내려와 고향인 버지니아로 낙향하고 2년 뒤에 숨을 거둔다. 미국민이 초대 대통령 워싱턴을 존경하는 이유가 여기에 있다.

미합중국의 수도가 된 워싱턴 D.C.

워싱턴 대통령은 1790년 8월까지 뉴욕에 있었다. 그보다 한 달 전인 7월 16일, 수도법Residence Act이 의회에서 통과되었다. 대륙회의의 대의원들은 합중국의 수도를 메릴랜드의 포토맥Potomac 동편의 강 하구에서 코너치그Conococheague강 사이의 지역으로 정한다. 이 두 지점 사이의 거리는 64km였다. 이제 정확한 위치 선정은 워싱턴 대통령에게 위임되었다. 포토맥강변 근처의 마운트 버넌에 플랜테이션 농장을 소유하고 있었던 그는 이 지방을 잘 알고 있었다. 그곳이 미래의 합중국 수도가 들어설 부지였다. 이렇게 해서 새 수도는 메릴랜드주가 양도한 땅에 들어서게 되었다.

합중국의 수도는 'District of Columbia' 즉, 컬럼비아 특별지구로 지정되었다. 마침내 1791년 9월, 미합중국의 수도가 결정되었다. 이때는 워싱턴 대통령의 임기 중(1789-1797)이었으므로, 그의 인기가 영향력을 미쳤다고 볼 수 있다. 워싱턴 D.C.라는 이름은 초대 대통령의 이름과 미대륙을 발견한 콜럼버스(컬럼버스)에서 따왔다.

1800년 11월 21일, 미국 의회와 존 애덤스 대통령이 포토맥강변에 정착했고, 워싱턴을 미합중국의 수도로 공표했다. 하지만 수도를 건설하기까지는 10년이라는 시간이 필요했다. 이 기간 중에 필라델피아가 수도의 기능을 대신했다. 이 조치는 수도에서 탈락한 필라델피아 시민들을 위로하는 차원에서 결정된 것이다.

미국이 대외적으로 공식 국가로 인정된 이후(1783년) 수도 확정까지 7년이라는 시간이 흘렀다. 그리고 헌법의 수정과 의원들의 수도 선택에 다시 18개월이 흘렀다. 이같이 긴 시간이 흐른 것은 그만큼 각 도시들이 미합중국의 수도를 유치하기 위해 치열하게 경쟁했기 때문이다. 이 말은 미국이라는 국가를 세우는 데 그만큼 난관이 많았다는 의미로도 해석할 수 있다. 게다가 정치적 전통이 없었던 국가였기 때문에 수도 선택에 더 많은 시간이 필요했다.

워싱턴 D.C.(이하 워싱턴으로 표기)가 수도로 결정된 배경에는 지리적 이유도 있다. 독립 당시 미국은 13개의 주가 길게 늘어선 모양이었는데, 워싱턴이 그 중간에 있는 도시였기 때문에, 다른 주의 반발을 잠재울 수 있었다. 실제로 워싱턴은 각 주의 대표가 연방 수도로 오는 데 많은 시간을 허비하지 않아도 되는 곳이었다. 한편, 정치적인 고려도 해야 했다. 남부와 북부의 주에 특혜를 준다는 인상을 심어줘서는 안되었다. 워싱턴은 남부와 북부의 경계에 있어, 이곳을 수도로 정하는 것은 남북의 주들을 모두 만족시킬 수 있는 결정이었다(사실 워싱턴은 남부 쪽에 더 가까이 있긴 하다). 미국의 수도 워싱턴은 이렇게 지리적, 정치적 이유에서 탄생했다.

앞서 언급했듯이 워싱턴에 비해 뉴욕이 한때 미국의 수도였다는 사실은 거의 알려져 있지 않다. 수도였던 기간이 매우 짧기도 하고, 경제적으로 번영을 누리게 된 뉴욕은 더 이상 정치적 위상이 필요 없는 도시가 되었기 때문이다. 뉴욕주의 주도 또한 뉴욕이 아닌 올버니다. 마치 캘리포니아의 최대 도시가 로스앤젤레스이지만 주도는 새크라멘토인 것, 플로리다 역시 마이애미가 최대 도시지만 주도는 탤러해시인 것과 같다.

워싱턴의 정치적 위상은 다른 주에 비해 특별하다. 우선 각 주에서 2명씩 선출하는 상원의원이 없다. 하원의원은 1명이 있지만 의회에서 투표권은 없다. 상원의원이 없는 까닭에 워싱턴 시민들은 자동차 번호판에 'No Taxation without Representation(대표 없이 과세 없다)'라는 항의 문구를 붙이고 다니면서 불만을 표시하기도 한다. 그 대신 연방 정부로부터 예산의 약 30%를 지원받는다. 1980년대부터 워싱턴을 미국의 51번째 주로 승격하는 것이 워싱턴 시민들의 숙원이었다. 여러 시도가 있었지만 민주·공화 양당의 정치적 이해가 엇갈려 그때마다 번번이 좌절됐다.

워싱턴은 1957년 흑인 인구가 백인 인구를 넘어선 최초의 '블랙 시티'이기도 하다. 흑인 민권 운동이 활발하던 1970년대에는 흑인 비율이 71%에 달했다. 워싱턴의 유권자들은 1964년 민주당 후보인 존슨 대통령을 압도적 표차로 몰아준 이래, 지금까지 단 한 번도 공화당 후보를 선택한 예가 없는 유일한 지역구다. 미합중국의 수도이자 초강대국 미국의 수도인 워싱턴의 특이한 일면이다.

오타와,
빅토리아 여왕의 도시

국가 캐나다
도시 오타와
유형 신중핵 수도

캐나다는 러시아에 이어 국토 면적이 세계에서 두 번째로 넓은 국가다. 캐나다의 면적은 남한의 거의 100배에 이르지만 인구는 4,000만 명에 불과하다. 물론 영토의 북쪽이 극지방에 인접해 있어 인간이 거주하기 힘든 땅이 대부분을 차지한다. 캐나다는 국가별 GDP 순위가 9위인 경제 대국이고, 미국에 이어 북미를 대표하는 국가다. 미국과의 공통점은 국가의 형태가 연방제라는 것이고, 차이점은 2개의 언어(영어와 프랑스어)를 공용어로 사용한다는 점이다.

캐나다의 수도 오타와가 수도로 결정되는 과정에는 영국과 프랑스 후손들의 갈등이 걸림돌로 작용했다. 서로 자신들의 영향권에 수도를 유치하려고 갈등하다가, 결국 두 민족이 최대한 만족할 수 있는 조건을 조율하는 과정에서 새로운 수도 오타와가 탄생했다. 워싱턴에 이어 유럽인들이 북미 대륙에 세운 신중핵 도시 오타와는 이렇게 세상에 이름을 알렸다.

영어와 프랑스어의 공존

캐나다는 프랑스어권인 동부의 퀘벡주와 영어권인 나머지 지역으로 구성되어 있다. 캐나다에서 제일 큰 도시는 온타리오주에 위치한 토론토(2021년 인구 280만 명)다. 두 번째로 큰 도시는 퀘벡주에 있는 몬트리올인데(180만 명), 해외에 있는 프랑스어권 도시 중에서 가장 큰 도시다. 캐나다에서 두 언어의 사용 인구 비율은(2016년), 영어가 56%이고 프랑스어가 21%에 이른다. 가장 인구가 많은 온타리오주는 인구의 70%(920만 명)가 영어권 주민이고, 프랑스어의 사용 인구가 가장 많은 퀘벡주는 인구의 79%(640만 명)가 프랑스어를 사용한다.

캐나다는 공식적으로 2개의 공용어를 헌법에서 규정하고 있다. 1969년에 공포된 '공용어법Official Languages Act'에 의거해서 영어와 프랑스어가 공용어로 지정되었다. 물론 1867년부터 의회의 공용어가 영어와 프랑스어라고 규정되어 있긴 했지만, 프랑스어가 영어와 동등한 위상을 가지게 된 것은 공용어법이 통과된 이후다. 캐나다의 화폐와 모든 공공 문서

▶▶ 퀘벡에서 쓰는 STOP 표지판.

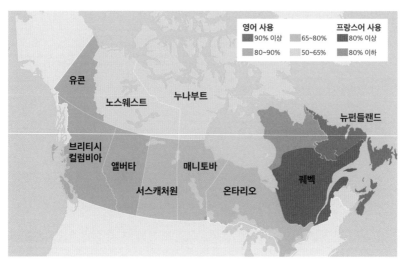

유콘

노스웨스트   누나부트

뉴펀들랜드

브리티시
컬럼비아
앨버타   매니토바
퀘벡
서스캐처원   온타리오

▶▶ 캐나다의 언어 지도.

에는 2개의 언어가 병기되어 있다. 이런 현상은 프랑스어권의 중심
인 퀘벡주에서 더 많이 보인다. 프랑스 본토에서는 정지를 뜻하는 영
어의 'stop'이 자연스럽게 사용되는데, 오히려 퀘벡에서는 프랑스어인
'arrêt(아레)'를 여전히 고집하고 있다. 프랑스 본토에서 'arrêt'는 버스
정거장으로 의미가 변했지만, 캐나다는 순수한(?) 프랑스어를 고집하
고 있다. 본래 언어는 본국보다 해외로 전파되었을 때 고어古語의 형태
와 의미를 더 잘 간직하고 있는 법이다.

프랑스어가 캐나다의 공용어로 지정되자, 프랑스어를 사용하는 사
람들의 이민이 증가하였다. 그렇다면 프랑스어권 도시의 전체 인구도
같은 추이를 보였을까? 사실은 그렇지 않다. 프랑스어권 이민자가 늘
기는 했어도 영어권에 배타적인 퀘벡주의 인구는 크게 늘지 않았다.
실제로 1950년대까지 온타리오주와 퀘벡주의 인구는 비슷했지만, 지
금은 온타리오주의 인구가 퀘벡주를 능가한다. 개별 도시의 경우도

마찬가지다. 1970년대까지 퀘벡주의 몬트리올이 온타리오주의 토론토보다 인구가 더 많았지만, 현재는 그 순위가 바뀌었다.

캐나다의 발견

캐나다의 이중 언어 현상을 이해하기 위해서는 캐나다의 역사를 알아야 한다. 다음 장에 나오는 지도는 1750년 북미의 판도를 나타낸 지도로, 파란 부분이 뉴프랑스New France 지역이다. 퀘벡주는 뉴프랑스 북동쪽에 위치해 있다. 특이한 점은 뉴프랑스 지역이 오대호를 중심으로 남쪽으로는 멕시코만까지 펼쳐져 있었다는 것이다. 가장 남쪽에 있었던 도시가 현재 미국 루이지애나주의 뉴올리언스다.

북미 동부의 13개 식민지(뉴잉글랜드)에 정착했던 영국인들은 폭발적인 인구 증가로 대륙의 서쪽으로 진출해야 했는데, 그곳은 이미 프랑스가 차지하고 있었다. 유럽에서 수백 년간 자웅을 놓고 겨뤘던 영국과 프랑스가 외나무다리에서 다시 만난 것이다.

캐나다를 처음으로 탐험한 사람은 프랑스의 탐험가 자크 카르티에Jacques Cartier였다. 그는 프랑수아 1세의 후원을 받아 대서양을 횡단하여 지금의 캐나다 뉴펀들랜드 지방을 탐험하고, 그 지방을 새로운 땅이라는 의미의 'Terre Neuve(테르 뇌브)'라고 불렀다. 캐나다라는 이름은 원주민인 이로쿼이족의 언어에서 유래했다. 프랑스 탐험대가 발견한 땅에 관해 이로쿼이족에게 묻자, 그들은 '마을'을 의미하는 '카나타Kanata'라고 답한다. 그 말이 원주민들의 고유 지명이라고 생각한 프랑스 탐험대 덕분에 오늘날 우리가 아는 캐나다라는 지명이 탄생했다.

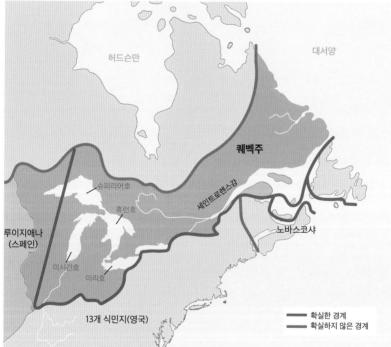

▶▶ 1750년 북미 대륙에 있던 뉴프랑스의 최대 판도(위)와 1774년경의 퀘벡(아래).

프랑스가 북미에서 축출된 이유

북미에 처음 발을 디딘 유럽인들은 스페인인이다. 콜럼버스가 서인도 제도에 상륙한 뒤에 스페인은 플로리다반도를 중심으로 북서쪽으로 진출한다. 스페인 탐험대는 오늘날의 텍사스를 지나 캘리포니아에 식민지를 개척했다. 왼쪽의 지도에서 세 나라의 영역이 겹치지 않는 이유가 여기에 있다. 왜 프랑스는 저렇게 광활한 식민지를 보유하고 있었음에도, 영국에 패해 북미의 기득권을 모두 상실하고 말았을까? 그 이유를 정리하면 다음과 같다.

먼저 두 나라의 식민 정책의 근본적인 차이를 들 수 있다. 영국 이주민들은 돈을 벌기 위해 신대륙으로 온 자들과, 신앙의 자유를 찾아온 청교도들이 주축을 이루었다. 이들 모두는 자신들이 바라는 목표를 위해 생존해야 하는 절박한 이유를 가지고 있었다. 하지만 프랑스의 경우는 달랐다. 17세기 유럽의 여러 나라들이 신대륙으로 이민자를 내보내고 있을 무렵, 루이 14세는 신교도들의 자유를 인정했던 낭트 칙령을 폐지하고, 다시 가톨릭의 나라로 돌아갔다. 그 결과 정부의 보호를 받지 못하는 위그노(신교도)들은 유럽 각지로 흩어졌다. 그들은 독일과 네덜란드 같은 나라의 경제 발전에 중추적인 역할을 했다. 다시 말해 프랑스는 중산층의 핵심 집단이었던 위그노들을 모두 해외로 쫓아내고 말았다.

17세기에서 18세기는 프랑스가 주변 나라들의 영토를 합병하여 국토의 면적이 최대에 이를 때였다. 프랑스와 그 주변국의 기후는 농사를 짓기에 더없이 좋았기 때문에, 당시 프랑스인들은 굳이 생명을 위협하는 신대륙으로 나갈 이유가 없었다. 실제로 프랑스 정부는 신대류으로 떠나는 이민자들에게 큰 관심을 보이지 않았다. 프랑스가 북미에 광활한 식민지를 개척하긴 했지만, 그곳에 정착한 프랑스 이민자들은 많지 않았다. 7년 전쟁(북미 1754-1763, 유럽 1756-1763)이 일어날 당시, 뉴프랑스의 인구는 고작 8만 명에 불과한 반면에, 동부의 뉴잉글랜드의 인구는 100만 명을 넘어 팽창 일로에 있었다. 이미 이때부터 북미의 패권은 영국으로 넘어갈 운명이었다고 말할 수 있다.

두 번째는 프랑스 식민지의 위치가 좋지 않았다. 프랑스인들은 영국인들이 버지니아에 처음으로 정착했던 같은 해에 퀘벡과 아카디아 지방(퀘벡 동부와 미국의 동북부 지방)에 포르루아얄Port-Royal을 건설하고 정착했다. 초기의 프랑스 이민자들은 이 지방이 프랑스 본토의 라로셸La Rochelle과 같은 위도에 있기 때문에 기후도 비슷할 것이라고 생각했다. 하지만 이 지방의 겨울은, 지금도 그렇지만, 아주 혹독했다. 실제로 퀘벡의 세인트로렌스강(생로랑강)은 1년 중 6개월 동안 얼어 있었다. 그러다 보니 본국에서 이민자들이 오지 않았다. 반면에 영국인들이 정착한 버지니아, 조지아, 캐롤라이나 같은 지방은 기후도 좋고 농사짓기에도 최적의 조건을 갖추고 있었다.

세 번째는 프랑스의 잘못된 식민 정책이다. 프랑스는 자국에서 박해를 받던 위그노들이 해외로 이주하는 것을 반가워하지 않았다. 반면에 영국은 종교의 박해를 피해 이주를 떠나는 청교도들을 탄압하지 않았다. 결국 프랑스의 위그노들은 자신들을 환대해주는 프러시아, 네덜란드, 영국, 그리고 일부는 미국의 13개 식민지 등지로 분산되어 이주 길에 올랐다. 그 결과 1700년경에 신대륙의 영국인들은 이미 25만 명을 넘어섰지만, 프랑스인들은 고작 2만 명에 불과했다. 북미 대륙은 이미 영국의 것이었다. 게다가 프랑스 이주자들은 원주민들과 모피 거래를 통해서 금전적인 이득을 보려는 데만 관심을 가지고 있었기 때문에, 영국인들처럼 신대륙에 영주한다는 생각을 가지고 있지 않았다.

프랑스인들의 추방

하늘 아래 태양이 두 개일 수 없듯이, 북미의 패자를 가려야 할 때가 도래했다. 영국의 입장에서는 팽창하는 뉴잉글랜드의 인구를 분산시키기 위해 서부로 영토를 확장해야 했지만, 뉴프랑스가 그 앞을 가로막고 있었다. 영국과 프랑스가 북미의 패권을 놓고 격돌한 전쟁을 역사에서는 프렌치 인디언 전쟁French and Indian War(1754-1763)이라고 부른다. 이 전쟁에서 프랑스는 원주민들을 자신들의 동맹으로 끌어들여 영국과 전쟁을 벌였다. 물론 영국도 인디언 부족 중에서 가장 강력한 이로쿼이 부족과 동맹을 맺었다. 강대국이 벌인 전쟁에서 서로 편을 나눠 싸웠던 아메리카 인디언들을 생각하면 마음이 무겁다.

프렌치 인디언 전쟁은 1762년 9월 15일 시그널힐 전투Battle of Signal Hill에서 영국군이 승리하면서 끝이 났다. 그보다 3년 전에 뉴프랑스의 핵심 도시인 퀘벡이 영국군의 수중으로 떨어졌기에 사실 이때 전쟁의 승패는 이미 결정되었다고 봐야 한다.

영국은 아카디아 지방(지금의 뉴펀들랜드 지방)을 정복하고, 그 지방에 살던 프랑스 주민들을 다른 지방으로 강제 이주시켰다. 구소련에서 한민족이 만주에서 중앙아시아로 강제 이주를 당한 것과 같은 경우다. 아카디아를 정복한 영국은 이 지방 주민들에게 영국 왕에 대한 충성을 강요했다. 맹세를 하지 않은 프랑스 주민들은 추방을 당했다. 그

▶▶ 퀘벡주의 퀘벡시티 전경. 프랑스풍의 건물들이 세인트로렌스강을 굽어보고 있다. 프랑스
는 북미 대륙에서 떠나갔지만, 그 흔적은 남아 있다.

결과 4,000명의 프랑스 주민들이 수천 km 떨어진 남부의 루이지애나
까지 강제 이주를 당했다.

미국, 캐나다를 침공하다

1776년 미국은 독립을 선언하고 영국과의 전쟁에서 승리했다. 당시
캐나다에는 미국 독립 전쟁에서 패한 미국의 왕당파들과 미국에서 넘
어온 이주자들이 많이 살고 있었다. 다시 말해 미국 독립 전쟁의 패자
들이 대부분 캐나다로 넘어간 것이다.

1812년 무렵, 유럽이 나폴레옹 전쟁으로 정신이 없던 때였다. 미국
은 독립한 지 40년이 넘었고, 북미에서 유일한 강대국으로 군림하고
있었다. 이때 미국의 눈에 들어온 땅이 캐나다였다. 왕당파의 영국인
들이 여전히 득세하고 있는 영국령 캐나다가 미국에게는 눈엣가시였

다. 게다가 유럽은 전쟁 중이라서 북미의 전쟁에는 관심도 두지 않을 것이라고 미국은 판단했다.

이렇게 미국은 유럽 전쟁에 정신이 없는 영국의 뒤통수를 때렸다. 1812년 미국의 4대 대통령인 매디슨은 주전론자들에 휘둘려서 영국에 전쟁 선포를 한다. 그런데 이 전쟁은 사실 영국이 빌미를 제공한 전쟁이었다. 영국은 나폴레옹 전쟁에서 프랑스를 무력화시키기 위해 미국과 프랑스의 교역을 금지시켰고, 1814년에는 체서피크만에 정박해 있던 영국 군함이 워싱턴 D.C.를 향해 포격을 가했다. 이 공격으로 백악관과 의사당이 불타는 치욕을 당했다. 영국에 대한 미국의 불만은 극에 달하고 있었다.

당시 미국 내의 주전론을 대표하는 존 애덤스 하퍼John Adams Harper 하원의원은 미국의 국경이 태평양에서 대서양을 넘어, 남쪽으로는 멕시코만에서 북쪽으로는 얼어붙은 동토까지라는 주장을 펼쳤다. 서부 개척 시대에 대서양과 태평양을 연결시켰다면, 이제는 캐나다를 병합해 북미 대륙 전체를 미국 영토로 만들어야 한다는 논리였다.

당시 영국은 캐나다의 식민지 중에서 온타리오주를 어퍼 캐나다Upper Canada로, 퀘벡 지역은 로어 캐나다Lower Canada로 구분하여 통치하고 있었고, 오대호 주변의 원주민에게 준準국가 조직을 만들게 하여 미국의 서북진西北進을 통제하고 있었다.

결과적으로 미국의 캐나다 침공은 실패로 끝이 났다. 국경을 넘어온 미국군들은 온타리오의 도시 윈저를 공격했지만 패퇴하고 말았다. 오히려 미국은 디트로이트를 영국군에게 넘겨주고 말았다. 우리가 알고 있는 미국과 캐나다는, 지금은 지구상에서 가장 가까운 우방이지만, 160년 전만 해도 서로 전쟁을 하던 나라였다. 미국이 캐나다를 합병하려고 전쟁을 일으켰다니, 미국의 욕심이 가히 하늘을 찌른다.

나폴레옹 전쟁에서 프랑스를 제압한 영국은 세계 최강국이 되었고, 미국도 캐나다와의 전쟁에서는 졌지만, 차기 최강국의 후보로 만족했다. 이후 미국은 다시는 캐나다를 넘보지 않았다.

캐나다의 독립, 미국 독립의 데자뷔?

미국의 야욕을 꺾은 캐나다는 이후 순탄한 독립의 길을 갔을까? 역사에는 항상 정반합의 원칙이 적용된다. 이번에는 캐나다 내부에서 반란이 일어난다. 영국의 통치를 인정하고 있던 캐나다인들이 영국의 가혹한 식민지 정책에 반란을 일으킨다. 이미 100년 전에 미국에서 일어났던 일들이 캐나다에서도 똑같이 일어났다.

온타리오주의 토론토, 런던, 해밀턴 근처에서 반란군과 영국군 사이에 충돌이 있었다. 그리고 1837년 12월 13일 반란군은 캐나다 공화국을 선포한다. 미국보다 더 진보적인 정치 형태를 선택한 것이다. 그러나 이 반란은 영국의 단호한 진압으로 실패한다. 이후 미국이 조종하여 여러 차례의 반란이 일어나는데, 영국계와 프랑스계 주민들도 연합하여 영국에 저항한다. 마침내 1838년 나페이르빌에서 반란의 지도자 로버트 넬슨이 독립 선언서를 낭독한다. 북미에서 미국에 이어 두 번째로, 영국에 반기를 든 영국민의 후손들이 또 독립선언을 했다. 그럼에도 캐나다의 반란은 성공하지 못했다. 지도자들은 교수형에 처했고, 캐나다 독립을 후원했던 미국인들은 호주로 유배길에 올랐다.

그 후에도 캐나다 주민들은 영국과 여러 번 충돌했다. 그리고 마침내 1867년 영국 의회에서 영국령 북아메리카법이 통과되었고, 대영 제국 최초의 자치령인 캐나다 자치령Dominion of Canada이 탄생한다. 그리고 동서 캐나다로 불리던 지역은 온타리오(서부)와 퀘벡(동부)이라는 이름으로 불리게 되었다.

캐나다의 수도는 왜 오타와일까?

캐나다의 최대 도시는 토론토이고, 제2의 도시는 몬트리올이지만, 이 두 도시 모두 캐나다의 수도는 아니다. 오타와라는 작은 도시가 수도로 확정된 배경에는 인종적, 언어적, 지역적 배려가 숨어 있다.

오타와는 연방 성립 이전에 이미 캐나다의 수도로 결정되었다. 이 기간에 연방의회는 수도를 결정하기 위해 200번 이상 투표를 했다. 그전까지 캐나다의 수도는 여러 번 바뀌었다. 1841년 총독은 킹스턴을 캐나다의 수도로 지명하였지만, 토론토와 몬트리올 주민들이 반발했고, 로어 캐나다의 전 수도였던 퀘벡시티 역시 불만을 표출했다. 다만 퀘벡의 영어권 주민만이 킹스턴의 수도 결정을 환영했을 뿐이다.

그렇게 1842년 킹스턴을 수도로 정하는 법안은 의회에서 부결되었고, 비타운Bytown이라고 불리던 도시가 대안으로 올라왔다. 그러나 비타운은 토론토와 몬트리올과는 비교할 수 없는 도시였다. 1843년에는 몬트리올이 방어에 용이하고 상업적 도시의 중심이라는 보고서가 올라왔다. 당시 총독은 의회의 투표 없이 수도를 정할 수 없다는 논리를 내세워 몬트리올의 수도 확정안을 거부했으나, 1844년 당시 영국의 군주였던 빅토리아 여왕은 몬트리올로 수도를 이전하는 안을 수용했다.

몬트리올이 수도로 정해지는 분위기였다. 그런데 그해 몬트리올에서 일어난 폭동은 수도로 확정된 도시의 위상을 다시 불안하게 만들었다. 그 결과 수도 확정과 관련된 법안이 다시 의회에 상정되었고, 다시 킹스턴과 비타운을 수도로 인정하는 분위기가 형성되었다. 하지만 최종적으로 수용된 제안은 퀘벡시티와 토론토가 교대로 수도의 지위를 나눠 가진다는 안이었다. 수도가 옮겨 다닌다는 것은 많은 사람들과 관청의 이동을 의미했으므로, 사실상 이 안은 주목을 받지 못했다. 그 결과 하원은 퀘벡시티에 영구적으로 수도를 둔다는 법안을 통과시켰다. 그러나 상원이 거부권을 행사하여 수도 관련 논의는 다시 원점으로 돌아갔다.

의회에서 수도 문제를 확정할 수 없게 되자 의회는 빅토리아 여왕에게 수도 문제를 해결해달라고 요청한다. 여왕은 당시 총독인 에드워드 헤드의 조언을 따르라고 말한다. 총독의 생각은 이러했다. 결국 수도 확정의 문제는 영어권 주민과 프랑스어권 주민의 알력에서 비롯된 것이었다. 토론토가 수도가 되면 몬트리올이나 퀘벡시티가 반대를 하고, 그 반대도 마찬가지였다. 그러므로 총독은 제3의 안을 여왕에게 제안한다. 오타와라고 불리는 작은 마을을 연방의 수도로 제안한 것이다. 이 작은 도시는 이제 막 태어난 도시였다. 마침내 여왕의 선택은 1859년 의회에서 비준을 받는다. 이후 오타와가 정식 수도가 되기까지 퀘벡시티가 1859년부터 1865년까지 임시 수도 역할을 했다.

오타와가 캐나다 연방의 수도로 결정된 배경에는 두 가지 이유가 있다. 먼저 오타와는 미국과 캐나다 국경에서 멀리 떨어져 있었다. 그리고 울창한 숲으로 둘러싸여 있고, 절벽 면에 위치하고 있기 때문에, 적들의 공격을 잘 방어할 수 있다는 이점이 있었다. 두 번째로 오타와가

▶▶ 캐나다 연방의 수도 오타와에 있는 연방의회. 오타와는 영어권과 프랑스어권의 완충 지대 역할을 하는 수도다.

토론토와 몬트리올 중간에 있다는 사실도 중요한 이유로 작용했다. 호주의 캔버라가 시드니와 멜버른 사이에 있는 것과 마찬가지다. 정리하자면, 오타와는 영어권과 프랑스어권의 완충 지대에 놓인 수도라고 할 수 있다. 몬트리올에선 프랑스어가, 토론토에선 영어가 주로 쓰이는 데 반해, 오타와에서는 두 언어가 두루 사용되고 있다. 빅토리아 여왕의 혜안이 돋보인다.

일부에선 오타와를 실패한 행정 수도라고 지적하기도 하지만, 인구를 놓고 보면 토론토, 몬트리올, 밴쿠버 다음으로 인구가 많은 도시다(100만 명). 다만 겨울 평균 기온이 전 세계의 수도 중에서 매우 낮은 도시 중의 하나다. 몽골의 울란바토르와 카자흐스탄의 아스타나 다음으로 춥다(1월 평균 영하 10.2도).

오타와라는 지명이 처음 등장한 것은 1855년이다. 오타와는 이 지방을 흐르는 오타와강에서 나온 것으로, 알곤킨어로 '거래를 하다'라는 뜻이라고 한다. 견원지간인 영국과 프랑스의 후손들은 이렇게 영어도 아니고 프랑스어도 아닌, 인디언 이름에서 나온 오타와라는 도시에서 공존하고 있다.

멕시코시티, 아즈텍 제국의 수도

국가 멕시코
도시 멕시코시티
유형 신중핵 수도

　초원의 작은 부족 국가에서 아시아와 유럽을 아우르는 대제국을 건설한 칭기즈 칸은 "길을 열면 흥하고 벽을 쌓으면 망한다"라는 유명한 말을 남겼다. 동서양을 이어주는 실크로드는 이렇게 만들어졌다. 역사를 돌이켜보면 장벽을 쌓는 이유는 이민족의 침입을 막기 위함이었다. 그러나 중국의 만리장성이나, 아우렐리아누스(재위 270-275) 황제가 로마에 쌓은 방벽은 게르만족의 침략을 막지 못했다. 장벽 이야기를 서두에 꺼낸 것은 미국과 멕시코 국경에 엄청난 규모의 장벽이 건설되고 있기 때문이다. 트럼프 당시 미국 대통령의 선거 공약이기도 했던 이 장벽은, 지금은 건설이 일시 중단되었지만, 트럼프가 재선된 이상 언제라도 공사가 재개될 수 있다.

　멕시코시티는 아즈텍 제국을 멸망시킨 뒤에 스페인인들이 세운 도시이므로 신중핵 수도로 분류할 수 있다. 아즈텍 제국의 후예들이 살고 있는 멕시코, 그리고 수도 멕시코시티의 이야기를 해보자.

테노치티틀란, 아즈텍 제국의 수도

국토의 남쪽에 위치하고 있는 멕시코시티는 오른쪽의 멕시코만과 그리 멀리 떨어져 있지 않다. 1519년 7월 스페인 출신의 정복자 코르테스가 멕시코만에 인접한 베라크루즈Veracruz를 정복한다. 그의 군대는 아즈텍 제국의 수도인 테노치티틀란(지금의 멕시코시티)으로 향했다. 테노치티틀란은 코르테스가 상륙한 베라크루즈에서 직선거리로 315km 정도 떨어져 있었다. 만약 아즈텍의 수도가 북쪽의 내륙에 있었더라면 아즈텍 제국은 코르테스의 정복을 피할 수 있지 않았을까? 하지만 코르테스가 처음에 만났던 마야인들은 내륙으로 더 들어가면 부유한 제국이 있다고 일러주었다. 아즈텍 제국의 소문은 이렇게 코르테스의 귀에 들어갔다.

수도에 도착한 코르테스는 입을 다물 수 없었다. 테노치티틀란의 인구가 족히 20만은 되어 보였기 때문이다. 당시 유럽에서 가장 컸던 콘스탄티노플과 파리에 견줄 만한 규모였다. 코르테스는 스페인 국왕에게 이 도시가 세비야와 코르도바보다 더 크다고 보고했다. 1519년 테노치티틀란에 입성한 스페인의 군인 베르날 디아스 델 카스티요Bernal Díaz del Castillo는 훗날 아즈텍의 수도를 다음과 같이 회상했다.

"너무나 황홀한 광경이었기 때문에, 그때까지 듣지도 보지도 꿈꾸지도 못했던 처음 순간을 어떻게 그려야 할지 모르겠다."[3]

테노치티틀란 중심 광장에는 공공건물, 신전, 법원, 궁전 등이 자리를 잡고 있었다. 그중에서도 높이가 60m에 이르는 대신전이 가운데 우뚝 솟아 있었다. 베르날 디아스는 이곳이 스페인의 도시 살라망카Salamanca보다 2배나 크다고 적었다.[4] 이곳에서 해마다 수천 명의 사람들이 인신 공양의 희생 제물이 되었다고 한다.

테노치티틀란 시장에는 유럽인들이 한 번도 보지 못했던 야채들이 즐비했다. 고추와 초콜릿, 토마토와 칠면조는 유럽인들이 처음 보는 것들이었다. 훗날 유럽인들의 식탁에 올라가는 신대륙의 먹거리들을 테노치티틀란 시장에서는 흔히 볼 수 있었다.

▶▶ 테노치티틀란 중심부의 사원. 과연 저 위에서 산 사람의 심장을 도려내는 인신공양이 이루어졌을까?

테노치티틀란의 멸망

코르테스는 탐욕스러운 인물이었지만, 동시에 자신이 원하는 것을 얻기 위해 상대방과 타협도 할 줄 아는 사람이었다. 코르테스는 1,000명도 안 되는 스페인 군대로 수백만 명의 아즈텍 제국을 무너뜨렸다. 어떤 기록에는 스페인 군대의 병력이 450명이었다고도 한다. 우선 철기 무기가 없었던 아즈텍 군대는 스페인 군대의 상대가 되지 못했다. 그런데 수백만 명의 아즈텍인들을 몰살시킨 것은 코르테스의 총과 창이 아니라 전염병이었다. 유럽인들이 가져온 천연두에 면역이 없었던 아즈텍인들은 몰살당했다. 당시 스페인의 기록에는 스페인 군인들이 입김만 불어도 아즈텍인들이 쓰러졌다고 적혀 있었다. 여기에 아즈텍 제국의 핍박을 받고 있던 다른 부족들이 코르테스 편에 합류했던 것도 코르테스에게는 결정적인 도움이 되었다.

코르테스는 심리전에도 뛰어난 정복자였다. 아즈텍 제국에 내려오는 전설을 십분 활용했다. 본래 아즈텍 전설에 의하면 케찰코아라는 날개 달린 뱀의 신이 다시 돌아온다는 내용이 있는데, 아즈텍인들은 그 신이 돌아와야 나라를 잘 다스릴 수 있다고 믿고 있었다. 그런데 그 신은 백인과 같이 하얀 피부를 가지고 있었다. 코르테스는 자신이 케찰코아의 화신이라고 떠벌리고 다니면서 자신의 정복을 정당화했다.

당시 아즈텍 제국의 황제였던 몬테수마 2세의 처신도 문제였다. 그는 코르테스가 황금을 얻기 위해 왔다고 하자, 별생각 없이 있는 대로 황금을 주겠다고 약속했고, 실제로 황금을 그에게 주었다. 이것이 황제의 결정적인 패착이었다. 황금을 받은 코르테스는 더 많은 황금을 요구했다.

▶▶ 테노치티틀란과 텍스코코 호수(1519).

지금은 멕시코시티에 호수가 없지만 아즈텍 제국 시절에는 주위에 텍스코코Texcoco 호수가 있었다. 테노치티클란은 호수 가운데에 있는 섬에 세워진 도시였다. '선인장의 땅'이라는 이름을 가진 이 도시는 독수리가 선인장 위에 앉아 나라를 세울 것이라는 전설에 따라 만들어진 곳이었다. 현재 멕시코 국기에 독수리가 등장하는 이유를 알 수 있다.

수적으로 열세에 있던 코르테스는 아즈텍 제국에 적대적이던 이웃 부족들을 규합하여 5만 명의 군대를 구성했다. 그리고 제국의 수도인 테노치티틀란으로 진격해 나갔다. 스페인 군대는 호수 안의 도시를 포위하고 기다렸다. 75일 동안 포위된 도시에서는 아사자가 속출했다. 게다가 천연두에 걸려 목숨을 잃은 사람들이 셀 수 없을 정도로 많아져 그들은 결국 시체를 호수에 던질 수밖에 없었다. 1521년 스페인 동맹군의 총공격이 시작되자, 성 안에 남아 있던 1만 5,000명의 아즈텍 전사들은 몰살되었다. 아즈텍 제국은 이렇게 역사 속으로 사라졌다.

태양의 제국

스페인 정복자들의 기록에 의하면 아즈텍은 태양신을 섬기는 제국이었다. 아즈텍인들은 태양의 의미를 여러 가지로 구분했다고 한다.[5] 《신에스파냐인도사》에 따르면 아즈텍인에게 태양은 만물의 근원이었다. 태양의 의미는 아즈텍인들이 열광적으로 숭배했던 태양신인 우이칠로포치틀리 신과 동일시되었다. 이 신은 아즈텍 제국의 수도인 테노치티틀란의 수호신이었다. 고대 그리스 신 아테나와 그녀가 지켜주는 도시 아테네의 관계와 유사하다. 고대 아즈텍인들은 인신공양을 한 것으로 알려져 있는데, 인간의 피를 바침으로써 52년 동안 세계의 종말을 미룰 수 있다고 믿었다고 한다. 아즈텍인들에게 태양은 왕권의 근원이고, 전사들과 왕의 수호신이자 귀숙처歸宿處였다.[6]

태양을 숭배하던 아즈텍인들의 언어에는 태양과 관련된 속담이 많았다. '지금 태양이 빛난다'는 무언가 새롭게 시작되었거나 새로운 왕이 즉위하였음을 의미하고, '태양을 조금 움직였다'는 아기가 자라 아이가 되었음을 의미했다. 또한 '나는 태양을 정오에 두었다'라는 표현은 한 사람이 결혼할 나이의 청년으로 자랐음을 의미하고, '태양이 떨어진다'는 사람이 늙어서 죽을 때가 가까워졌음을 의미한다.[7]

아즈텍인들은 태양이 비록 스스로 빛을 내지만, 태양 역시 에너지가 필요하다고 생각했다. 전쟁이나 인신공양으로

▶▶ 우이칠로포치틀리 신의 모습.

죽은 전사는 스스로 신의 화신이 된 것이고, 태양에 에너지를 공급하기 위하여 죽은 것으로 간주되었다. 그리고 망자는 그 보상으로 '태양의 집'이라는 신성한 세계에 간다고 여겨졌다. 마치 고대 바이킹 전사들이 전쟁에서 죽은 다음에 신들의 궁전인 발할로 간다고 여기는 것과 유사하다.

뉴스페인의 수도

북미에 제일 먼저 진출하여 식민지를 건설한 나라는 스페인이다. 1492년 콜럼버스가 서인도 제도에 도착한 지 30년 만에 코르테스는 아즈텍 제국을 멸망시키고 뉴스페인을 건설하였다. 유럽인들에게는 신대륙의 발견이었지만, 아메리카의 원주민들에게는 고난의 운명이 기다리고 있었다.

코르테스는 아즈텍 제국을 멸망시키고 '누에바 에스파냐Nueva España'라는 부왕령副王領을 세웠다. '새로운 스페인New Spain'이란 뜻이었다. 부왕령의 수도는 아즈텍 제국의 수도였던 테노치티틀란이었다. 정복자 코르테스는 테노치티틀란을 철저하게 파괴하고, 그 자리에 뉴스페인의 수도를 세우고, 그 이름을 멕시코라고 정했다.

멕시코라는 이름은 스페인 정복 이전부터 아즈텍의 수도 테노치티틀란 앞에 사용되던 부족명이었는데, 아즈텍 제국을 건설한 멕시카Mexica 부족의 이름에서 나왔다(멕시카의 단수는 멕시카틀Mexicatl이다). 멕시카인들은 지금의 멕시코, 엘살바도르, 온두라스에 퍼져 살던 큰 부족인 나와족Nahuas의 한 갈래였다. '멕시카'는 나와족의 언어인 '나와

틀Nahuatl어'에서 나온 말이다. 그러므로 멕시코란 국명은 도시명에서 나온 셈이다. 일반적으로 나라와 지방 이름에서 도시명이 나오는 경우와는 반대다.

멕시코의 지명은 전쟁의 신 '멕시틀리'에서 나왔는데, 멕시틀리는 나와틀어로 달月을 의미하는 'metztli'와 배꼽, 아들, 중심을 의미하는 'xictli'가 합쳐진 말이다. 그러므로 멕시틀리는 달의 아들 또는 달의 중심이라는 의미를 가진다. 다른 의미로 풀이하면 '(달의) 호수 중심'이라고도 풀이할 수 있다. 멕시틀리는 중세 스페인어로 옮겨지면서 'Mexitli'가 되었고, 훗날 지금처럼 'Mexico'가 되었다. 참고로 Mexico의 스페인어 발음은 '메히코'다. 실제로 북한에선 Mexico를 '메히꼬'로 읽는다.

미국과의 전쟁

코르테스가 세운 뉴스페인은 300년간 존속했다. 하지만 달이 차면 기우는 법이다. 멕시코에서 스페인의 치세도 서서히 종말을 향해 가고 있었다. 국제 사회의 분위기가 변했다. 특히 미국의 독립 전쟁과 프랑스 혁명과 같이 세계사의 흐름을 바꾼 사건들이 스페인의 부왕령에도 결정적인 영향을 미쳤다.

스페인 본국에서 자유파가 정권을 잡으면서 멕시코에도 독립의 기회가 찾아왔다. 1821년 9월 15일 보수파를 대표하는 독립 지도자 아구스틴 데 이투르비데가 멕시코시티에 입성하고 독립을 선언했다. 이후 이투르비데는 제국을 선포하고 스스로 황제의 자리에 올랐다. 얼마 후 멕시코 제국은 공화국으로 바뀌었지만, 정세가 불안하기는 마찬가지였다. 특히 미국이라는 강력한 이웃의 존재는 당시 텍사스와 캘리포니아를 영유하고 있었던 멕시코에게 큰 불안 요소로 작용했다. 결국 문제는 텍사스에서 터지고 말았다.

멕시코가 스페인 부왕령으로부터 독립하기 전까지 미국의 서부는 스페인령이었다. 당시 스페인인들은 캘리포니아를 '알타칼리포니아', 텍사스는 '뉴필리핀'으로 부르고 있었다. 뉴멕시코는 스페인어로 '누에보 메히코Nuevo Mexico'라고 불렸다. 한편 미국인들은 텍사스를 미연방에 편입시킬 계획을 세우고 있었다. 그러기 위해서는 계략이 필요했다. 이 무렵 멕시코 정부는 텍사스의 미래를 위해 미국 이민자들의 유입을 긍정적으로 보고 있었다. 그런데 이렇게 텍사스에 정착한 미국인들은 마치 트로이의 목마 같은 존재였다.

'텍사스 개척의 아버지' 오스틴의 주도 아래 300여 가구의 미국인들이 텍사스로 이주했다. 그 후 미국 이주자들의 수는 멕시코 사람들보다 빠르게 증가했다. 이제 굴러온 돌이 박힌 돌을 빼는 형국이 되었다. 결국 오스틴은 본색을 드러내어, 멕시코 정부에 텍사스의 독립을 요구한다. 물론 멕시코 정부가 오스틴의 주장을 들어줄 리는 만무했다. 그러자 미국 이민자들은 1836년에 텍사스 공화국을 선언해버렸다. 멕시코 정부와 텍사스 공화국은 수차례의 전쟁을 벌였으나, 텍사스 공화국 뒤에는 미국이 버티고 있었다. 전쟁은 1848년 미국이 멕시코시티를 점령함으로써 끝이 났다. 멕시코는 이 전쟁으로 텍사스와 뉴멕시코, 그리고 캘리포니아를 잃었다. 신생 독립국 멕시코에게는 가혹한 대가였다. 이렇게 300년 이상 뉴스페인의 영토였고, 이제 막 독립을 한 멕시코는 서부 북미 대륙의 광활한 영토를 상실했다.

멕시코가 서부의 영토를 잃지 않았다면 현재 북미의 지도는 미국과

▶▶ 멕시코시티에 입성한 미군의 모습(1848년). 북미 대륙 통일을 목전에 둔 미국은 신생 독립국 멕시코를 제압하고 대서양에서 태평양에 이르는 대제국을 건설했다.

멕시코가 양분한 모습이었을 것이다. 하지만 캐나다까지 연방에 합병하려던 미국이 아니었던가? 승자독식의 원칙은 과거에도, 그리고 지금도 여전히 미국이 추구하는 외교의 근본일지 모른다.

멕시코시티의 명암

멕시코의 인구는 1억 2,800만 명에 이른다. 세계에서 10번째로 인구가 많은 대국이다. 수도 멕시코시티의 인구는 920만 명이고(2020년), 광역시를 포함하면 2,000만 명이 넘는다. 경제력도 만만치 않다. 최근 발표된 자료에 따르면 멕시코의 GDP는 한국을 추월하여 전 세계 12위를 차지했다. 1인당 GDP는 2024년 기준으로 1만 5,249달러로 한국

(3만 4,165달러)의 45%에 이른다. 그런데 문제는 빈부격차다.

OECD 보고서에 따르면 멕시코의 상위 10%와 하위 10%의 소득 비율은 27:1이라고 한다. 다시 말해 상위층에 속한 사람이 1년에 270만 원을 벌 때, 하위층은 10만 원을 번다는 뜻이다. 멕시코시티 역시 부촌과 빈촌으로 극명하게 나뉘어 있다. 부촌으로 알려진 폴랑코에서 평범한 아파트 1채가 약 12억 원 정도라고 한다. 1인당 GDP가 1만 5,249 달러라면 4인 가족의 1년 총수입은 6만 996달러, 원화로 환산하면 8,500만 원에 이른다. 그런데 멕시코의 평균 월급은 23만 원에 불과하다. 4인 가족이 모두 일을 한다면, 한 달 수입의 총액은 92만 원이고, 1년으로 치면 1,104만 원이다. 앞에서 계산했던 8,500만 원의 13% 수준이다. 그만큼 상위층의 소득이 많고 하위층의 소득이 적다는 뜻이다. 앞에서 예로 든 폴랑코의 12억 아파트를 평균 월급(23만 원)을 받는 노동자가 구입하려면 434년이 걸린다.

멕시코의 절대 빈곤층은 40%에 이른다. 부유층은 옛 스페인 정복자들의 후손들이 대부분이다. 원주민이나 백인과의 혼혈이 상류층에 들어간다는 것은 거의 불가능하다고 한다. 아즈텍 제국의 후예들은 지금도 스페인 정복자들의 피를 이어받은 사람들의 지배를 받고 있는 셈이다.

브라질리아,
계획도시의
모델

국가 브라질
도시 브라질리아
유형 신중핵 수도

광활한 아마존 열대 우림의 나라, 세계에서 5번째로 국토가 넓은 나라, 축구와 삼바 춤의 나라 브라질……. 1494년 수정된 토르데시야스 조약의 자오선이 브라질 내륙으로 이동하면서, 브라질은 포르투갈의 영역에 포함되었고, 지금도 남미에서 유일하게 포르투갈어를 사용하는 나라로 남았다. 브라질의 최대 도시는 상파울루지만 수도는 브라질리아다. 브라질리아는 세계 건축사에 큰 획을 그은 대표적인 계획도시다.

1956년 브라질 정부는 신수도 건설 계획을 발표하고, 1960년 대서양 해안에서 내륙으로 1,000km 들어가 있는 브라질리아로 수도를 옮겼다. 포르투갈 식민지 시절부터 수도였던 리우데자네이루는 수도의 지위를 잃었다. 새 수도의 이름은 브라질과 유토피아를 합성한 브라

질리아다. 남미의 최대 국가 브라질의 신중핵 수도인 브라질리아는
이렇게 탄생했다.

브라질의 발견

포르투갈의 항해가 페드로 알바레스 카브랄Pedro Álvares Cabral은 1500
년에 브라질 항로를 발견한다. 그는 리스본을 떠나 남미 해안에 당도
해 브라질을 발견했고, 이후 희망봉을 돌아 인도의 캘리컷(지금의 코지
코드)까지 갔다. 희망봉 항로는 1497년에 바스쿠 다 가마가 개척한 항
로다. 다 가마 또한 카브랄과 유사한 항로를 거쳐 인도에 닿았지만, 남
미 대륙에는 상륙하지 않았다. 카브랄은 4개의 대륙(유럽, 아메리카, 아
프리카, 아시아)에 기항寄港을 한 최초의 유럽 항해가였다.

그런데 한 가지 궁금한 점이 생긴다. 어떻게 유럽인들은 특별한 동
력도 없이 바람에 의지해서 대양을 횡단할 수 있었을까? 그 답은 계절
풍에 있었다. 기원전 1세기 그리스의 조타
수 히팔루스Hippalus는 매년 규칙적으로 풍
향이 바뀌는 몬순(계절풍)이 존재한다는 사
실을 알아냈고, 이 바람을 이용하여 인도
양을 횡단하는 항법을 발견했다. 아라비아
반도의 남부와 인도의 서해안을 잇는 직항
항로가 열린 것이다. 인도양에서는 여름에
아프리카 방향에서 강한 계절풍이 불고,
겨울에는 아시아 대륙으로부터 약한 북동

▶▶ 포르투갈 항해가 카브랄.

▶▶ 1500년 카브랄이 발견한 인도양 항해 루트(파란 선은 귀국 당시 항해 루트).

풍이 분다.[8]

실제로 당시 포르투갈 항해가들은 인도에서 돌아오는 계절을 겨울로 정하고 리스본을 출발했다. 그렇지 않으면 다음 북동풍이 불 때까지 1년 동안 인도에서 발이 묶이기 때문이었다. 스페인에서 추방되어 포르투갈로 망명한 유대인 랍비 겸 왕실 천문학자인 아브라앙 자쿠투 Abraham Zacuto 같은 학자는 위도 측정기를 통해 뱃사람들이 바다에서 자신의 위치를 확인할 수 있는 방법을 알아냈다.[9] 포르투갈과 스페인의 대항해 시대가 열리고 있었다.

1504년 13척의 배로 구성된 카브랄의 함대는 의도적으로 서대서양 쪽으로 멀리 항해를 하여 지금의 브라질에 도착했다. 처음에 카브랄은 도착한 땅이 큰 섬인 줄 알았다. 하지만 곧 그 땅이 대륙일 가능성이 높다는 사실을 깨닫고, 당시 포르투갈의 국왕이었던 마누엘 1세에게 배를 보냈다. 남미 대륙의 브라질이 유럽에 처음으로 알려지게 된 배경이다.

브라질이라는 이름은 브라질 나무에서 유래했다. 브라질 해안을 따라 자생하던 이 나무는 붉은색 진한 염료를 제공하기 때문에 유럽의 섬유 산업에서 중요한 염료로 대접받았다. 브라질에서 '브라사brasa'는 잉걸불(불이 이글이글하게 핀 숯덩이)을 의미한다. 흔히 브라질을 정열의 나라라고 부르는데, 브라질의 어원과 딱 들어맞는다. 본래 브라질을 처음 발견한 포르투갈인들은 그곳을 '신성한 십자가의 땅'을 뜻하는 'Terra de Santa Cruz'라고 불렀다가, 브라질 나무가 유럽에 널리 알려지자 브라질로 바꾸어 불렀다.

포르투갈이 식민지를 넓힌 방법

브라질을 최초로 발견한 포르투갈인들은 새로운 땅에 큰 관심을 보이지 않았다. 당시에는 중국, 인도, 동인도와의 교역이 더 중요했기 때문이다. 그러나 포르투갈이 브라질을 등한시하는 사이에 프랑스인들이 브라질 나무를 얻기 위해 이곳에 들어왔다. 아마도 프랑스인들은 그 땅이 무주공산이라고 생각했던 것 같다. 그러자 1530년 포르투갈은 군대를 파견하여 프랑스 세력을 몰아낸다. 이때부터 본격적인 식민지 개척이 시작된다. 브라질 식민지는 남미 대륙의 동쪽에 치우쳐 있었다. 토르데시야스 조약에 따라 브라질의 동부 지역만 포르투갈령이었기 때문이다. 하지만 운명은 공평한 법이다. 포르투갈에게도 기회가 찾아왔다.

1580년 포르투갈의 아비스 왕조의 대가 끊어지자, 스페인 국왕 펠리페 2세가 포르투갈의 왕위를 요구한다. 그의 첫 번째 왕비였던 마리아 마누엘라가 아비스 왕조의 왕녀였기 때문이었다. 당시 유럽 왕실에서는 이런 식으로 왕위 계승이 이루어졌다. 결국 포르투갈과 스페인은 연합 왕국이 되었다. 두 왕국이 하나가 되자 포르투갈은 브라질의 서쪽으로 식민지를 확장하기 시작했다. 브라질 서쪽은 본래 스페인의 영역에 속했지만, 두 왕국이 하나가 된 이상 제약이 사라졌기 때문이다. 이렇게 확장된 포르투갈의 식민지는 1640년 포르투갈이 스페인으로부터 독립한 다음에도 유지되었다. 이후 17세기 말에 브라질의 남동부 지방에서 금광이 발견되면서 식민지의 수도가 사우바도르^{Salvador}에서 리우데자네이루로 이전되었다.

브라질 제국의 초대 황제가 된 포르투갈 왕자

프랑스인들에게 나폴레옹은 위대한 군주로 비칠지도 모르지만, 주변국의 국민들에게는 침략자로 인식된다. 1807년 나폴레옹의 프랑스 제1제국이 포르투갈을 침공했다. 그러자 포르투갈 왕실은 같은 해 브라질로 망명길에 오른다. 임시 수도는 브라질의 리우데자네이루였다.

나폴레옹이 실각하자 유럽의 열강은 1815년 빈에 모여 유럽의 지도를 프랑스 혁명 이전으로 되돌려 놓을 것을 논의한다. 이 기회를 노려 당시 포르투갈의 섭정 주앙 왕자(훗날의 주앙 6세)는 포르투갈과 브라질의 연합 왕국을 선포한다. 브라질이 포르투갈과 동등한 지위를 가진 왕국으로 인정을 받은 것이다. 이후 1821년에 포르투갈-브라질 연합 왕국은 리스본으로 환도한다. 그러자 포르투갈 의회는 포르투갈-브라질 연합 왕국을 해체하고, 다시 브라질을 포르투갈의 식민지로 환원할 것을 결의한다. 브라질인들의 분노는 당연한 것이었다. 그 결과, 주앙 6세의 아들 페드루 1세는 1822년 9월 7일 브라질의 독립을 선언했다. 이후 포르투갈은 브라질과의 전쟁에서 패하고(1825년) 브라질의 독립을 인정한다. 이렇게 브라질 제국이 탄생했다.

브라질의 독립은 다른 아메리카 식민지의 독립과 큰 차이가 있다. 식민지 종주국의 왕족이 초대 브라질 황제로서 독립을 선포했다는 사실이다. 어린 나이에 브라질로 망명했던 페드루 왕자(훗날의 페드루 1세)는 계몽사상가들과 입헌군주론자들의 사상에 매료되어 있었다. 그는 아버지 주앙 6세가 리스본으로 귀환한 뒤에도 브라질에 남아 섭정을 하고 있었다. 이때 페드루 왕자가 펼쳤던 일련의 개혁 조치들은 브라질 독립의 자양분이 되어 가고 있었다. 그러던 중 포르투갈의 신분제 의회(코르테스)가 그에게 즉각적인 귀국을 통보한다. 편지의 내용을 확인한 페드루 왕자는 브라질인들에게 유명한 연설을 남긴다.

"동지들이여, 포르투갈 코르테스가 우리를 노예로 삼고 박해하려 한다. 오늘부터 우리와 그들의 유대는 끊어졌다. 나의 피와 나의 명예, 나의 신에 맹세코 나는 브라질의 독립을 가져올 것이다. 브라질인들이여, 오늘부터 우리의 좌우명은 이것이다. 독립이 아니면 죽음을!"

이쯤 되면 페드루 왕자는 포르투갈의 왕자라기보다 브라질 독립의 영웅이다. 이 연설을 한 상파울루의 이피랑가강변은 이후 브라질 독립의 성지가 되었다. 하지만 페드루 왕자를 기다리고 있던 것은 험난

한 현실의 장벽이었다. 부왕인 주앙 6세가 떠나자 양 국민 모두 페드루 왕자의 포르투갈 왕위 계승을 환영하지 않았다. 그 틈을 노려 동생인 미겔 왕자가 절대왕정 추종 세력들과 연합하여 왕위를 찬탈한다. 브라질에서도 페드루 왕자의 입지는 흔들리고 있었다. 결국 그는 영국으로 망명했고, 군대를 모아 포르투갈 원정에 나선다. 마침내 그는 왕위를 되찾았지만, 전쟁 중에 얻은 폐결핵이 악화되면서 1834년 9월 24일 세상을 떠났다.

브라질 제국의 몰락

브라질 제국 초기에는 약 450만 명의 인구가 있었다고 한다. 그런데 그중에서 3분의 1은 노예였다. 그러다 보니 노동은 노예나 하는 것이라는 인식이 팽배해 있었다. 브라질 제국이 산업화 과정에서 낙오자가 될 수밖에 없었던 이유가 여기에 있다. 게다가 노동을 할 수 있는 노예들의 평균 수명이 고작 7년에 불과했다고 하니 브라질 제국의 미래에는 출구가 안 보였다.

18세기부터 브라질은 커피를 재배하여 유럽에 수출하고 있었다. 유럽에서 커피 수요가 늘자 브라질 정부는 더 많은 노예들이 필요했다. 하지만 19세기에 접어들자 노예 무역에 대해 유럽 제국, 그중에서도 노예 무역으로 부를 축적한 영국이 노예 무역을 반대하고 나선다. 그렇다면 왜 영국은 부의 재원이었던 노예 무역을 반대했을까? 노예 제도를 창시한 제국주의 국가에서 인권의 수호국을 자처하고 나선 이유는 무엇일까? 그 이유는 브라질같이 노예를 근간으로 경제 성장을 하는 나라들을 제재하기 위함이었다. 물론 영국도 카리브해의 식민지에서 노예를 통해 커피를 생산하고 있었지만, 브라질의 노예 농장과는 비교가 되지 않았다.

브라질에 대한 영국의 제재는 다양했다. 그러나 브라질이 영국의 제재를 따르지 않자, 영국은 마지막 카드를 꺼내기에 이른다. 1846년에 공해상의 노예 무역 선박을 파괴할 수 있는 법을 통과시킨 것이다. 결국 브라질은 두 손을 들고 노예 무역을 포기한다. 이렇게 브라질은 영국의 제재로 인해 경제 성장에 결정적인 타격을 입고 세계 경제의 주무대에서 퇴장한다.

▶▶ 1808년부터 1960년까지 포르투갈 왕국과 브라질 제국, 브라질 합중국의 수도였던 리우데자네이루. '1월의 강'이라는 뜻이다.

혁신의 수도, 브라질리아

식민지 역사가 시작된 이래 브라질은 대서양 연안의 도시들을 중심으로 발전했다. 식민지 시절 수도였던 리우데자네이루와 브라질의 최대 도시 상파울루 같은 도시들은 모두 해안가에 위치하고 있다. 이런 이유에서 내륙 지방은 개발이 덜 되고, 경제적으로 낙후된 지역으로 남았다.

1956년 브라질 대통령에 당선된 주셀리노 쿠비체크는 국토의 균형적인 발전을 위해 리우데자네이루에서 새로운 수도로 천도한다는 계획을 발표한다. 이후 불과 41개월 만에 새 수도가 완성된다. 새 수도의 이름은 브라질리아Brasília다. 브라질을 영어로 표기하면 'Brazil'인데, 포르투갈어로 표기하면 'Brasil'이다. 브라질리아의 포르투갈 표기는 'Brasília'가 된다.

철저하게 계획된 도시 브라질리아는 허허벌판이었던 브라질의 중부 고원에 건설된, 도시 계획 역사상 유례를 찾아보기 힘든 혁신적인 신도시였다. 현대 건축에 큰 족적을 남긴 르 코르뷔지에가 주창한 도시 계획 원칙이 적용되었다. 그의 건축물은 전 세계 여러 곳에서 볼 수 있지만, 그가 주장했던 도시 계획이 수도 전체에 적용된 경우는 브라질리아와 파키스탄의 찬디가르Chandigarh가 유일하다. 도시에 세워진 세계적인 건축가 오스카르 니에메예르Oscar Niemeyer(1907-2012)의 기념비적 건축물들도 현대 건축의 백미를 보여준다.

새로운 수도의 건설은 브라질의 균형적인 발전을 위한 청사진이었다. 그렇지만 막대한 건설비로 브라질은 1970년대부터 1980년대에 걸쳐 경제 부진의 늪에 빠졌고, 높은 인플레이션으로 심각한 타격을 받

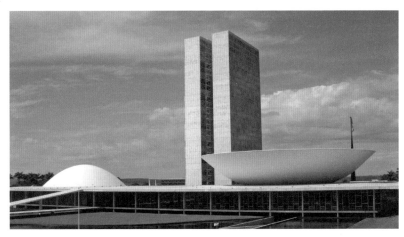

▶▶ 오스카르 니에메예르가 설계한 브라질리아의 의회 건물. 접시를 엎어놓은 듯한 모양의 건물이 상원(왼쪽), 바로 놓은 건물이 하원(오른쪽)이다.

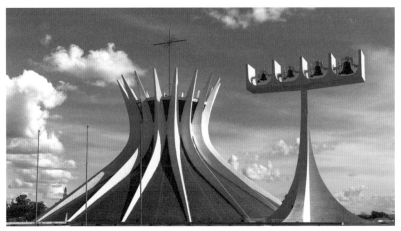

▶▶ 오스카르 니에메예르가 설계한 가톨릭 성당. 두 손을 모은 모양 같기도 하고 왕관 같기도 하다. 지상에 입구가 없고 주위의 지하 통로를 통해 성당 안으로 들어간다.

았다. 게다가 수도 이전의 초기 단계부터 수도 이전을 반대하는 기득권층의 저항도 만만치 않았다. 포르투갈 식민지 시절부터 유럽과의 교역은 대서양 항구를 중심으로 이루어지고 있었기 때문에, 내륙으로

수도를 옮긴다는 계획은 기존 자본가들의 반대에 부딪혔다.[10]

하지만 세계에서 5번째로 넓은 국토를 가진 브라질의 경제는 지나치게 리우에 의존하고 있었다. 브라질의 경제권은 사실상 상파울루에서 리우데자네이루에 이르는 400km 해안에 지나지 않았다. 결국 국토의 균형적인 발전을 주장하는 정부의 수도 이전 계획은 결실을 보게 되었고, 새 수도 브라질리아가 건설되었다.

1987년 브라질리아는 유네스코 세계문화유산에 등재되었다. 선정 이유는 이 도시가 인간의 창의성으로 탄생한 걸작이라는 점과, 인간 역사에서 중요 단계를 예증하는 건물, 기술, 경관을 보여준다는 점이었다. 하지만 1964년 쿠데타로 들어선 독재 정부에 의해서 브라질리아는 내륙 개발의 거점이 아닌 가진 자들을 위한 도시로 변형되었고, 결국 본래의 건설 취지는 퇴색되었다.

실제로 브라질리아는 민중을 위한 도시라는 캐치프레이즈를 내걸었지만, 부동산 투기를 방치하면서 서민이 거주할 수 없는 도시가 되었다. 브라질리아에서 일하는 노동자의 75%는 이웃 위성도시에서 출퇴근을 한다고 한다. 게다가 도시가 자동차 중심으로 설계되었다 보니, 도시 교통망이 큰 오점으로 남았다. 차량과 사람의 동선을 분리한 교통망 설계로, 본래의 의도와는 다르게 교통사고 사망률이 아주 높은 도시가 되었다.

남미의 거인국 브라질의 수도 브라질리아는 아직도 잠자는 거인이다. 거인이 일어나 광폭의 전진을 할 날은 과연 언제 올 것인가?

부에노스아이레스, 남미의 파리

국가 아르헨티나
도시 부에노스아이레스
유형 신중핵 수도

70년대 국내에서 인기를 끌었던 일본 애니메이션 〈엄마 찾아 삼만 리〉는 이탈리아의 아동 작가 에드몬도 데 아미치스Edmondo De Amicis가 1886년에 쓴 《쿠오레Cuore》에 실려 있는 작품을 바탕으로 제작되었다. 줄거리는 이러하다. 이탈리아의 제노바에 살고 있는 소년 마르코의 어머니는 어려운 가정 형편 때문에 아르헨티나의 부에노스아이레스로 일을 하러 떠나는데, 그곳에서 병에 걸리고 만다. 소년 마르코가 엄마를 찾아 아르헨티나로 떠나 여행을 하면서 많은 사람들을 만난다는 이야기다. 이 이야기를 소개하는 이유는, 이탈리아인이 아르헨티나로 일을 하러 간다는 설정 때문이다. 지금은 G7 국가인 이탈리아보다 아르헨티나가 더 잘 살았다는 말인가?

이번에 여행할 도시는 남미에서 브라질 다음으로 광활한 영토를 가진 '은銀의 나라' 아르헨티나의 수도 부에노스아이레스다. 남미를 개척한 스페인인들이 세운 나라인 만큼 수도 역시 신중핵 수도로 분류할 수 있다.

은의 나라

아르헨티나Argentina는 '은의 나라'라는 뜻이다. 라틴어로 '은'을 의미하는 'argentum'에서 나왔다. 화학에서 은의 원소 기호가 Ag임을 상기하자. 아르헨티나가 은의 나라로 불리게 된 기원은 원주민들의 전설에서 찾을 수 있다.

신대륙을 발견한 스페인인들은 북쪽으로는 북미의 캘리포니아까지 북상했고, 남쪽으로는 멕시코를 거점으로 중남미를 지나 페루까지 내려갔다. 은의 나라와 관련된 전설은 페루 탐험을 위해 떠났던 스페인 탐험대로부터 나왔다. 페루로 떠났던 스페인 범선이 도중에 난파하여 브라질의 산타카타리나섬에 상륙했다. 알렉시오 가르시아라는 선원은 원주민으로부터 엄청난 귀금속이 있는 산에 대한 전설을 듣는다. 가르시아는 이 말을 듣고 탐험을 포기하고, 동료들과 함께 원주민들을 대동하여 전설의 산을 찾아 떠난다. 그 산의 이름은 스페인어로 '시에라 데 라 플라타Sierra de la Plata(은의 산)'였다.

마침내 가르시아 일행은 안데스산맥의 알티플라노 고원에 당도해, 산의 주인인 '백색白色 왕'과 조우한다. 그의 왕좌는 온통 은으로 되어 있었다. 가르시아 일행은 은화 몇 닢을 가지고 다시 브라질로 돌아온다. 하지만 귀환 길에 탐험대는 몰살당하고, 몇 명의 원주민들만 살아

돌아온다. 생존자들은 가져온 은화를 고향 사람들에게 보여주며 '은의 산'의 전설이 사실이었다고 말한다.

이런 전설에 따라 16세기 초부터 우루과이강 어귀와 파라나강(브라질 평원에서 아르헨티나로 흐른다)을 은의 강(리오 데 라 플라타Rio de la Plata)이라고 불렀다. 스페인인들은 이 강들이 '시에라 데 라 플라타'로 이어진다고 믿었다. 아르헨티나가 은의 나라로 불리게 된 이유는 여기에 있었다.

금은의 저주

'시에라 데 라 플라타' 전설은 16세기 중반 이후부터 현실이 되었다. 신대륙에서 금이 발견되었다는 소식이 스페인에 전해지자, 많은 젊은 이들이 신대륙으로 금과 은을 찾아 떠났다. 1503년부터 1510년까지 금 4.9톤이 스페인에 들어왔고, 1550년대는 무려 42.6톤이 들어왔다. 하지만 금은 1세기도 안 되어 바닥이 드러나고 말았다. 그 자리를 대신한 것은 은이었다. 지금의 볼리비아에 있는 포토시에서 대량의 은이 발견되었다.

신대륙에서 엄청난 양의 은이 들어오자 스페인에서는 부가 넘쳐났다. 그런데 스페인 왕들이 폭발적으로 들어오는 금은 재화를 너무 믿었기 때문이었을까. 가톨릭의 수장을 자처했던 스페인 왕들은 엄청난 양의 금은을 믿고 어떤 전쟁도 마다하지 않았다. 그런데 전쟁에는 당연히 천문학적인 지출이 필요했다.

특히 80년간 계속된 네덜란드 독립 전쟁은 밑 빠진 독이었다. 지출

▶▶ 15세기에 아메리카 대륙과의 교역은 법에 따라 스페인의 세비야항을 거쳐야 했다. 세비야항을 통해 엄청난 은이 남미에서 유입되었다.

이 수입보다 많다 보니 스페인의 재정 상태는 악화일로에 접어든다. 물가도 다른 유럽 국가들에 비해 많이 뛰었다. 당시 프랑스의 물가 상승률은 2.2배였지만 스페인은 3.4배였다. 결국 스페인은 펠리페 2세 이후 여러 차례 모라토리엄(채무 지급 유예)을 반복했다. 부자 나라도 망할 수 있다는 실례를 보여준 것이다.

신대륙에서 들어온 금과 은은 스페인의 통화량을 폭발적으로 증가시켰다. 급기야 금과 은의 해외 유출을 금지하자, 사람들은 돈을 물 쓰듯이 했다. 당연히 해외에서 사치품들이 물밀듯이 들어왔고, 스페인 국내에서 생산하는 재화는 거의 없었다. 국왕은 금과 은이 영원할 것이라는 착각에 빠져 재정 지출을 늘리거나 거대한 궁전을 지었다. 하지만 금은 1610년 이후에, 은은 1630년을 정점으로 급속히 줄어들기 시작한다. 이미 소비 규모가 커질 대로 커진 스페인은 파산의 길로 접어들었다.

'순풍'의 도시

아르헨티나의 수도 부에노스아이레스Buenos Aires는 스페인어로 '좋다'라는 'buenos'와 '공기'를 뜻하는 'aires'가 합쳐진 지명으로, 순풍順風을 의미한다. 그렇다면 순풍을 누가 불어주는가? 그 주체는 스페인어로 '산타 마리아' 즉, 성모 마리아이다. '순풍을 불어주는 성모 마리아'의 기원은 멀리 이탈리아의 사르데냐섬에 있는 성당까지 거슬러 올라간다. 이 성당의 수호성인 성모 마리아는 이탈리아어로 '순풍의 마리아Nostra Signora di Bonaria'라고 불린다. 이탈리아어 'Bonaria(보나리아)'에서 부에노스아이레스가 나왔다. 여기에서 순풍이란 선원들의 안전을 지켜주는 바람을 의미한다.

아르헨티나와 우루과이 사이를 흐르는 라플라타강을 처음으로 탐험한 유럽인은 스페인 사람 후안 디아즈 데 솔리스Juan Díaz de Solís였다 (1516년). 하지만 그는 원주민들의 공격으로 사망한다. 이후 1536년 2월 2일, 페드로 데 멘도사Pedro de Mendoza가 라플라타강 어귀에 최초의 식민지를 건설하고, 그곳을 '순풍의 성모 마리아'라고 명명했다. 부에노스아이레스는 이렇게 태어났다. 1566년 이 도시는 페루 부왕령(수도는 리마)에 속한 라플라타 부왕령의 수도로 승격되었다. 스페인이 한때 원주민들에 의해 폐허가 된 이 도시를 재건한 이유는, 대서양에 항구가 필요했고, 남쪽 지방으로 식민지를 확장하려는 의도가 있었기 때문이다.

하지만 부에노스아이레스는 스페인 제국의 주요 무역 중심지에서 멀리 떨어진 남미 최남단의 도시였다. 그런 이유에서 수 세기 동안 모든 종류의 생필품이 부족했다. 그 결과 부에노스아이레스에 거주하는

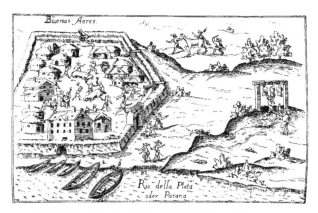

▶▶ 1536년 무렵의 부에노스아이레스(라플라타강이 보인다).

스페인인들은 유럽의 라이프 스타일을 유지할 수 없었다. 스페인은 태평양 연안의 항구를 선호했기에, 부에노스아이레스에는 1년에 두 척의 배만 들어오거나, 어떤 해에는 아예 배가 들어오지 않기도 했다. 이로 인해 1610년 500여 명에 불과했던 식민지 주민들은 주로 브라질에서 밀수를 하며 생활해야 했고, 생활 자금은 주변 초원에서 야생으로 서식하던 소 떼를 도살하여 얻은 가죽 판매로 조달했다. '순풍의 도시'에서의 삶은 말처럼 순조롭지 않았던 셈이다.

끊임없는 이민족의 침입

스페인의 부왕령이었던 아르헨티나는 유럽 제국諸國이 탐내는 땅이었다. 게다가 16세기 중반까지 세계를 호령했던 스페인 제국帝國도 이제 과거의 제국이 아니었다. 권력의 공백기를 노려 아르헨티나를 탐했던 나라는 영국이었다.

이미 엘리자베스 1세(재위 1558-1603) 때부터 해적들을 동원하여 스페인의 무적함대를 격파한 전력이 있던 영국은, 남미의 '은의 나라' 또한 호시탐탐 노리고 있었다. 1582년 영국 해적들이 우루과이와 아르헨티나 사이에 있는 작은 섬 마르틴 가르시아Martín García에 상륙을 시도했지만 실패로 돌아갔고, 1587년에는 영국인 토마스 캐번디시Thomas Cavendish가 부에노스아이레스를 점거하려고 했지만, 이 작전 역시 성공하지 못했다. 영국의 상륙이 실패로 돌아가자, 프랑스의 기사 퐁트네Fontenay가 도시를 공격했는데, 이번에도 부에노스아이레스의 총독이 공격을 격퇴했다. 네 번째 시도 역시 프랑스인이었지만 결과는 마찬가지였다. 다섯 번째 공격의 주인공 덴마크 해적들 또한 도시를 손에 넣지 못했다.

이후 본격적으로 대규모 군대를 동원한 침공이 1806년에 재개되었다. 나폴레옹 전쟁이 여기에 빌미를 제공했다. 이 무렵 프랑스는 스페인과 동맹을 맺고 있었고, 두 왕국의 공적은 영국이었다. 영국은 북미

▶▶ 1806년 리니에 백작에게 항복하는 영국의 베리스퍼드 장군(오른쪽).

대륙에 진출한 이래, 남미 대륙의 부에 야욕을 드러내고 있었다.

마침내 1806년 1월 27일 영국의 윌리엄 카 베리스퍼드William Carr Beresford 장군이 별다른 저항을 하지 않은 스페인군을 제압하고 부에노스아이레스를 점령할 수 있었다. 그러나 영국이 세운 괴뢰 정부는 1년도 못 가서 무너지고 만다. 프랑스 출신의 리니에Liniers 백작이 이끄는 스페인 군대가 우루과이를 통해 들어와서 영국군을 괴멸시킨 것이다. 이후 영국군은 일정 기간 도시를 탈환하지만, 리니에 장군이 이끄는 스페인 군대에 밀려 패퇴한다.

남미의 파리를 건설하다

부에노스아이레스에 정착한 유럽인들은 스페인, 이탈리아, 프랑스 출신이었다. 그들을 스페인어로 포르테뇨Porteño라고 하는데, 이 말의 본래 뜻은 '항구의 주민'이다. 유럽 이주자들과 원주민들 혹은 혼혈인들을 구분할 때 사용하는 말이다. 새로운 땅의 주인이 된 그들은 부에노스아이레스를 고풍스러운 유럽의 도시로 꾸몄다. 그들의 롤모델은 프랑스의 수도 파리였다.

19세기 초에 포르테뇨들은 자신들의 나라에 큰 자긍심을 가지고 있었다. 부에노스아이레스를 파리로 만들고 싶어 했던 그들은 프랑스 건축가들과 엔지니어들을 초빙하여 도시의 외관을 바꾸어 나가기 시작한다. 이때부터 시작된 건축 붐은 19세기 말에 절정에 달했다. 당시 아르헨티나는 400개의 가문이 나라 전체의 부를 소유하고 있었는데, 그들은 파리의 몽소 공원에 영감을 받았으며, 오스만 백작이 설계한

▶▶ 부에노스아이레스의 건물(위)과 파리의 건물(아래). 오스만 건축 양식으로 지은 건물들이다.

파리시 전체를 부에노스아이레스에 옮기려 했다.

　그렇게 본격적인 파리 닮기 프로젝트가 시작되었다. 그러나 아르헨티나는 농업국이었기 때문에 도시 건설에 필요한 건축 자재들이 부족했다. 사람들은 파리에서 건축의 주요 자재들을 선박을 통해 가져왔다. 창문, 석재, 철재 골조로 된 발코니, 지붕 등 건축 자재들을 하나씩 조립하여 건물을 완공했다. 파리 건물이 통째로 부에노스아이레스로 옮겨진 것이다. 심지어 파리의 공동묘지인 페르 라셰즈Père Lachaise도 그대로 옮겨져 부유층의 영묘로 만들어졌다. 파리를 옮겨온 사람들은 이 영묘가 부에노스아이레스의 심장이라고 생각했다. 하지만 유럽의 파리를 모방한 부에노스아이레스는 너무 일찍 샴페인을 터뜨렸다. 잘 나가던 아르헨티나 경제가 쇠락의 길로 접어든 것이다.

아르헨티나의 황금기와 위기

스페인의 부왕령이었던 아르헨티나의 독립운동은, 1808년 나폴레옹이 스페인을 침공한 뒤에 친형 조제프를 스페인 국왕으로 임명하자, 노도처럼 그 불길이 타올랐다. 그리고 마침내 1816년 아르헨티나는 스페인에 공식적으로 독립을 선포한다. 하지만 아르헨티나에게는 스페인 못지않게 넘어야 할 산이 있었으니, 바로 이웃 나라 브라질이었다. 주변 정세는 이러했다. 브라질의 속주인 시스플라티나(현재의 우루과이)가 독립할 움직임을 보이자, 이제 막 독립한 아르헨티나는 시스플라티나의 편을 들고 나섰다. 결국 브라질과 아르헨티나는 전쟁에 돌입했지만, 두 나라는 1828년 정전 협정에 서명을 했고, 시스플라티나는 독립을 얻었다. 이후 아르헨티나는 1880년부터 1929년 사이에 눈부신 경제 성장을 이루어 당시 세계 10대 부유국의 자리에 오른다. 앞에서 소개했던 마르코의 어머니가 부유한 아르헨티나로 일을 찾아 떠나던 때가 이 무렵이다.

혹자는 아르헨티나의 몰락이 페론 전 대통령 집권 시기에 남발한 포퓰리즘 때문이라고 지적한다. 하지만 포퓰리즘은 경제 몰락의 원인 중 하나일 수는 있어도, 그것으로 전체를 설명할 수는 없다. 경제학자이자 역사학자인 마리오 라포르트 교수는 아르헨티나 몰락의 배경을 다음과 같이 설명한다.

"1800년대 말에서 1930년대까지 세계의 곡창으로 불렸던 아르헨티나는 인구는 적었으나 연간 3억의 인구를 먹일 만큼의 식량을 생산했다. 그리고 전국에서 생산되는 질 좋은 쇠고기는 유럽 시장을 독점했다. 물론 당시 세계를 주름잡았던 영국의 경제에 종속된 상태였지만 아르헨티나는 그야말로 태평성대를 누렸다……."

라포르트 교수는 아르헨티나로부터 곡물과 육류를 수입해 가던 미국이 유럽 시장에서 주도권을 잡자, 1926년부터 미국과 아르헨티나는 경쟁 국가로서 대립각을 세우게 되었다고 말한다. 이때부터 아르헨티나는 미국에 밀리게 되었다. 당시 돈이 넘쳐나던 아르헨티나의 지주들은 유럽의 상류층과의 교류만을 고집하며 과소비에 빠졌고, 생산보다는 소비에 모든 재산을 쏟아부었다. 마치 수백 년 전 스페인인들이 넘쳐나는 금과 은에 빠져 몰락의 길에 접어들었던 모습을 보는 것 같다.

그사이 미국과 유럽의 자본이 들어와 아르헨티나의 각종 기간산업에 투자가 이루어졌다. 아르헨티나의 국부는 이렇게 해외투자가들의 손에 넘어갔다. 문제는 해외 자본이 순간적으로 빠져나가면 나라의 경제는 회생할 수 없는 위기에 빠진다는 사실이다. 한국의 IMF 경제위기 사태도 이런 상황에서 터진 일이었다. 이후 아르헨티나의 경제위기는 계속 반복되었고, 지금도 소생할 기미가 보이지 않는다.

캔버라,
호주의
행정 수도

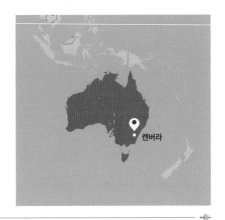

국가 호주
도시 캔버라
유형 신중핵 수도

    남반구에 위치한 호주는 섬이 아니라 대륙이다. 호주의 면적은 약 769km²로, 한반도 면적의 무려 35배에 이른다. 세계에서 면적이 6번째로 넓은 나라다. 미국과 비교하면 알래스카와 하와이를 제외한 48개 주의 면적과 거의 비슷하니까 호주가 얼마나 큰 나라인지 알 수 있다. 그런데 현재 미국의 인구가 3억 명인 데 반하여 호주의 인구는 한국의 절반 수준인 2,600만 명에 불과하다.

    그 이유는 호주의 자연환경과 관련이 있다. 호주 전 국토 면적의 0.22%에 전체 인구의 90%가 살고 있다. 그중에서도 시드니, 멜버른, 브리즈번, 퍼스, 애들레이드 같은 5대 도시에 호주 인구 3명 중 2명이 산다. 그런데 이 도시들은 모두 대륙 동남쪽의 해안가에 위치해 있다. 도시가 해안에 몰려 있는 것은 내륙으로 들어가면 인간이 살 수 없는 사막 지대가 끝없이 펼쳐져 있기 때문이다.

호주인들은 이렇게 버려진 건조한 사막 지대(전 국토의 70%)를 아웃백Outback이라고 부른다. 이 명칭은 해변을 바라보고 오지를 등지고 산다는 뜻이다. 이런 이유에서 100년 전에 시드니대학교에 지리학과를 창설한 그리피스 테일러Griffith Taylor 교수는 호주의 지형적 특성 때문에 2000년에도 인구가 2,000만 명을 넘지 못할 것이라고 예측했다. 물론 당시에는 주변으로부터 엄청난 비난을 받았지만, 실제로 지난 2000년의 호주 인구는 1,900만 명이었다. 테일러 교수의 예측이 정확히 들어맞은 것이다.

호주의 수도는 위에서 열거한 5대 도시에 포함되지 않는다. 1위의 시드니와 2위의 멜버른이 수도 유치를 놓고 치열하게 경쟁했지만, 호주인들은 어느 도시에도 수도의 자격을 부여하지 않았다. 호주의 수도 캔버라는 이런 상황에서 탄생한 전형적인 행정수도다.

검은 백조

캔버라시의 문장에는 검은 백조와 흰색 백조가 있다. 유럽인들에게 백조는 당연히 흰색이라는 고정관념이 있었다. 로마의 풍자 시인 유베날리우스는 '검은 백조처럼 희귀한 새'라는 의미에서 'rara avis in terris nigroque simillima cygno'라는 표현을 사용했는데, 검은 백조는 존재하지도 않는 새, 즉 '귀한 것(존재)'이라는 의미로 지금도 영어권에서 사용된다. 그런데 1697년 네덜란드의 탐험가 브라민William de Vramin이 호주에서 검은 백조를 발견하고 유럽에 알린다.

이후 유럽인들은 검은 백조란 말을 '고정 관념과 전혀 다른 상상'이라는 뜻으로 사용했다. 2007년 미국의 경제학자 나심 니콜라스 탈레브는《블랙 스완》에서 그 의미를 대중화시켰다. 그는 2001년 9·11 테러, 2008년 서브프라임 모기지 사태로 빚어진 금융위기

▶▶ 캔버라시의 문장.

를 빗대어, 일어날 가능성은 극히 낮으나, 일단 일어나면 엄청난 파급 효과를 불러오는 현상을 블랙 스완에 비유했다. 호주라는 신대륙에서 발견된 검은 백조는 이렇게 대륙을 넘어 큰 충격을 안겨주었다.

'호주'라는 지명은 어디서 왔을까?

호주의 정식 이름은 호주 연방Commonwealth of Australia이다. Commonwealth를 사전에서 찾아보면 크게 두 가지 의미가 확인된다. 먼저 영연방(영국과 그 식민지들의 연합체)의 의미가 나오고, 두 번째는 미국의 켄터키주와 매사추세츠 같은 주의 명칭에 사용된다고 나온다. 영어에서 commonwealth라는 명칭은 올리버 크롬웰이 청교도 혁명을 승리로 이끌고 왕정을 폐지한 다음에 사용되었다. 로마의 공화정을 의미하는 'res publica(공공의 것들)'를 그대로 영어로 옮긴 것이다. 그러므로 미국의 일부 주에 남아 있는 commonwealth는 국가의 권력을 강조한 state보다 민중의 권위를 강조한 개념이라고 볼 수 있다. 이후 이 용어는

과거 영국의 식민지로 있다가 독립한 영연방을 가리키는 말이 되었다. 다른 설에 의하면, 호주의 정식 명칭을 '호주 합중국'으로 정하려고 했으나, 그럴 경우 'United States of Australia'가 된다. 그러므로 미국USA과 혼동을 피하기 위해 commonwealth로 정했다고 한다.

호주의 영어명 오스트레일리아Australia는 라틴어로 남쪽의 땅을 의미하는 '테라 아우스트랄리스Terra australis'에서 나왔다. 'terra'는 대지를 뜻하고, 형용사 'australis'는 남쪽을 의미한다. 본래 16세기부터 유럽인들은 남반구에 미지의 대륙이 있을 것이라고 막연히 추측을 했는데, 실제로 호주가 발견되자, 대륙의 명칭을 '남반구에 있는 미지의 대륙'이라고 이름을 붙였다.

그렇다면 호주濠州는 무슨 뜻일까? 여름에 내리는 큰비를 뜻하는 호우豪雨와 관련이 있을까? 하지만 호주에서 호濠는 성벽의 해자에 고인 물을 의미하므로, 호주는 큰 대륙이라는 뜻이 아니다. 호주의 한자 표기는 이렇게 만들어졌다. 호주를 한자로 옮기면 호사태랄리아주濠斯太剌利亞洲가 된다. 땅을 의미하는 주洲를 빼면 오스트레일리아를 한자 음으로 옮긴 것이다. 본래 중국에서는 오스트레일리아를 오대리澳大利라고 적고 '아오대리야'라고 읽었다. 그런데 이 지명을 일본인들은 호사태랄리아濠斯太剌利亞로 옮겨 적었고, 줄여서 호주濠州로 적고, 읽기는 '고유슈'라고 읽는다. 정리하면 한국어의 호주는 일본어를 통해 들어온 한자 지명이다. 그렇다면 오스트레일리아의 첫음절 '오'의 음가는 살려두었어야 하지 않을까? 호주濠州를 오주澳洲로 옮기면 낫지 않을까?

현재 호주 정부는 한자 표기인 호주를 공식명으로 인정한다. 서울의 대사관에도 호주 대사관이라고 적혀 있다. 오스트레일리아로 표기하면 유럽의 오스트리아와 혼동할 수 있기 때문이다.

역사에 등장한 호주

호주 대륙은 유럽인들이 처음으로 발견하여 외부 세계에 알려졌지만, 서양인들이 호주에 살기 시작한 기간은 원주민들이 살았던 시기에 비하면 극히 짧은 시간이다. 실제로 호주에는 최소 4만 년 전부터 인간이 살고 있었다. 하지만 역사는 승자의 기록이다. 수많은 원주민들이 영국인들에게 학살되었다. 미국과 호주의 식민지 개척사는 시차가 있을 뿐, 그 과정이 거의 동일하다. 다만 미국은 독실한 청교도들이 식민지에 첫발을 디뎠지만, 호주는 잘 알려진 것처럼, 영국의 죄수들이 이주한 대륙이다.

호주를 처음으로 발견한 유럽인은 네덜란드인들이었다. 동인도회사에 속한 네덜란드 탐험가들이 호주를 처음으로 발견하고 뉴홀란드라는 이름을 붙였다. 하지만 호주를 본격적으로 유럽에 알린 사람은 영국의 탐험가 제임스 쿡이었다. 초기에 네덜란드인들은 호주의 북쪽 해안을 따라 남서쪽으로 내려왔는데, 북쪽은 지금도 인간이 정착하기에 척박한 땅이었다. 네덜란드인들은 호주에서 사람들이 살기 어려운 곳을 탐험하고 돌아간 것이다. 이후 1770년 제임스 쿡이 동쪽 해안을 탐험하고, 그 땅이 인간이 살 수 있는 곳이라고 기록에 남겼다. 당시 쿡과 그의 일행은 원주민들과 처음으로 조우했는데, 분위기는 우호적이었다고 한다. 북미 대륙의 인디언과 영국인들의 만남을 떠오르게 한다. 하지만 쿡은 1770년 8월 22일 지금의 퀸즐랜드에 상륙하여 그 땅이 영국의 소유라고 선언한다. 호주에 대한 영국의 영유권은 이렇게 선포되었다. 엄연히 주인이 있는 땅에 들어온 자가 그 땅을 자기 땅이라고 우긴 셈이다.

▶▶ 1770년 4월 29일 보터니만에 상륙한 쿡 선장.

호주에 최초로 정착한 영국인들은 형이 확정된 기결수들이었다. 1776년 미국이 독립 선언을 하자, 영국은 넘쳐나는 죄수들을 유배 보낼 곳이 턱없이 부족하게 되었는데, 이때 대안으로 떠오른 곳이 지금의 시드니인 뉴사우스웨일스 지방이었다.

1788년 1월 26일, 아서 필립 총독이 이끄는 11척의 배가 영국에서 출발해 보터니만(지금의 시드니 남쪽)에 상륙했다. 8개월간의 항해 동안 무사히 살아남은 1,373명의 영국인들 중 751명이 죄수들이었다. 흉악범 같은 중죄인들은 아니었고, 경범죄를 저지른 죄수들이 대부분이고, 나머지는 정부 관리, 기술자, 군인과 그들의 가족들이었다고 한다. 물론 이후에도 영국 정부는 80년 동안 16만 명의 죄수를 호주로 보냈다.

1850년에는 호주에서 금광이 발견되자 많은 이주민이 호주로 흘러들어왔다. 1849년 캘리포니아에서 금광이 발견되어 골드러시가 북미 대륙을 휩쓸고 지나간 것처럼, 호주에도 골드러시 광풍이 불었다. 실제로 1850년에 호주의 인구는 40만 명 정도였는데, 10년 뒤에는 무려

115만 명으로 증가했다.

역사는 반복된다. 북미에서 식민지 개척자들에게 과도한 세금을 부과하여 미국 독립 전쟁을 촉발시켰던 영국이, 이번에는 금광으로 호황을 누리고 있던 호주에서 똑같은 과오를 되풀이한다. 금을 캐는 광부들에게 과도한 세금을 물린 것이다. 결국 광부들은 과도한 징세의 폐지를 비롯하여 선거권과 피선거권을 요구하며 폭동을 일으켰다. 무슨 수를 써서라도 미국의 전철을 밟아서는 안 된다고 판단한 영국은 군대를 동원하여 무력으로 폭동을 진압했다. 그러나 결국에 영국은 미국의 선례를 생각하여 호주의 자치령을 허용했다. 이후 호주는 생각보다 빠르게 자치권을 얻었고, 1901년 1월 1일 영연방의 일원이 되어 독립 국가로 출범한다.

제3의 도시 캔버라

호주의 역사를 미국의 역사와 비교하면 유사한 점도 있고, 그렇지 않은 면도 있다. 초기 식민지의 구성원들이 달랐다는 사실은 두 나라 역사의 차이점이다. 하지만 수도의 유치를 위해 유력한 도시들이 경쟁을 했다는 사실은 두 나라의 공통점이다. 다만 미국은 여러 도시가 수도 유치를 원했고 그 과정도 복잡했지만, 호주는 시드니와 멜버른 간 맞대결이었다.

호주 하면 시드니의 아름다운 오페라 하우스가 떠오른다. 시드니는 인구가 520만 명으로 호주뿐만 아니라 오세아니아에서 가장 큰 도시다. 지난 2000년에는 올림픽을 유치하기도 했다. 시드니는 호주의 식민지 개척사에서 중심에 있던 도시였는데, 1851년 빅토리아주에서 금이 발견되자, 멜버른이 시드니를 제치고 호주의 제1도시로 부상하기도 했다(2021년 멜버른의 인구는 500만 명). 시간이 흘러 시드니는 다시 호주 제1의 도시 자리를 찾았지만, 두 도시의 경쟁은 호주 연방이 설립된 1901년 1월 1일 이후에도 상당 기간 계속되었다. 경쟁이 치열하다 보니 둘 중 어느 도시도 수도를 양보하지 않았고, 결국 제3의 도시에 수도를 정하기로 합의한다. 그 조건은 호주 헌법에 명시되어 있다(연방 헌법 7조 125항).

(……) 호주 연방의 수도는 뉴사우스웨일스주에 위치해야 하며, 시드니로부터 100마일(160km) 이상 떨어져 있어야 한다. 그리고 수도가 완공되기 이전까지 임시 수도는 멜버른으로 한다.

호주 연방 헌법이 공포된 후 멜버른은 27년간 임시 수도의 역할을 했고, 두 도시는 사이좋게 수도 유치를 포기한다. 이렇게 해서 호주의 수도 캔버라가 태어났다.

캔버라는 헌법에 명시된 대로 시드니에서 남서쪽으로 280km, 멜버른에서는 북동쪽으로 660km 떨어진 내륙에 자리를 잡고 있다. 호주에서 8번째로 큰 도시이긴 하지만, 500만이 넘는 시드니와 멜버른과는 비교가 되지 않는다(캔버라의 인구는 42만 명). 캔버라는 원주민들의 언어로 '만남의 장소', '여자의 가슴' 또는 '여자 가슴 사이의 움푹 팬 곳'이라는 뜻이다. 후자의 어원 설명은 캔버라의 지형에서 나온 듯하다.

원주민 학살과 도둑맞은 세대

호주의 역사와 수도 이야기는 원주민들의 이야기로 마무리하자. 영국인들은 호주에 식민지를 건설하면서 많은 원주민들을 학살했다. 그들은 원주민들을 인간보다 열등한 유인원 정도로 취급하고 그들의 고향에서 내쫓았다. 하지만 많은 원주민들이 호주에서 사라진 진짜 이유는 19세기 후반 유럽인들이 가져온 천연두 같은 전염병 때문이었다. 1788년부터 1900년까지 원주민들의 90%가 사라졌다고 한다. 마치 스페인인들이 가져온 천연두가 잉카 문명을 멸망시켰던 것과 판박이다. 수천 년 동안 각종 질병에 면역이 생긴 유럽인들에 비해, 수만 년 동안 고립되어 살고 있던 원주민들은 낯선 질병 앞에 속수무책이었다.

1970년대 초, 호주 정부는 백인만을 위한 백호주의 정책을 포기하고 다양한 민족에게 이민의 문을 열었다. 그리고 자신들이 저지른 원주민 학살에 대해 공식적으로 사과한다. 2008년 호주의 러드 전 총리가 직접 낭독한 공식 사과 결의문으로 이 장을 마치려 한다. 이 결의문은 원주민, 특히 '도둑맞은 세대Stolen Generation'에 대한 사과를 담고 있다. 도둑맞은 세대란 1970년대까지 갓 태어난 원주민 아이들을 강제로 백인 가정에 입양시킨 정책의 희생자들을 말한다. 이들 중의 상당수는 강제 분리에 대한 후유증으로 알코올 중독이나 우울증을 앓고 있다.

오늘 우리는 이 땅의 원주민들에게, 인류 역사상 가장 오래된 현존하는 문화에 경의를 표합니다. 우리는 과거 그들이 받은 잘못된 처우를 반성합니다. 우리는 특히 우리나라 역사에 오욕의 장을 이루고 있는 도둑맞은 세대들]에 대한 잘못된 처우를 반성합니다.

▶▶ 1838년 워털루 크릭 학살 당시 뉴사우스웨일스 기마 경찰이 원주민 전사를 살해하는 모습.

이제 국가가 과거의 잘못을 바로잡고, 그리하여 미래에의 확신을 갖고 앞으로 나감으로써 호주 역사에 새 페이지를 넘길 때가 되었습니다. 우리는 우리의 이 동료 호주인들에게 깊은 슬픔과 고난 및 상실을 안겨준 역대 의회와 정부들의 법규와 정책들에 대해 사과합니다.

우리는 특히 애보리진Aborigine* 및 토레스해협 섬의 원주민 자녀들을 그 가족과 공동체와 고향으로부터 격리한 것을 사과합니다. 이들 도둑맞은 세대들과 그 자손들이 겪은 고통과 고난 그리고 상처에 대해, 뒤에 남겨진 그 가족들에 대해 우리는 미안하다고 말씀드립니다. (……) 또 그리하여 긍지 있는 사람들과 자랑스러운 문화에 끼친 모욕과 품위 훼손에 대하여 미안하다고 말씀드립니다. (……)

모든 호주인이, 혈통이 무엇이건, 이 위대한 나라 호주의 역사에 다음 장을 펼쳐감에 있어 동등한 기회와 동등한 몫을 갖는, 참으로 동등한 동반자가 되는 미래를 향하여.[11]

* 호주의 원주민.

케이프타운,
3개의 수도

국가 남아프리카공화국
도시 케이프타운
유형 다중핵 수도

케이프타운

아프리카 대륙의 최남단에 위치한 남아프리카공화국은 다양한 인종과 언어가 공존하는 다민족 국가다. 남아공으로 불리는 이 지방은 대항해의 시대가 열리면서 유럽에 알려졌는데, 19세기에는 대영 제국이 네덜란드를 누르고 이 지방의 패권을 차지했으며, 현대사에서는 인종차별 정책으로 인해 국제적으로 고립되었던 슬픈 역사를 지니고 있다.

수도 이야기에서 남아공을 빼놓을 수 없는 이유는 이 나라의 수도가 3개이기 때문이다. 남아공은 입법, 행정, 사법의 수도가 각각 존재하는 다중핵 수도인 나라로 분류할 수 있다. 남아공에 3개의 수도가 세워진 이유가 도대체 무엇일까? 아프리카의 최대 부국 남아공의 수도로 역사 여행을 떠나보자.

포르투갈, 대항해의 시대를 열다

대항해 시대의 막을 올린 국가는 서유럽의 포르투갈이다. 지금은 포르투갈이 서유럽의 소국小國이지만, 15세기에는 대양을 호령하던 유럽의 강국이었다. 그렇다면 포르투갈은 어느 날 갑자기 범선을 타고 대양으로 나아가 해양 강국이 되었을까? 모든 일에는 원인이 있는 법이다. 포르투갈이 대항해의 중심에 서기까지는 그만큼의 노력이 있었다.

1139년에 포르투갈의 제1왕조를 개창한 아폰수 1세가 해군을 창설한 이래 왕국은 해군력 강화에 힘을 쏟는다. 이후 '항해 왕자' 엔리케(1394-1460)의 지원으로 바람을 거슬러 항해할 수 있는 캐러벨caravel선이 개발되어 대항해의 시대를 활짝 열었다. 여기에 당시 이슬람 세력과 전쟁을 벌이던 이베리아반도의 정세도 포르투갈이 바다로 나오는데 결정적인 영향을 주었다. 1415년 엔리케 왕자는 이슬람 군대와 전쟁을 벌이는 중에, 지금의 모로코 해안에 위치한 요충지 세우타를 정복한다.

이때부터 엔리케 왕자는 선택의 기로에 선다. 내륙으로 더 진격할 것인가, 아니면 해안을 따라 내려간 다음에, 후방을 칠 것인가를 놓고 고민한다. 결국 왕자는 후자를 선택해 아프리카 해안을 따라 내려갔다. 반세기가 지난 1460년에 포르투갈 선단은 지금의 나이지리아와 카메룬이 있는 기니만에 도착하였고, 1473년에는 적도 부근에 이른다. 그리고 마침내 포르투갈의 항해가 바르톨로메우 디아스Bartolomeu Dias가 1488년 아프리카 최남단 근처의 봉우리를 발견한다. 그는 해안가의 이 봉우리를 '폭풍의 곶'이라고 명명했지만, 주앙 2세는 '희망을 주는 봉우리'라는 뜻으로 '희망봉Cape of Good Hope'이라고 명명했다. 인도로 가는 희망을 주는 봉우리라는 뜻이었다. 포르투갈이 대항해에 나선 지 70여 년 만에 아시아로 가는 길이 열렸다.

이후 포르투갈은 인도를 비롯한 인도양의 여러 항구에 상관을 두고 동양과의 무역을 독점하며 전성기를 맞이한다. 그런데 이 부분에서 한 가지 의문점이 있다. 비록 포르투갈이 유럽 국가 중에서 제일 먼저 아시아 루트를 개척했다고 하더라도, 포르투갈보다 더 강력했던 스페인은 왜 서인도 제도에 콜럼버스를 보내 정반대의 항로에 집착했을까? 그 이유는 두 나라의 경쟁을 사전에 정리하기 위한 교황청의 중재가 있었기 때문이었다.

1494년 교황청은 스페인의 토르데시야스에 두 나라의 대표를 불러 조약을 체결하게 한다. 역사에서는 이 조약을 토르데시야스 조약이라고 부른다. 이 조약에 따라 남미의 브라질 동부에서 아프리카를 지나 아시아를 포함한 지역에서 포르투갈의 기득권을 인정해주었고, 나머지 지역에서는 스페인의 기득권을 인정했다. 현재 브라질에서 포르투

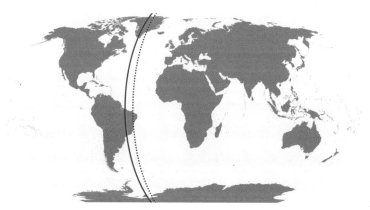

▶▶ 토르데시야스 조약에 따라 스페인과 포르투갈은 세계를 양분했다. 북미와 남미의 브라질을 제외한 대륙은 스페인이 우선권을 가지고 있었다.

갈어를 사용하는 이유가 여기에 있고, 스페인이 아시아 항로에 뛰어들지 않은 이유도 여기에 있다.

희망봉을 돌아 인도에 간 바스쿠 다 가마

희망봉을 발견한 포르투갈은 인도로 가는 해상 루트를 개척한다. 해상 루트를 통해 인도에 첫발을 디딘 인물은 바스쿠 다 가마였다. 사실 서유럽의 포르투갈과 스페인이 가까운 육로를 포기하고 해상 루트를 개척할 수밖에 없었던 이유는 1453년 콘스탄티노플이 오스만 제국의 수중에 들어가는 바람에, 인도로 가는 육로가 막혔기 때문이었다.

1497년 7월 8일 바스쿠 다 가마가 이끄는 4척의 범선이 포르투갈의 수도 리스본을 떠났다. 같은 해 11월 22일 바스쿠 다 가마는 희망봉을 돌아 인도양으로 나갔고, 마침내 인도의 서남쪽에 있는 항구 도시 캘리컷에 도달했다. 리스본을 떠난 지 309일째 되는 1498년 5월 20일이었다. 인도로 가는 해상 루트가 마침내 유럽에 알려진 것이다.

캘리컷에 도착한 바스쿠 다 가마 일행은 커다란 힌두교 신전과 이슬람 사원이 솟아 있는 도시를 올려다보았다. 바스쿠 다 가마가 하선하여 처음으로 만난 사람은 튀니지인이었다. 그들이 "왜 왔소?"라고 묻자 다 가마는 기독교인들과 향신료를 찾으러 왔다고 답했다.[12] 첫 번째 이유는 탐험의 명분이었고, 두 번째가 진짜 이유였을 것이다.

바스쿠 다 가마는 바다의 제왕으로 불리는 힌두인 국왕 사무티리 Samoothiri의 환심을 사기 위해 선물 보따리를 풀었다. 줄무늬 옷감 12필, 진홍색 두건 4개, 모자 6개, 산호 세공품 4줄, 대야 6개, 설탕 통 1

개, 꿀 2통, 기름 1통을 꺼냈다. 그러자 이
광경을 본 사무티리의 신하들이 웃음을
터뜨렸다. 포르투갈 왕의 선물이 메카에
서 온 하찮은 상인의 물건보다 못했기 때
문이었다. 결국 다 가마는 왕을 알현할 수
도 없었다.

   다 가마의 물건을 보고 조롱한 사람들은
힌두교인들뿐만이 아니었다. 캘리컷의 무
슬림 상인은 포르투갈인들의 물건을 보고

▶▶ 포르투갈의 바스쿠 다 가마.

침을 뱉었고, 혀를 찼다. 게다가 이곳에서 교역을 하기 위해서는 관세
를 지불해야 했다. 다 가마는 이 제안을 거부하고는 힌두인 무역업자
6명을 납치하고 대포를 쏘며 항구에서 빠져나왔다.[13]

   15세기 말, 유럽과 인도의 차이는 이렇게 극명하게 대비되었다. 당
시 유럽의 수준은 인도에 비해 한참 뒤처져 있었다.

영국과 네덜란드의 대결, 보어 전쟁

   희망봉의 발견으로 열린 항로는 유럽인들에게는 축복을 안겨주었지
만, 원주민들에게는 불행의 전조였다. 아시아와 유럽의 기착지 역할을
하며 보급품을 공급하던 이 지역이 유럽 열강의 식민지 각축장으로
변한 것이다. 실제로 19세기 말까지 남아공에서는 유럽 열강끼리 패
권을 다투는 전쟁이 끊이지 않았다.

   17세기에 접어들자 인도양에 많은 상관을 세워 무역을 독점하던 포

르투갈의 국운도 기울어가고 있었다. 포르투갈 상관의 빈 공간은 영국과 네덜란드 상인들이 메웠다. 두 나라는 훗날 신대륙에서도 북미의 패권을 놓고 네 번 격돌하는데, 두 번은 1승 1패, 1674년에 벌어진 세 번째 전쟁은 영국의 승리로 끝난다. 이 전쟁으로 뉴욕을 잃은 네덜란드는 남아공에서만큼은 뉴욕의 전철을 밟지 않으려고 필사적으로 저항한다.

1652년 희망봉 항로를 발견한 지 150년이 지났을 무렵, 네덜란드인 얀 반 리베크가 네덜란드 동인도회사의 도움을 받아 희망봉 근처에 정착지를 건설했다. 이곳은 훗날 케이프타운의 모태가 되었다. 이후 이 정착지는 노예 매매를 비롯한 인도양 무역의 중심지가 되었고, 여기에 정착한 네덜란드인들과 원주민들 사이에서 태어난 혼혈인들은 자신들만의 정체성을 가지게 된다.

이 무렵 이 지방에서는 네덜란드계 농부들을 보어인이라고 불렀다. 그들은 스스로를 방어하기 위한 자경대를 조직했는데, 원주민이었던 코사족과 사사건건 충돌했다. 하지만 보어인들의 적은 원주민인 코사족이 아니었다. 식민지를 개척할 때마다 충돌했던 영원한 숙적 영국이었다. 1795년과 1803년에 영국은 두 차례에 걸쳐 케이프타운을 침공하였고, 유럽에서는 한때 네덜란드 공화국으로 인정받았던 바타비아 공화국을 무너뜨렸다. 프랑스 혁명 중에 영국이 네덜란드의 영토를 빼앗은 것이다. 이 갈등은 훗날 보어 전쟁(1881-1884, 1899-1902)으로 비화하여 두 나라는 남아공을 두고 필사적으로 전쟁을 벌인다.

사실 보어 전쟁은 영국의 탐욕에서 시작된 전쟁이었다. 보어인들이 정착한 땅에서 금광과 다이아몬드 광맥이 발견되자 두 나라가 충돌한다. 이렇게 시작된 전쟁은 애당초 보어인들이 이길 수 없는 전쟁이었

▶▶ 영국의 탐욕으로 일어난 보어 전쟁(1899년 10월 11일 제2차 보어 전쟁의 모습).

다. 당시는 영국이 전 세계를 호령하던 대영 제국의 시대였다. 그럼에도 민병대 수준이었던 보어군의 저항은 상상 이상이었다. 막강한 영국의 정규군이 게릴라전을 구사하는 보어 민병대에 고전했을 정도다. 이때 영국의 청년 장교 한 명이 보어 민병대에 포로로 잡혔는데, 그는 훗날 탈출하여 영국민의 영웅으로 대접을 받았다. 제2차 세계 대전의 영웅 윈스턴 처칠이 그 주인공이다. 결국 보어 전쟁은 영국의 승리로 끝났지만, 국제 사회는 보어 민병대를 다윗에 비유하면서 영국을 조롱했다.

아파르트헤이트 시대

인류의 역사는 차별의 역사다. 고대 사회에서 노예 제도가 없는 사회는 찾아보기 힘들다. 고대 로마도 예외는 아니었다. 하지만 노예가 힘든 육체노동만 전담하는 계층은 아니었다. 지방 정부의 관리들이 보내는 서신 교환, 외국어 통역, 심지어 황실에서 사무를 보는 노예도 있었다. 그런 점에서 남아공의 인종 차별 정책인 아파르트헤이트는 현대 역사상 유례를 찾아볼 수 없다. 흑인과 백인을 원천적으로 분리하는 전대미문의 이 제도는 1994년에서야 폐지되었다.

아파르트헤이트Apartheid는 아프리칸스어로 '분리'를 뜻하는 말이다. 아프리칸스어는 네덜란드어에서 파생한 게르만어의 한 갈래로, 남아공과 그 주변 나라에서 사용되던 언어다. 아파르트헤이트는 백인과 흑인을 철저하게 분리하는 정책이었다. 노예제가 존속했던 19세기의 미국도 아닌 현대 문명국가에서 이런 제도가 20세기 말까지 있

▶▶ 1989년 더반 해변의 표지판. 영어, 아프리칸스어, 줄루어로 "백인종 집단의 구성원들만 사용할 수 있도록 예약되었습니다"라고 적혀 있다.

었다는 것이 충격적이다. 젊은 시절 변호사로 남아공에 1년간 머물던 인도의 독립 영웅 간디 역시 유색인종이라는 이유로 온갖 차별을 당했다. 법정에서는 터번을 벗지 않아 쫓겨났고, 기차에서는 1등석 표가 있었지만 3등석으로 옮겨 타라는 백인의 말을 거부하여 기차에서 내릴 수밖에 없었다.

아파르트헤이트는 1948년에 정권을 잡은 국민당이 영국 식민지 시절부터 시작된 인종 차별 정책을 더 강화한 것으로, 전 국민의 20%도 안 되는 백인이 흑인들을 지배하기 위한 정책이었다. 대표적인 아파르트헤이트의 법 중에는 다음과 같은 것이 있다.

- 인종 간 혼인 금지법(1949년): 서로 다른 인종 간의 혼인 금지
- 배덕背德 법: 백인이 유색 인종과 성관계를 가질 경우 처벌
- 집단지구법: 인종에 따라 거주 지역을 구분

1990년 2월 2일 남아공의 프레데리크 데 클레르크 대통령은 마침내 아파르트헤이트의 철폐를 공식 발표한다. 그리고 9일 뒤에, 종신형을 선고받고 1964년부터 복역 중이던 흑인 인권 운동가 넬슨 만델라를 석방한다. 1994년 5월 만델라는 남아공 최초의 흑인 대통령에 선출되고, 긴 세월 동안 지속되던 인종 차별 정책에 마침표를 찍었다.

수도가 3개인 나라

1900년대 초까지만 해도 남아공은 통일 국가가 아니었다. 영국 식민지였던 케이프 식민지와 나탈 식민지, 네덜란드 보어인의 독립국이었던 트란스발 공화국, 그리고 오렌지 자유국으로 이루어져 있었다. 남아공에 먼저 진출했던 보어인들이 케이프타운을 영국인들에게 빼앗기고 내륙으로 들어가 만든 나라가 트란스발 공화국과 오렌지 자유국이었다.

보어 전쟁이 끝나고 연합 국가로 탄생한 남아공은 수도를 어디로 정할 것인가 하는 문제에 직면한다. 영국에 피해 의식이 있던 보어인들은 수도 결정에 촉각을 곤두세웠다. 영국은 영국령의 수도였던 케이프타운을 수도로 결정하자는 제안을 했지만, 보어인들은 당연히 거부했다. 그들은 수도를 분산시키자는 역제안을 한다. 결국 행정 수도는

트란스발 공화국의 수도인 프리토리아, 사법 수도는 오렌지 공화국의 수도인 블룸폰테인, 그리고 입법 수도는 영국인들이 다수인 케이프 식민지의 수도 케이프타운으로 결정되었다. 그렇다면 수도에서 탈락한 나탈 식민지의 수도인 피터마리츠버그는 어떻게 되었을까? 삼권분립에 의해 더 이상 다른 도시를 수도로 삼는 것은 불가능했다. 결국 피터마리츠버그는 금전적인 보상을 받는 것으로 문제는 해결되었다.

프리토리아

국토의 북부에 위치하고 있는 프리토리아는 3개의 수도 중에서 행정 수도의 역할을 한다. 이 도시에서 사용되고 있는 언어는 아프리칸스어, 은데벨레어, 영어, 츠와나어 등이다. 아프리칸스어는 16세기에서 17세기에 이 지방에 들어온 네덜란드어가 본국과의 교류가 단절된 상태에서 뿌리내린 언어다. 프리토리아라는 지명은 네덜란드 이민자의 조상인 앤리스 프리토리우스Andries Pretorius에서 나왔다.

블룸폰테인

해발 1,400m 고원에 자리 잡고 있는 블룸폰테인은 남아공의 사법 수도다. 본래 이 도시는 보어인들이 세운 오렌지 자유국의 수도였다. 오렌지 자유국에 매장되어 있던 금과 다이아몬드를 두고 영국과 보어인들이 충돌했고, 이로 인해 발생한 보어 전쟁을 통해 영국에 합병되었다. 도시의 지명은 꽃을 의미하는 'Bloem'에서 나왔고, 도시의 별명은 장미의 도시다. 영어로 꽃을 의미하는 'bloom'과 네덜란드어 'bloeum'은 사촌간의 말이다.

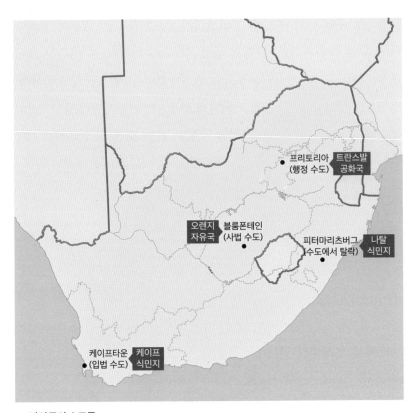

▶▶ 남아공의 수도들.

케이프타운

남아공의 도시 중에서 가장 잘 알려진 도시로, 입법 수도의 역할을
한다. 이 도시의 남쪽에는 테이블산이 있으며, 희망봉이 근처에 있다.
케이프타운은 이곳을 처음 발견한 포르투갈인의 기항지였다. 요하네
스버그에 이어 남아공에서 두 번째로 큰 도시다.

요하네스버그

수도에는 들어가지 않지만, 인구가 무려 600만 명에 이르는 가장 큰

▶▶ 남아공의 입법 수도인 케이프타운의 전경.

도시다. 남아공의 경제 수도인 셈이다. 요하네스버그라는 이름은 1856
년 금광 발견을 위해 측량을 맡았던 요하네스 마이어와 요한 리시크
의 이름에 성읍을 의미하는 독일어 'burg'를 붙여 만든 이름이다.

에필로그
한국의 수도, 서울 이야기

30개 수도 여행이 끝났다. 시간의 축을 y축이라고 한다면 고대 이집트에서 시작했던 수도 여행은 신대륙의 수도에서 끝이 났고, 공간의 축을 x축이라고 한다면 모든 대륙의 대표 수도들을 다루었다. 제국의 흥망과 함께 사라진 카라코룸 같은 수도도 있었지만, 유럽의 대표 수도들처럼 지금도 여전히 건재한 도시도 있었다.

인류 문명의 서진西進과 함께 세계사의 헤게모니를 쥐고 있던 수도들은 서쪽으로 옮겨 갔다. 중동 지방에서 그리스, 그리고 로마로, 파리에서 런던으로 이동한 힘의 중심은 마침내 대서양을 건너 미국의 수도 워싱턴에 머무르고 있다. 과연 서진의 법칙에 따라 세계사의 헤게모니를 움켜쥔 수도는 태평양을 건너 동아시아로 갈 것인가? 그럴 경우 베이징이 새로운 세계의 수도가 될 수도 있지만, 다른 도시도 배제할 수 없다. 작은 도시 국가에서 시작한 로마가 지중해의 패권을 차지한 뒤에, 유럽과 아시아를 호령하는 대제국의 수도가 될지 누가 알았

으랴?

　수도가 들려주는 세계사 이야기를 마무리하려니, 대한민국의 수도인 서울이 마음에 걸린다. 서울은 과연 어떤 유형의 수도로 분류할 수 있을까? 서울 이야기를 에필로그에서 정리해보자.

조선 이전의 한양의 모습

　본서에서 분류한 수도의 기준으로 보면 서울은 중핵 수도에 속한다. 조선 건국 이후 600년 이상 조선의 수도였고, 지금도 그 위상은 변함이 없다. 그렇다면 조선 이전의 한양의 모습과 위상은 어떠했을까?

　많은 외국인들이 서울을 방문하고 깜짝 놀란다. 경복궁을 병풍처럼 둘러싸고 있는 북악산과 그 뒤를 받쳐주는 북한산이 만들어내는 풍광은 어느 대도시에서도 볼 수 없기 때문이다. 하기야 세계의 수도 중에서 서울처럼 산으로 둘러싸인 도시는 찾아보기 힘들다. 파리에서 가장 높은 지대는 몽마르트 언덕인데, 아무도 그곳이 산이라고 생각하지 않는다. 그만큼 대도시에서 산을 찾아보기란 쉽지 않다.

　광화문 광장에서 경복궁을 바라보면 문득 이런 생각이 든다. 태조가 조선을 건국하고, 민심이 흉흉한 개성을 떠나 한양으로 도읍을 이전한 배경은 충분히 이해가 간다. 그런데 경복궁이 들어서기 이전에 그 자리에는 무엇이 있었을까? 풍수지리에 초보인 필자가 보아도 경복궁은 명당이다. 그렇다면 조선 시대 이전의 서울은 어떤 모습이었을까?

　고려 숙종(재위 1095-1105) 때 지금의 서울에 남경南京을 건설하자는 움직임이 본격적으로 일어난다. 풍수지리설에 따라 고려 왕조의 통치를 연장하기 위해서 새로운 도읍을 건설해야 한다는 것이 남경 건설을 주장하는 이들의 논리였다. 당시에는 몽골(훗날 원나라)의 지배를 받지 않던 시절이어서 경京을 사용할 수 있었다. 이렇게 탄생한 도읍이 지금의 서울, 즉 남경이었다. 기록에 의하면 남경의 행궁 위치는 북쪽은 면악面嶽, 남쪽은 사리沙里로 삼았다고 한다. 면악은 북악산을 가리키는 것으로 보는 것이 확실하다. 경복궁이 위치한 터와 정확히 일치한다. 사리는 '모래 마을'이라는 뜻이므로 한강의 백사장을 가리킨다고 볼 수 있지만, 조선 시대의 황토현黃土峴 앞으로 추정된다.[1] 지금의 세종로와 종로가 만나는 곳을 황토현이라고 불렀다. 즉 남경의 행궁은 경복궁의 향원정에서 황토현까지를 포함하고 있었다.

남경의 궁궐이 완성된 해는 숙종 6년인 1101년이었다. 남경에는 귀순한 거란인들도 살았다고 한다. 수도를 남경으로 옮기려는 이유는 개경의 기운이 쇠했다는 주장이 득세했기 때문이다. 일찍이 고려는 3경 체제를 운영하고 있었다. 왕경인 개경開京 또는 중경中京, 평양의 서경西京, 그리고 경주의 동경東京이 있었다. 그러다가 남경을 새로 건설한 이들이 남경의 위상을 강조하며 국왕이 수도를 순회할 것을 주장했다. 이렇게 되면 3경이 아니라 4경이 된다. 서경 천도를 주장하며 일어난 묘청의 난도 이런 주장을 뒷받침한다. 고려에 경京이라는 이름을 사용하는 도시들이 몇 개 있었다는 사실은, 고려에는 개경 외에도 수도에 버금가는 도시들이 있었다는 말이다. 앞에서 다루었던 독일과 비슷하게, 개경은 다중핵 도시 중의 하나였다고 말할 수 있으며, 한양의 전신인 남경도 중요한 도시 중의 하나였다. 다만 독일의 경우 황제가 여러 도시를 순회하고 다녔다는 기록이 있지만, 고려의 경우 왕이 여러 경京에 머물러야 한다는 주장이 있었을 뿐이고, 실제로 그런 기록은 찾아볼 수 없다.

고려 말 한양 천도 계획은 실행에 옮겨지는 듯했다. 우왕과 공민왕은 수도를 남경으로 천도하려는 계획을 세웠으나, 이 무렵 고려는 기울어가는 왕조였다. 끊이지 않는 전쟁과 원나라의 간섭, 그리고 기근으로 인해 수도 천도는 어려운 과업이었다. 유학자들의 극심한 반대도 한몫했다. 그럼에도 조선이 개국하기 2년 전인 1390년, 고려의 마지막 왕 공양왕은 남경으로 천도한다. 공양왕이 한양 천도를 결심한 이유는 정국이 불안했기 때문이다. 전前 왕들이 시해를 당하고, 이성계 일파의 세력이 득세하자, 입지가 불안했던 공양왕은 반전의 계기로 수도 천도를 결심한다. 하지만 그 이듬해인 1391년 2월 개경으로 다시 환도한다. 지는 해가 떠오르는 해를 막을 수 없었다. 이렇게 고려는 개경에서 시작하여 개경에서 왕조의 종말을 맞이한다.

서울의 어원이 '서라벌'?

서울 근교에 있는 아차산에 올라 보면 서울시 전체가 한눈에 들어온다. 군사 지식이 없는 아마추어가 보아도, 이 산을 점령하면 서울 전체와 한강을 지배할 수 있다는 생각이 든다. 실제로 아차산에서 보이는 올림픽 공원 일대는 백제가 삼국 시대에서 절정기를 누렸던 한성 백제의 수도였다. 조선의 수도였던 한양, 고려의 수도 후보였던 남경 이전에, 서울은 백제의 수도였다. 지금 강동구에 남아 있는 풍납토성은 한성 백제의 왕궁터였고, 송파구의 몽촌토성은 별궁이었다는 사실이 확인되었다. 성안에는 궁궐, 관청, 귀족들의 집터들과 군사 시설들이 발굴되었다.

문헌상 한성 백제의 시대는 기원전 18년에서 기원후 475년까지 지속되었다. 이 기간에 한성 백제의 수도는 위례성 혹은 한성漢城으로 불렸다. 한양의 이름이 여기에서 유래했다. 475년 고구려 장수왕의 침략을 받아 위례성이 함락당하고 개로왕이 사망하면서 한성 백제의 시대는 이렇게 끝이 났다. 이후 백제는 웅진성(공주)과 사비성(부여)으로 수도를 옮겨 다니다가 나당 연합군에게 멸망한다.

위례성의 백제 시대가 막을 내리고, 이번에는 고구려가 한성을 지배한다. 장수왕은 한성을 한산군漢山郡으로 개칭하고 한강 이북에 남평양을 설치한다. 이후 한산군은 신라의 영토에 편입된다. 북한산 비봉에 있는 진흥왕 순수비가 이때 세워진 표지석이다. 서기 557년 진흥왕은 이곳을 다시 북한산주北漢山州로 개칭한다. 경덕왕 16년인 757년에는 한양군漢陽郡으로 이름을 바꾼다. 한양이라는 이름의 역사가 이렇게 오래되었다. 여기에서 '한漢'은 한나라와는 아무 상관이 없다. 본래 우리말에서 '크다'라는 뜻의 '한'을 한자로 옮긴 것이다. 한강도 '큰 강'이라는 뜻이다.

고려에 들어오면 한양의 이름을 양주楊州라고 부르고, 그다음엔 다시 앞에서 언급한 남경으로 바뀐다. 이후 조선을 건국한 이성계는 남경을 한양부漢陽府로 바꾸고, 1395년에는 한성부漢城府로 개칭한다. 하지만 조선 시대 내내 한양이라는 이름으로 불렸다. 마지막으로 한양의 이름은 1910년 국권피탈을 겪으며 경성으로 바뀐다. 해방 이후에는 서울로 그 이름을 되찾아 오늘에 이른다. 본래 서울은 신라의 수도인 서라벌에서 유래한 일반 명사였는데, 지금은 고유 명사가 되었다. 물론 지금도 사전에는 수도라는 일반 명사로 올라가 있다.

▶▶ 한성 백제에서 조선, 대한민국에 이르기까지 천년 도시, 서울은 역사의 오욕과 영광을 누리며 오늘날 세계 10대 도시의 하나로 자리 잡았다.

수도를 버리고 떠난 군주

안동 김씨의 세도를 종식하고 왕권을 되찾은 흥선대원군은 잡초만 우거진 경복궁의 중건에 국고를 탕진할 정도로 명운을 걸었다. 왕권의 위엄과 왕실의 권위를 높이기 위함이었다. 그런데 조선의 법궁이던 경복궁은 임진왜란이 일어난 1592년에 전소되었고, 1868년 완공되기까지 무려 270여 년 동안 버려진 궁터였다.

우리는 앞에서 프롱드의 난을 피해 파리를 빠져나갔던 루이 14세를 기억하고 있다. 태양왕은 반역의 도시 파리를 다시는 찾지 않았고, 베르사유가 파리를 대신하는 왕국의 수도가 되었다. 조선에서도 이와 비슷한 일이 있었지만, 결과는 정반대였다.

1592년 조선을 침략한 왜군은 동래성에서 조선군을 궤멸시키고 파죽지세로 북진했다. 그리고 조선에 도착한 지 20여 일 만에 한양을 함락한다. 우리는 왜군이 한양을 함락하는 과정에서 경복궁을 불태웠다고 생각한다. 하지만 임금(선조)의 수레가 성문을 나서자마자, 왜적이 도성에 들어오기도 전에 성안 사람들이 약탈을 일삼았다. 약탈도 성에 차지 않았는지 경복궁을 비롯한 궁궐과 관청에 불을 질렀다. 한 달 동안 한양은 불탔고 잿더미가 되었다. 임금이 백성을 버리고 도망을 간 상황에서 신분제에 억눌려 살던 민초의 분노는 짐작하고도 남는다. 그런데 왜군이 들어온 도성은 평상시와 큰 차이가 없었다고 한다. 왜군에 항복한 백성들은 생업을 이어갔고, 심지어 왜병들과 술판을 벌이고 도박까지 했다고 한다.[2] 수도를 버리고 도주했던 선조는 이듬해인 1593년 4월에 한양으로 돌아왔다. 조선의 백성은 파렴치한 임금을 아무 일도 없었다는 듯이 맞이해주었다.

역사는 반복된다. 병자호란이 일어나자, 인조는 도성을 빠져나와 강화도로 피란을 떠난다. 하지만 이미 청군이 강화도로 가는 길목을 지키고 있었다. 결국 남한산성으로 들어간 인조는 청군에게 포위되었고, 삼전도에서 청의 칸에게 9번이나 머리를 땅에 찧는 항복 의례를 바치고 목숨을 부지한다. 두 번이나 외적의 침략에 도성을 내준 한양은 지금도 과거의 아픈 기억을 간직하고 있다.

수도의 역사는 그 나라 역사의 축소판이다. 찬란한 영광의 주인공이었던 수도들도 있었고, 천 년 이상 수도의 자리를 굳건히 지키고 있는 수도들도 있다. 수도 역시 생로병사의 순환을 이어간다. 단지 그 과정이 수도마다 차이가 있을 뿐이다.

주

제1부 수도를 보면 역사가 보인다

1 Régine Le Jan, *Les villes capitales au Moyen Âge*, XXXVIe Congrès de la SHMES (Istanbul, 1er-6 juin 2005), Édition de la Sorbonne, 2005, p. 17.

2 위의 책, p. 9.

제2부 제국의 수도: 역사의 중심이 되다

1 통합유럽연구회, 《도시로 보는 유럽 통합사》, 책과함께, 2013년, p. 35.

2 Georges Dumézil, *L'Idéologie des trois fonctions dans les épopées des peuples indo-européens*, Paris, Gallimard, 1968, p. 305.

3 클로드 모아티, 《고대 로마를 찾아서》, 김윤 역, 시공사, 1996년, p. 14.

4 위의 책, p. 15

5 Pascal Montaubin, De l'an mil à la Renaissance: de qui donc Rome fût-elle la capitale?, *Les villes capitales au Moyne Âge*, p. 163, Publications de la Sorbonne, 2006, p. 409.

6 시오노 나나미, 《십자군 이야기 3》, 송태욱 역, 문학동네, 2012년, p. 277.

7 피터 프랭코판, 《실크로드 세계사》, 이재황 역, 책과함께, 2017년, p. 269.

8 톰 필립스, 《인간의 흑역사》, 홍한결 역, 윌북, 2018년, p. 202.

9 설배환, 〈蒙·元제국 쿠릴타이(Quriltai) 연구〉, 서울대학교 대학원, 2016년, p. 200.

10 "[新 실크로드 열전] ⑥ 대몽골국의 수도 '카라코룸'을 찾은 수도사들", 《조선비즈》, 2016.01.09.

11 플라노 카르피니, 윌리엄 루브룩, 《몽골 제국 기행》, 김호동 역주, 까치, 2015년, p. 326.

12 위의 책, p. 329.

13 강준영 외, 〈몽골의 한국(솔롱고스) 호칭 유래 고찰〉, 몽골학, vol. 72, 2023년, p. 117.

14 피터 프랭코판, 같은 책, p. 282.

15 위의 책, p. 283.

16 설배환, 같은 글, p. 18.

17 김경나, 〈몽골제국의 카라코룸 유물로 본 초원길의 동서교역〉, 아시아리뷰 제8권 제2호(통권 16호), 2019년, p. 200.

18 "15세기 유럽 전체보다 GDP 많던 중국이 신대륙 발견했다면", 《중앙일보》, 2020.08.16.

19 정석, 〈중국 북경시 역사도시 보전정책의 특징〉, 서울도시연구 제9권, 제4호 2008년, pp. 165-183.

20 위의 글, p. 167.

21 조관희, 《베이징 800년을 걷다》, 푸른역사, 2015년, p. 282.

22 위의 책, p. 289.

23 통합유럽연구회, 같은 책, p. 24.

24 기계형, 〈18-19세기 이중수도의 형성: 상트 뻬쩨를부르크와 모스끄바〉, 서양사론, 2006년, vol. 88, p.39.

25 위의 글, p. 44.

26 위의 글, p. 50.

27 위의 글, p. 57.

28 www.universalis.fr/encyclopedie/teheran/

29 www.universalis.fr/encyclopedie/bagdad/

30 www.universalis.fr/encyclopedie/bagdad/

제3부 유럽의 수도: 과거와 현재를 넘나드는 땅

1 Pierre-Henri Billy, *Dictionnaire des noms de lieux de la France*: DNLF, Paris, éditions Errance, 2011, 639 p., p. 420.

2 박용진, 〈중세 파리의 변화: 국왕의 처소에서 왕국의 수도로〉, 서양사론, 한국서양사학회, vol. 86, 2005년, p. 38.

3 위의 글, p. 42.

4 이영림, 《루이 14세는 없다》, 푸른역사, 2009년, p. 244.

5 "London through time: Population Statistics: Total Population", A vision of Britain through time, Great Britain Historical GIS, Retrieved 19 November 2009.

6 나종일·송규범, 《영국의 역사(상)》, 한울, 2005년, p. 31.

7 미셸 리, 《런던 이야기》, 추수밭, 2015년, p. 16.

8 Bernard Cottret, *Ces reines qui font l'Angleterre*, p. Tallandier, 2016, p. 89.

9 나종일·송규범, 같은 책, p. 32.

10 Louis Deroy et Marianne Mulon, *Dictionnaire des noms de lieux, Le Robert*, 1994.

11 나종일·송규범, 같은 책, p. 39.

12 미셸 리, 같은 책, p. 30.

13 Jean-Philippe Genet, «Londre est-elle une capitale?», *Les villes capitales au Moyne Âge*, Publications de la Sorbonne, 2006, p. 163.

14 Voir en général R. A. BROWN, H. M. COLVIN et A. J. TAYLOR, *The History of the King's Works*, I, Londres, 1963. Pour la tenue des cours aux grandes fêtes, J. STEANE, The Archaeology of the Medieval English Monarchy, Londres, 1993, p. 71.

15 Jean-Philippe Genet, 같은 글, p. 165.

16 T. F. TOUT, «The Beginnings of a Modern Capital: London and Westminster in the Fourteenth Century », *Proceedings of the British Academy*, X, 1921-1923, p. 487-511 (repr. dans *Collected Papers*, Manchester, [1934] 1949, III, p. 249-275) ; G. A. WILLIAMS, *Medieval London from Commune to Capital*, Londres, 1963.

17 Jean-Philippe Genet, 같은 글, p. 173.

18 이영석, 〈근대 유럽에서 수도의 발전: 런던, 파리, 베를린의 사례〉, 대구사학, 2005, vol. 81, p. 318.

19 황대현, 〈근대 초, 독일의 다핵 중심성(中心性)적 성격에 대한 고찰: 신성로마제국과 브란덴부르크-프로이센의 수도문제를 중심으로〉, 서양사론, 2005년, Vol. 86, p. 66.

20 위의 글, p. 70.

21 위의 글, p. 70.

22 위의 글, p. 71.

23 위의 글, p. 71.

24 위의 글, p. 82.

25 위의 글, p. 82.

26 "'유럽의 병자'에서 '경제 우등생'으로 부활한 그리스", 《주간동아》, 2024.03.01

27   시오노 나나미,《로마인 이야기 4》, 김석희 역, 한길사, 1996, p. 223.

28   미셸 파스투로,《곰, 몰락한 왕의 역사》, 주나미 역, 오롯, 2014년, p. 6.

29   위의 책, [그림 3] 베르세르키르 전사, p. 3.

30   위의 책, p. 14.

제4부 아시아와 중동의 수도: 장엄하고 신비로운 역사를 품은 땅

1   조 지무쇼 편저,《30개 도시로 읽는 일본사》, 전선영 역, 다산초당, 2021년, p. 275.

2   위의 책, p. 98.

3   손승철,《조선통신사, 일본과 통(通)하다》, 동아시아, 2006년, p. 188.

4   신유한,《해유록》, 김찬순 역, 보리, 2006년, p. 187.

5   "일본에는 수도가 세 군데 있다?",《오마이뉴스》, 2003.09.23.

6   "일본에는 수도가 세 군데 있다?",《오마이뉴스》, 2003.09.23.

7   강희정, 김종호 외,《도시로 보는 동남아시아》, 사우, 2022년, p. 197.

8   www.universalis.fr/encyclopedie/wahhabisme/

제5부 신대륙의 수도: 새로운 권력의 등장

1   Hélène Harter, *New York, une capitale éphémère pour la jeune nation américaine(1785-1790)*, Histoire Urbaine, 2005/1, n° 12, p. 23-38.

2   위의 글, p. 25.

3   벤 윌슨,《메트로폴리스》, 박수철 역, 매경출판, 2021년, p. 300.

4   위의 책, p. 301.

5   양홍태,《신에스파냐인도사》 소개: 아즈텍 제국의 역사에 대한 통찰, 중남미연구 제41권 2호, 2022년 5월, p. 38.

6   위의 글, p. 38.

7   위의 글, p. 40.

8   미야자키 마사카츠,《바다의 세계사》, 이수열, 이명권, 현재열 역, 도서출판 선인, 2017년, p. 53.

9   벤 윌슨, 같은 책, p. 284.

10   "민중의 도시 표방했던 브라질리아, 투기 잡지 못해 부자의 도시로",《경향신문》, 2020.10.05.

11   문경희,〈호주의 원주민 화해 정치, 공식 사죄와 실질적 화해 논의를 중심으로〉, 민족연구, 2012, vol., no.49, p. 38.

12   벤 윌슨, 같은 책, p. 287.

13   벤 윌슨, 같은 책, p. 289

에필로그

1   최종현, 김창희,《오래된 서울》, 동하, 2013년, p. 26.

2   "임진왜란 때 경복궁을 불태운 것은 왜군이 아니라 조선 백성이었다",《매일경제》, 2017.10.10.

이미지 출처

17쪽 지구라트 ©Hardnfast | Wikipedia

33쪽 밀라노 신전과 대중 목욕장의 기둥 ©Liza | Flickr

35쪽 라벤나 ©Georges Jansoone | Wikipedia

67쪽 은의 나무 www.mongoliaexpeditions.blogspot.com/2011/02/airag-fermented-mares-milk.html

73쪽(오른쪽) 거북 받침돌 ©Frithjof Spangenberg | Wikipedia

82쪽 자금성 ©Windmemories | Wikipedia

83쪽(왼쪽) 자녕궁의 현판 ©Walter Grassroot | Wikipedia

83쪽(오른쪽) 옹화궁의 현판 ©PENG, Yanan(Neo-Jay) | Wikipedia

107쪽 모스크바의 크렘린 ©A.Savin | Wikipedia

111쪽 아케메네스 왕조의 최대 판도 ©Ali Zifan | Wikipedia

123쪽 이라크 박물관 입구 ©Safa.daneshvar | Wikipedia

160쪽 런던탑 ©Art De Cade | Flickr

201쪽 에레크테이온 ©Berthold Werner | Wikipedia

202쪽(아래) 박공의 조각상 ©Dennis Diatel | Shutterstock

210쪽 감라스탄 전경 ©Jonatan Svensson Glad | CC-BY-SA 4.0 via Wikipedia

213쪽 스웨덴 제국 최대 판도 ©Zakuragi | Wikipedia

216쪽 노벨 뮤지엄 ©Cloudy Designr | Shutterstock

237쪽(오른쪽) 구도심 광장의 인어상 ©Grzegorz Polak | Wikipedia

269쪽 방콕의 차이나타운 ©Ninara from Helsinki, Finland | Wikipedia

297쪽(위) 성전산의 전경 ©Andrew Shiva | Wikipedia

306쪽 파로스의 등대 ©SciVi 3D studio | Wikipedia

328쪽 카펜터스 홀 ©Pbjamesphoto | Wikipedia

350쪽 퀘벡시티 전경 ©Datch78 | Wikipedia

377쪽(아래) 오스카르 니에메예르가 설계한 성당 ©Webysther | Wikipedia

387쪽(위) 부에노스 아이레스의 건물 ©Fulviusbsas | Wikipedia

387쪽(아래) 파리의 건물 ©Roman Boed from The Netherlands | Flickr

407쪽 더반 해변의 표지판 ©Guinnog | Wikipedia

417쪽(위) 서울 전경 ©raker | Shutterstock

세계사를 만든 30개 수도 이야기

언어학자와 떠나는 매력적인 역사 기행

초판 1쇄 발행 2024년 12월 18일
초판 3쇄 발행 2025년 2월 7일

지은이 김동섭
펴낸이 성의현
펴낸곳 미래의창

출판 신고 2019년 10월 28일 제2019-000291호
주소 서울시 마포구 잔다리로 62-1 미래의창빌딩(서교동 376-15, 5층)
전화 070-8693-1719 **팩스** 0507-0301-1585
홈페이지 www.miraebook.co.kr
ISBN 979-11-93638-47-7 (03900)

※ 책값은 뒤표지에 있습니다.

생각이 글이 되고, 글이 책이 되는 놀라운 경험. 미래의창과 함께라면 가능합니다.
책을 통해 여러분의 생각과 아이디어를 더 많은 사람들과 공유하시기 바랍니다.
투고메일 togo@miraebook.co.kr (홈페이지와 블로그에서 양식을 다운로드하세요)
제휴 및 기타 문의 ask@miraebook.co.kr